Mohagheghi · von Stosch

Moderne Zugänge zum Islam

Beiträge zur Komparativen Theologie

hrsg. von

Klaus von Stosch

Bd. 2

Hamideh Mohagheghi ·
Klaus von Stosch

Moderne Zugänge zum Islam

Plädoyer für eine dialogische Theologie

FERDINAND SCHÖNINGH
Paderborn · München · Wien · Zürich

Umschlagabbildung:
Fotomontage von Bildern von Manhattan und Medina von Aaron Langenfeld

Bibliografische Information der Deutschen Nationalbibliothek

Die Deutsche Nationalbibliothek verzeichnet diese Publikation in der Deutschen Nationalbibliografie; detaillierte bibliografische Daten sind im Internet über http://dnb.d-nb.de abrufbar.

(Verlag Ferdinand Schöningh GmbH & Co. KG, Jühenplatz 1, D-33098 Paderborn)

Internet: www.schoeningh.de

Einbandgestaltung: Evelyn Ziegler, München
Printed in Germany.
Herstellung: Ferdinand Schöningh, Paderborn

ISBN 978-3-506-76966-4

Inhaltsverzeichnis

Einleitung 7

I. MODERNE ZUGÄNGE ZUM QUR'ĀN

Muhammad Modjtahed Schabestari
Die prophetische Lesart der Welt 15

Mouhanad Khorchide
Auf dem Weg zu einer humanistischen Qur'ānhermeneutik 31

Hamideh Mohagheghi
Gewalt und Islam 59

II. MODERNE ZUGÄNGE ZUR ŠARĪʿA

Tariq Ramadan
Šarīʿa und die Werte der Aufklärung – Untersuchungen über das Verhältnis zwischen Islam und den emanzipatorischen Potenzialen der Moderne 85

Ali Dere
Der Stellenwert der *Ḥadīṯe* für den muslimischen Glauben. Untersuchungen zur Verhältnisbestimmung von Schrift, Tradition und Vernunft im Islam 97

Enes Karić
Islam und Säkularismus 115

Hamideh Mohagheghi
Der Mensch und seine Verantwortung
Überlegungen aus der Perspektive muslimischer Frauen 129

Literaturverzeichnis 149

Autorenverzeichnis 151

Einleitung

Moderne Zugänge zum Islam werden in der gegenwärtigen Debatte immer wieder angeboten. Besonders gerne tun sich an dieser Stelle westliche Islamexperten hervor, die den Muslimen zeigen, wie sie sich verändern müssen, damit sie in ihrem Glauben modernitätsfähig werden. Andere Experten gefallen sich darin nachzuweisen, dass der Islam gar nicht modernitätskompatibel ist und dass ihm die emanzipatorischen Schritte, die weite Teile des Christentums im Zuge von Aufklärung und Moderne vollzogen haben, verschlossen sind. Auf beiden Seiten dieser Front mischen auch christliche Theologen mit: Einerseits als gutmütige Entwicklungshelfer, die nicht im Traum auf die Idee kämen, dass ihnen islamische Theologen und Theologinnen etwas für ihren eigenen Glauben oder ihr eigenes Weltbild Bedeutsames zu sagen hätten. Andererseits als Apologeten, die nicht damit aufhören können, den Dialog der Religionen als Zurschaustellung der eigenen Stärke zu inszenieren. Sie fokussieren eher rückständige Seiten islamischer Denkbewegungen, um mit der eigenen angeblichen Aufgeklärtheit gut dazustehen.

Das vorliegende Buch will hier einen Perspektivenwechsel ermöglichen. Es will nicht über Muslime sprechen und ihnen den Weg zur Moderne erklären, sondern es lässt muslimische Theologinnen und Theologen zu Wort kommen, die mit beiden Beinen in der Moderne stehen und die ihren Glauben auf eine zeitgemäße Weise vor der Vernunft verantworten wollen. Während der islamisch-christliche Dialog in Deutschland oft genug daran krankt, dass christliche Theologieprofessoren mit islamischen Laien sprechen, kommen hier durchgängig hochkarätige islamische Theologen und Theologinnen zu Wort. Auf diese Weise will das Buch zeigen, dass die islamische Theologie schon viel sprachfähiger, anregender und vielfältiger ist, als das in Deutschland oft wahrgenommen wird.

Plädoyer für eine dialogische Theologie

Das Buch stellt aber nicht nur eine Sammlung vorzüglicher Beispiele akademischer islamischer Theologie dar, sondern öffnet gleichzeitig erste Türen für den islamisch-christlichen Dialog. Jeder islamische Beitrag ist deshalb vom christlichen Herausgeber des Buches mit einer kleinen Replik aus christlich-theologischer Sicht versehen worden, auf die der jeweilige Verfasser bzw. ein anderer Muslim aus dem Autorenkreis dieses Bandes jeweils in einer Duplik geantwortet hat. Auf diese Weise wird etwas von dem akademischen christlich-muslimischen Gespräch sichtbar, das sich gegenwärtig an der Universität Paderborn am Zentrum für Komparative Theologie und Kulturwissenschaften entwickelt. Denn alle vorliegenden Beiträge gehen auf Gastvorlesungen zurück, die die jeweiligen muslimischen Referentinnen und Referenten im Sommersemester 2009 im Rahmen einer Ringvorlesung zum Thema „Islam und Moderne“ an der Universität Paderborn gehalten haben.

Es geht in dieser Publikation also einerseits darum, dem deutschen, meist christlich geprägten Lesepublikum die Vielfalt islamischer Theologie vor Augen zu stellen und Wege zu einem fruchtbaren Dialog mit ihr anzudeuten. Zugleich sollen Muslime dazu ermutigt werden, moderne Rekonstruktionen des eigenen Glaubens wahrzunehmen und im Gespräch mit Christen und westlichen Intellektuellen zu bewähren. Leitende Grundannahme der Herausgeber des Buches ist es dabei, dass es Muslimen und Christen wechselseitig nützt, wenn die Positionen des jeweils religiös Anderen wahrgenommen und theologisch gewürdigt werden. Christen und Muslime weisen in ihrem Glauben so viele bedeutsame Familienähnlichkeiten und zugleich so spannende Verschiedenheiten auf, dass es für beide Theologien nur schädlich sein kann, wenn die Theologie der jeweils anderen Religion nur aus der Ferne oder nur mit apologetischem Interesse betrachtet wird. Vielmehr erleben die Herausgeber, die jetzt schon länger in theologischer Arbeit in Paderborn miteinander verbunden sind, dass sich Muslime und Christen wechselseitig Inspirierendes in ihren Theologien zu sagen haben. Die Moderne ist dabei bleibende Herausforderung, an der sich die unterschiedlichen Theologien beider Religionen zu messen haben.

Wenn der vorliegende Band als Beitrag zur Komparativen Theologie erscheint, so ist dies auch als nähere Charakterisierung des Projekts Komparativer Theologie zu verstehen. Komparative Theologie lebt davon, dass die Theologie der mir fremden Religion in deren jeweiligen Eigenart und entsprechend der Selbstwahrnehmung der Andersgläubigen gewürdigt wird. Wie könnte dies besser geschehen als dadurch, dass den Angehörigen der jeweils anderen Religion zunächst einmal zugehört wird? Da in der gegenwärtigen Debatte in Deutschland so oft Christen zu Wort kommen, scheint es uns gerechtfertigt – gewissermaßen in korrektivischer Absicht – einmal sehr viel ausführlicher Muslimen Raum zu geben. Ziel ist dabei eine dialogische und komparative Theologie, die im Gespräch der unterschiedlichen Perspektiven und im Hin- und Hergehen zwischen den verschiedenen Standpunkten Geltungsfragen stellt und nach der Wahrheit sucht. Es geht in der Komparativen Theologie also nicht um die religionswissenschaftliche Außensicht auf Religionen, sondern um das theologische Gespräch von Innenwahrnehmungen. Komparative Theologie kann deshalb niemals auf den Dialog der Theologien verzichten.

Von daher stellt der vorliegende Band bewusst ein Plädoyer für eine dialogische Theologie dar und will diese dialogische Ausrichtung auch als programmatisches Kennzeichen Komparativer Theologie verstanden wissen.

Dieses Plädoyer lässt sich theologisch noch einmal dadurch begründen, dass nach islamischer und christlicher Sicht Gott dialogisch auf die Menschen zugeht und sie in ihrem Leben begleitet. Wenn Gott in seinem Logos nach islamischem Zeugnis im Qur'ān zum Menschen spricht bzw. nach christlichem Zeugnis in Christus am Leben der Menschen teilhat, dann wird der Offenbarungsvorgang in beiden Religionen kommunikativ und dialogisch bestimmt. Ein sich dialogisch kommunizierender Gott kann auch nur im Dialog und durch eine dialogische Theologie bezeugt werden. Denn wenn ich tatsächlich der Meinung bin, dass Gott mich in seinem Wort so anspricht, dass er mich persönlich in meinem Lebensweg begleitet und rettet, dann liegt es nahe, auch bei dem mir Fremden die Möglichkeit einer solchen Begleitung durch Gott offen zu lassen und deshalb nicht nur mit enzyklopädischem, sondern auch mit theologischem Erkenntnisinteresse mit ihm ins Gespräch zu kommen.

Moderne Zugänge zum Qur'ān

Da der Qur'ān die Mitte der muslimischen Theologie und den entscheidenden Maßstab für alles muslimische Nachdenken darstellt, hängt von der Frage der Qur'ānhermeneutik entscheidend ab, inwiefern sich der Islam den Herausforderungen der Moderne stellen und sich angesichts der kritischen Einwürfe und Anfragen durch Aufklärung und Religionskritik bewähren kann. Auch die Frage nach der Stellung des Islams gegenüber der Aufklärung, den Menschenrechten und der Demokratie hängt in besonderem Maße davon ab, wie man den Qur'ān versteht. Der Sammelband beginnt deshalb mit zwei Beiträgen zur Qur'ānhermeneutik, die beide ein positives Verhältnis des Islam zur Moderne aus einem rechten Verstehen des Qur'ān heraus begründen. Danach folgt beispielhaft in der Auseinandersetzung mit Passagen des Qur'ān, die zur Legitimation von Gewalt verwendet werden, eine Bewährung der so entwickelten neuen Hermeneutik.

Neben den nun schon etwas bekannter gewordenen und ausführlich auch im deutschen Sprachraum publizierten qur'ānhermeneutischen Neuansätzen der „Ankaraner Schule" in der Türkei bietet auch die iranische universitäre Theologie sehr interessante Entwicklungen, von denen die Ausführungen des bekannten Teheraner Reformtheologen *Muhammad Modjtahed Schabestari* Zeugnis ablegen. Mithilfe der Sprachphilosophie von Wittgenstein, Austin u.a. entwirft er eine Qur'ānhermeneutik von bestechender logischer Stringenz, in deren Zentrum der Qur'ān als „prophetischer Sprechakt" ausgewiesen wird.

Von Gott beständig dazu inspiriert, bekräftigt und ermächtigt, ist Muhammad Schabestari zufolge dazu in der Lage, seinen Zuhörern von seiner „prophetischen Leseweise der Welt" Kunde zu geben.

Der junge Reformtheologe *Mouhanad Khorchide* entwickelt in seinem Beitrag einen eigenen, von Nasr Hamid Abu Zaid inspirierten qur'ānhermeneutischen Neuansatz, den er als „humanistische Hermeneutik" bezeichnet. Hierbei unterscheidet er zwischen „eindeutigen" und „mehrdeutigen" Qur'ānversen: Erstere umfassen vor allem die vertikale Ebene zwischen Mensch und Gott, während sich letztere auf die Horizontale, also die zwischenmenschliche Ebene beziehen. Nach Khorchide müssen die zwischenmenschlichen Regelungen je neu in ihrem jeweiligen Kontext ausgehandelt werden, wobei jedoch immer eine Meinungspluralität bestehen bleiben wird. Zwischenmenschliches Zusammenleben kann also nur auf Basis des stets lebendigen und sich weiterentwickelnden Diskurses gelingen.

Nach diesen eher grundsätzlichen hermeneutischen Überlegungen werden diese im dritten Beitrag dieses Bandes auf die Frage angewendet, ob der Qur'ān zu Gewalt und Terrorismus aufruft bzw. wie man mit den Aussagen umgehen kann, die bis heute zur Legitimierung von Gewalt verwendet werden. Die iranische Theologin *Hamideh Mohagheghi* beleuchtet in ihrem Beitrag wichtige Aussagen aus Qur'ān und Sunna und erklärt sie in ihrem historischen Kontext. Sie endet mit einem beeindruckenden Plädoyer für Dialog und Verständigung als Alternative zu Abgrenzung und Gewalt.

Moderne Zugänge zur Šarī'a

Neben dem Qur'ān sind es vor allem die Überlieferungen über das Leben des Propheten, die *Ḥadīṯe* (Überlieferungen), die normative Bedeutung für den islamischen Glauben haben und die somit gemeinsam mit dem Qur'ān die *Šarī'a* bilden. Der zweite Teil des Sammelbandes widmet sich deshalb unterschiedlichen modernen Zugängen zur *Šarī'a* und dem Stand der Forschung zur historischen Rückfrage zu den *Ḥadīṯen*. Das Verhältnis des Islam zum säkularen Rechtsstaat europäischer Demokratien kann dabei ebenso wie die Frage nach der Gleichberechtigung der Frau als eine Art Lackmustest für das Modernisierungspotenzial der *Šarī'a* angesehen werden, so dass diese beiden Themen in eigenen Untersuchungen gewürdigt werden.

Der innerislamisch populäre und über die Religionsgrenzen hinaus bekannte Denker *Tariq Ramadan* ist insbesondere mit seiner Betonung eines explizit europäischen Islam zu einer religiös, politisch und gesellschaftlich bedeutenden Person geworden. In seinem Beitrag legt er ein engagiertes Plädoyer dar, in dem er deutlich macht, dass der Islam mit seinen Werten und Idealen das

Zusammenleben der Religionen und Kulturen im Europa der Zukunft positiv beeinflussen kann.

Neben dem Qur'ān sind die *Ḥadīṯe* eine wichtige religiöse Quelle besonders im sunnitischen Islam. Doch wie kann die Authentizität der *Ḥadīṯe* geprüft werden und sind hierbei auch Vernunfteinwände geltend zu machen? Die Frage nach der Geltung der *Ḥadīṯe* stellt einen Prüfstein in Bezug auf das Verhältnis von Glaube und Vernunft sowie von Religionspraxis und theologischer Begründung dar. *Ali Dere*, der der „Ankaraner Schule" nahe steht, legt in seinem Beitrag die in der aktuellen türkischen Forschung verwendete Methode der historischen *Ḥadīṯ*forschung dar.

Ein positives Beispiel für die Vereinbarkeit von Islam und Säkularismus kann durch kaum jemanden besser dargestellt werden als durch *Enes Karić* aus Sarajevo. In Bosnien wird seit Jahrhunderten bereits erfolgreich praktiziert, was vielerorts in Europa noch in undenkbarer Ferne liegt: Ein friedliches Zusammenleben aller Religionen in einem säkularen Staat, welches auch von den muslimischen Religionsgemeinschaften vorbehaltlos unterstützt wird. Basis dieses Modells ist die Konzentration der Religionen auf ihre inneren Angelegenheiten und die positive Zusammenarbeit mit dem religiös und weltanschaulich neutralen Staat. Karić legt plausibel dar, welche Voraussetzungen und Chancen in einer Kooperation von Religion und Staat liegen.

Hamideh Mohagheghi schließlich leistet in ihrem Beitrag eine Einführung in die islamische Anthropologie und behandelt somit ein theologisches Kernthema der Moderne, die Frage nach dem Verhältnis von Gott und Mensch. Hierbei sind wichtige Themen und Fragen: Welche Fähigkeiten und Pflichten wurden dem Menschen als „Statthalter Gottes" (Sure 2,30) von Gott verliehen? Welche Aufgabe und Verantwortung hat der Mensch? Wie soll er sein Leben gestalten? Auch die Frage nach dem Verhältnis der Geschlechter und dem Frauenbild im Islam untersucht Mohagheghi anhand zentraler Qur'ānstellen und Texten der islamischen Überlieferung und Theologie. Damit zeigt sie an einem entscheidenden Knotenpunkt muslimischen Denkens die Vereinbarkeit emanzipatorischer Wertevorstellungen mit einer modernen Interpretation des Islam.

Die Transkription arabischer Ausdrücke haben wir entsprechend der wissenschaftlichen Umschrift der Deutschen Morgenländischen Gesellschaft vorgenommen. Um der Einheitlichkeit des Lesevorgangs willen haben wir auch Zitate an diese moderne Transkription angepasst.

Danksagung

Zum Schluss bleibt uns nur noch die Aufgabe, ein vielfältiges Dankeschön zu sagen. Zunächst einmal danken wir der Volksbank Paderborn-Höxter-Detmold, die durch ihre großzügige finanzielle Unterstützung die oben genannte Ringvorlesung und die Drucklegung dieses Bandes allererst ermöglicht hat. Darüber hinaus danken wir unseren Mitarbeiterinnen, die durch ihren vielfältigen Einsatz während der Vorlesung, aber auch durch die mühevolle Arbeit des Korrekturlesens diesen Band möglich gemacht haben. Namentlich erwähnen möchten wir Anna-Maria Fischer, Katharina Lammers und Daria Schnipkoweit. Aaron Langenfeld danken wir für die Erstellung des Titelbildes. Herrn Dr. Jacobs vom Schöningh-Verlag danken wir für die unkomplizierte Zusammenarbeit beim Drucklegungsprozess. Danken möchten wir schließlich den muslimischen und christlichen Studierenden in Paderborn, die durch ihre intensive Begleitung unserer Studienprogramme die Etablierung islamischer Theologie an der Universität Paderborn voranbringen. Ihnen sei dieses Buch gewidmet.

Paderborn im Februar 2010 *Hamideh Mohagheghi und Klaus von Stosch*

I. Moderne Zugänge zum Qur'ān

Muhammad Modjtahed Schabestari

Die prophetische Lesart der Welt[1]

Die Frage nach einem zeitgemäßen, methodisch geleiteten und rational überzeugenden Verstehen des Qur'ān kann in seiner Bedeutung für den Islam gar nicht hoch genug veranschlagt werden. Seit fast 15 Jahren beschäftige ich mich deshalb mit dem Thema der Qur'ānhermeneutik. Der islamischen Tradition ist dieser Ausdruck, die Verbindung von *Qur'ān* und *Hermeneutik*, eher fremd. Dennoch habe ich versucht, mir über diese Verbindung einige Gedanken zu machen. Wenn ich den Ausdruck Hermeneutik benutze, meine ich damit die neue moderne hermeneutische Philosophie, aber nicht speziell im Gadamer'schen Sinn[2], sondern hermeneutische Philosophie in einem weiter gefassten Sinn, die in der Zeit kurz vor *Schleiermacher* entstanden ist und sich dann später insbesondere durch Schleiermacher und weitere Wissenschaftler zu einer modernen Hermeneutik entwickelt hat. Es war näherhin der Versuch, allgemeinphilosophische Überlegungen über das Problem und über das Thema des Verstehens, insbesondere das Verstehen von Texten, anzustellen. Zunächst stellt sich also die Frage: Was ist überhaupt Verstehen? Was heißt Verstehen von einem philosophischen Standpunkt aus? Diese Frage ist eine relativ neue Frage. In den letzten Jahrhunderten und selbstverständlich auch schon vor dieser Zeit haben die Philosophen darüber diskutiert. Man hat zu allen Zeiten und in den verschiedenen Kulturen Hermeneutik betrieben. Besonders ausgeprägt war die Hermeneutik der heiligen Bücher im Christentum, aber diese hermeneutischen Orientierungen waren fast ausschließlich dogmatische Orientierungen. Wenn man einen heiligen Text interpretieren wollte, tat man dies auf der Basis einiger glaubensdogmatischer Prinzipien, die vorher festgelegt wurden, es war also keine freie Interpretation. Diese Form der Interpretation war keine, die sich nur auf den Text selbst konzentrierte und versuchte, diesen Text unvoreingenommen zu verstehen. Bekannterweise hat Schleiermacher versucht, eine allgemeine Hermeneutik zu entwickeln, die das Ziel hatte, Textauslegung und Textinterpretation ohne dogmatische Vorbedingungen zu ermöglichen. Deswegen kann man sagen, diese Hermeneutik war ein philosophischer Versuch, die nichtempirischen Voraussetzungen des Verstehens ersichtlich zu machen.

1 Der Text ist bewusst im Vortragsstil belassen, weil dadurch die Persönlichkeit des Autors noch eindringlicher zur Geltung kommt (Anm. d. Hg.).

2 Vgl. Hans-Georg Gadamer, Wahrheit und Methode. Grundzüge einer philosophischen Hermeneutik, Tübingen [6]1990.

Was sind diese nichtempirischen Voraussetzungen des Verstehens? Diese Frage muss auf philosophische Weise untersucht werden. Was in der islamischen genau wie in der christlichen Welt immer vorhanden war, ist eine dogmatische Hermeneutik. Unsere Mystiker, Theologen, Rechtswissenschaftler und auch unsere islamischen Philosophen haben verschiedene Werke, so genannte *Tafsīr*bücher, über die Interpretation des Qur'ān geschrieben. Aber all diese unterschiedlichen Interpretationen sind auf verschiedenen dogmatischen Prinzipien aufgebaut. Deswegen es ist schwierig festzustellen, welche dieser unterschiedlichen Interpretationen die beste, richtige bzw. verlässliche Interpretation ist, und es ist schwierig, die eigentlichen Intentionen und Gehalte des Qur'ān zu erarbeiten. Genauso ist auch die Situation im Christentum gewesen. Der bekannte jüdische Orientalist *Ignaz Goldziher* hat ein Werk verfasst, in dem er unterschiedliche islamische Interpretationen und Interpretationsrichtungen in einem Buch gesammelt hat[3], später folgten auch Werke anderer Autoren über die verschiedenen islamischen Qur'āninterpretationen. Wenn man solche Bücher liest, erkennt man, dass alle hermeneutischen Orientierungen in Bezug auf den Qur'ān dogmatische Orientierungen sind.

Sicher fragen Sie sich jetzt, was mich zu dem Gedanken geführt hat, dass man für den Qur'ān eine freie hermeneutische Orientierung braucht, frei von diesen dogmatischen Voraussetzungen. Ich sah mich dem Problem ausgesetzt, dass es doch zweifelsohne eine allgemeine Verstehensweise des Qur'ān für beide, Gläubige wie Nichtgläubige, geben muss. In der Zeit des Propheten, als der Prophet die Qur'ānverse seinen Adressaten vorgelesen hat, war die Bedeutung dieser Verse für beide, die Gläubigen und die Nichtgläubigen, verständlich. Deswegen sehen wir im Qur'ān viele Verse, in denen ein Gespräch, genauer genommen eine harte Diskussion zwischen dem Propheten und seinen Gegnern stattfindet. Wenn seine Gegner diese Verse nicht verstanden hätten, wie hätte dann diese Diskussion in Gang kommen können? Ganz bestimmt konnten sie also das Gesagte verstehen. In der nachprophetischen Zeit ist es genauso gewesen.

Es gibt viele Nichtmuslime, die den Qur'ān vor allem als geschichtlichen Text interpretieren. Es gibt aber auch viele Muslime, die den Qur'ān z.B. unter literarischen Gesichtspunkten interpretiert haben, nicht aus einer Glaubensperspektive heraus, sondern als einen arabischen, literarischen Text. Es gibt viele Orientalisten, die eine Qur'āninterpretation oder eine Konkordanz verfasst haben – ein Beispiel hierfür ist das Werk von *Rudi Paret*, welches ein sehr nützliches Buch auch für Muslime ist.[4] Es gibt außerdem viele muslimische und nichtmuslimische Autoren, die eine Interpretation von einzelnen Qur'ānversen

[3] Ignaz Goldziher, Die Richtungen der islamischen Koranauslegung, Leiden 1970 (Erstausgabe 1920).

[4] Rudi Paret, Der Koran. Kommentar und Konkordanz, Stuttgart [7]2005.

und nicht vom gesamten Qur'ān geschrieben haben. Daraus lässt sich schließen, dass es so etwas wie eine allgemeine Verstehensweise dieses Textes immer gegeben hat, auch in der Zeit des Propheten. Deswegen kam es auch zu diesen bereits erwähnten heftigen Diskussionen zwischen dem Propheten und seinen Gegnern. Die Frage, die ich mir gestellt habe, lautete: Wenn diese allgemeine Verstehensweise, also die gemeinsame Verstehensweise für Gläubige und Nichtgläubige, dieses Textes möglich ist, bzw. genauer gesagt faktisch vorhanden ist, worauf basiert dann diese allgemeine Verstehensweise? Basiert sie darauf, dass dieses Buch oder diese Verse Gottes Wort sind, oder basiert sie etwa darauf, dass diese Verse vom Propheten Muhammad als Mensch gesprochen worden sind?

Ich bin zu dem Schluss gekommen, dass dieses allgemeine Verständnis nicht darauf basieren kann, dass dieser Text eine Verbalinspiration Gottes ist, weil dann nur die Gläubigen mit ihren dogmatischen Voraussetzungen diesen Text hätten verstehen können. Aber diejenigen, die dieses Buch oder diesen Text nicht als unmittelbar von Gott gekommene, verbale Inspiration betrachteten, wie konnten sie dann diesen Text verstehen? Das genau war meine Frage, meine Problemstellung. Um eine Antwort auf diese Frage zu finden, suchte ich zuerst nach einer Basis in der Sprachphilosophie, denn in solchen Diskussionen ist es nötig, zu klären, auf welcher sprachphilosophischen Richtung der eigene Gedankengang aufbauen soll. Ohne klare sprachphilosophische Überlegungen kann man über den Verstehensprozess eines Textes oder die Verstehensprobleme in Bezug auf einen Text keine Aussagen treffen.

Ich persönlich bin beeinflusst durch die Sprachphilosophie von *Ludwig Wittgenstein*, insbesondere die philosophische Spätphase Wittgensteins, ebenso auch von *Austin*, und habe diese Philosophie als meine eigene sprachphilosophische Voraussetzung angenommen.[5] Sicher ist es sinnvoll, an dieser Stelle ganz kurz zu erklären, was diese Sprachphilosophie beinhaltet. Normalerweise denken wir, dass, wenn jemand uns etwas sagt, uns die gesprochenen Worte und Sätze verständlich werden. Aber es gibt eine sehr interessante andere Richtung in der Sprachphilosophie, die davon ausgeht, dass das, was beim Gespräch zwischen Menschen verständlich wird, nicht nur die Worte sind. Es sind die Handlungen, die verstanden werden, nicht die Sätze, d.h. Sprechen wird als Handlung gesehen. Das, was von Wittgenstein zuerst als Sprachspiel bezeichnet wurde, hat Austin später Sprechakt genannt. Ich will nun die Zeit nutzen, um dieses Thema noch konkreter zu erläutern. Was verstehen Sie jetzt, wenn Sie mich sprechen hören? Verstehen Sie meine Sätze, meine Aussagen, oder verstehen sie mich, d.h. meine Handlung? Indem ich hier vor Ihnen spreche, handle ich, ich voll-

[5] Vgl. JOHN L. AUSTIN, Zur Theorie der Sprechakte (How to do things with words), Dt.v. EIKE V. SAVIGNY, Stuttgart [2]1994; LUDWIG WITTGENSTEIN, Philosophische Untersuchungen I. In: DERS., Werkausgabe Bd. 1., Frankfurt a.M. [9]1993, 225-485.

ziehe bestimmte Akte, Handlungsakte, und auch verschiedene Sprechakte. Was Sie verstehen, sind diese Sprechakte, nicht die Sätze, und nicht nur die Stimme, die gehört wird. Was Sie eigentlich verstehen, ist das, was ich hier mache, wie ich hier handle. Dieser Akt, den ich hier vollziehe, ist der Kern, um den es in der Sprachphilosophie geht. Austin hat verschiedene Arten von Sprechakten unterschieden, näherhin drei Hauptsprechakte. An dieser Stelle reicht die Zeit leider nicht für ausführliche Erläuterungen. Diese meine Handlung, die Sie hier verstehen, ist, wenn sie gut bzw. tief verstanden werden soll, gebunden an meine anderen Handlungen, d.h. was ich hier sage, kann tiefgehender verstanden werden, wenn Sie z.B. vorher etwas von mir gelesen haben. Oder wenn Sie noch mehrere Vorträge von mir zu diesem Thema hören. Oder auch, wenn Sie wissen, wer ich bin, was ich gemacht habe, warum ich diese Sachen hier äußere, welche Meinungen ich vorher gehabt habe, welche Wendepunkte in meinen wissenschaftlichen Auffassungen sich ergeben haben. Auch der Einfluss durch meine Herkunft – ich komme aus dem Iran –, die Einflüsse meiner Kultur, meiner langen Aufenthaltszeit in Deutschland, meiner Beziehung zur christlichen Theologie, außerdem der Eindruck, den unsere islamische Philosophie auf mich hatte, die Frage, wer mein Lehrer gewesen ist, wie ich erzogen worden bin, eben viele Dinge, die Auswirkungen auf das gute oder weniger gute Verständnis einer Person oder einer Sache haben. Auch wenn Sie einen Text verstehen wollen, ist das Verständnis von bestimmten Faktoren beeinflusst. Manchmal wird gesagt, wenn man einen literarischen Text interpretieren will, braucht man nicht zu wissen, wer der Verfasser gewesen ist und in welchem Kontext er gelebt hat. Der Text spricht für sich selbst und kann ohne andere Quellen analysiert werden. Viele sind jedoch gegen eine solche Vorgehensweise.

Ich gehe also von dieser Sprachphilosophie aus und versuche dann zu verstehen, in welcher Weise der qur'ānische Text in der Zeit des Propheten und nach dieser Zeit von der Allgemeinheit, unabhängig ob gläubig oder nicht, verstanden worden ist und verstanden wird. Ich bin zu dem Schluss gekommen, dass das, was von allen verstanden worden ist, als der Prophet die Verse vorgetragen hat, das war, was ich als *prophetischen Sprechakt* bezeichne. Es ist möglich, dass gläubige Menschen auch zu ihrer eigenen inneren Verstehensweise des Textes gekommen sind und kommen, aber das ist dann eine ganz besondere Art von Verständnis und kein allgemeines Verständnis. Wir lesen in islamischen Geschichtsbüchern, dass manchmal einige Menschen zum Propheten gekommen sind und er hat ihnen einige Qur'ānverse vorgelesen, worauf sich dann diese Menschen bekehrt haben und plötzlich gesagt haben „Ja, Du bist wirklich Gottes Prophet.“ Aber von solchen Menschen gab es nur wenige. Bei dem eben Geschilderten handelt es sich um eine besondere Art von Verstehen, die auch eine besondere Art von Erfahrung braucht; es ist keine allgemeine Verstehensweise, um die es in der Hermeneutik geht.

Diese allgemeine Verstehensweise war vielmehr so geartet, dass der Prophet gesprochen hat und die Anwesenden diesen Menschen oder die Handlung dieses Menschen verstanden haben. Diese Handlung umfasste auch die gesagten Verse und Sätze. Aber die Zuhörer haben nicht nur Sätze verstanden, sondern sie haben die Sprechakte verstanden. Und Sprechakte können in der menschlichen Welt nur von einem Menschen ausgehen. Gott verfügt nicht über Sprechakte in der menschlichen Welt; denn Gott ist transzendent. Wenn ein Sprechakt in einer bestimmten Sprache erfahrbar sein soll, soll im Grunde genommen der Sprecher als Sprecher erfahrbar werden. Der Prophet hat Gott erfahren, aber das bedeutet nicht, dass seine Adressaten Gott erfahren haben.

Wenn wir anerkennen, dass das, was in erster Linie verstanden worden ist, der Sprechakt des Propheten ist, hat dies zur Folge, dass das Verstandene nicht Gottes Wort, sondern prophetisches Wort ist. Es wurde also das verstanden, was der Prophet gesagt hat. Eine wichtige Frage ist nun: Was hat der Prophet selbst über die Verse, die er geäußert hat, gesagt? Es gibt auf diese Frage drei Hauptantwortmöglichkeiten.

Erste Möglichkeit: *Der Prophet hat behauptet, dass er diese Verse als ganze Verse, so wie sie sind, gehört hat, als Gottes Stimme zum Beispiel, oder dass er sie von einem Engel genau in dieser Weise gehört hat und sie dann an seine Adressaten weitergegeben hat.* Wir wissen allerdings nicht genau, ob er das wirklich selbst behauptet hat. Normalerweise wird die Meinung vertreten, dass er es selbst so behauptet hat, aber es fehlt hierzu eine starke und ausreichende Begründung. Manchmal werden einige Qur'ānverse argumentativ dafür verwendet, dass alles, was im Qur'ān steht, in dieser Weise vom Propheten gehört und dann weitergegeben wurde. Aber die Verse, die als Argument dafür angeführt werden, weisen nicht klar auf diese Bedeutung hin; denn man kann diese Verse auch anders verstehen. Aber an dieser Stelle ist nicht genügend Zeit, diese Frage genauer zu klären, so dass es bei diesen Andeutungen bleiben muss. Sie können sich jedoch ermutigt fühlen, dieses Problem bei tiefergehendem Interesse weiterzuverfolgen.

Eine Möglichkeit ist also, dass der Prophet behauptet hat, die Verse als göttliche Stimme oder als Stimme des Engels gehört zu haben. Aber ich wiederhole nochmals meine Frage: Was ist verstanden worden? Sein Wort oder das Wort, das er von Gott gehört hat? Wenn ich Ihnen nun ein Gedicht vorlesen würde, ein Gedicht, das Ihnen unbekannt ist – also kein Gedicht von Hāfez oder von Rumi, die Sie ja vielleicht kennen, denn in diesem Fall wäre es dann etwas anderes – wenn ich also jetzt für Sie ein Gedicht vorlesen und sagen würde: ‚Ich habe dieses Gedicht durch Gottes Stimme gehört', was verstehen Sie dann, wenn ich das Gedicht vorlese, meine Behauptung oder Gottes Stimme? Das ist genau der Kern dieser Frage. Wenn ich so etwas behaupte, und das Gedicht hier vorlese, verstehen Sie meinen Sprechakt, meine Behauptung. Sie können z.B. auch analysieren, was in diesem Gedicht steht, aber die Möglichkeit der Verbindung zu mir und zu dem, was ich sage, läuft in erster Linie über meine Behauptungen, meine Aussagen, meine Sprechakte. Genauso ist es auch in dem Fall, in dem ein Prophet sagt, dass er diese Verse hört und sie dann weitergibt. Was die Adressaten verstehen, ist diese Aussage des Propheten, nicht Gottes Stimme bzw. das, was Gott dem Propheten gesagt hat. Um diesen Schritt nachzuvollziehen, braucht es tiefere Überlegungen. Wenn Sie der Meinung sind, dass es diese Überlegung wert ist, werden Sie das selbst weiterverfolgen.

Zweite Möglichkeit: Der Prophet hat behauptet, dass er keine Stimme und keine Worte hört, aber dass bei ihm etwas anderes vor sich gegangen ist: Er bekommt propositionale Wahrheiten ohne irgendwelche Stimmen, ohne irgendwelche Worte, nur Wahrheiten. Es werden ihm bestimmte Wahrheiten in einer ungewöhnlichen Weise deutlich und er äußert diese Wahrheiten mithilfe dieser Verse und Sätze gegenüber seinen Adressaten. Ich kann an dieser Stelle ein Beispiel nennen. Ich hatte einen Lehrer, von dem ich viel gelernt habe und der mein bester Lehrer war. Sein Name war *Allāmeh Tabātabāī*, und er war ein großer Philosoph, Mystiker und Qur'āninterpret im Iran. Ich habe vor vierzig Jahren viel von ihm gelernt. Es ist durchaus möglich, dass ich Ihnen das, was ich von ihm gelernt habe, aber bei dem ich nicht genau im Kopf habe, was er davon mit besonderem Nachdruck und unter Verwendung welcher Worte er es gesagt hat, hier vortrage. Was ich Ihnen vortrage, sind meine Worte und Aussagen, aber ich habe die dahinter stehenden Wahrheiten beispielsweise von *Tabātabāī* bekommen. Es ist möglich, dass der Prophet behauptet hat, dass die Wahrheiten in einer ungewöhnlichen Weise von Gott zu ihm kommen und er diese Wahrheiten in dieser Weise äußert, wenn er sagt: „Gott ist einer". Bei dieser zweiten Möglichkeit müssen wir prüfen, ob genügend historische Gründe dafür sprechen, dass der Prophet so etwas behauptet hat. Manche Theologen und insbesondere Philosophen, haben gesagt, dass der Prophet so etwas von sich gesagt hat. Man kann solche unterschiedlichen Meinungen im Buch von *Šahrestānī* mit dem Titel *nahājatul aqdām fī 'ilm al kalām* (Verfahrensschritte in *Kalām*wissenschaft) und auch in anderen Büchern verfolgen. Muslimische Philosophen haben meistens die Meinung vertreten, dass der Prophet Wahrheiten bekommen hat und sie dann in dieser Weise an seine Adressaten weitergegeben hat. Sie wollten auf ihre philosophische Weise das Problem der Offenbarung lösen; sie konnten nicht wie die *mutikallimūn*, wie die Theologen, akzeptieren, dass es sich um eine Verbalinspiration handelt und haben sich von dieser These distanziert.

Dritte Möglichkeit: Der Prophet hat behauptet, dass sein Prophetentum darin besteht, dass er in jedem Augenblick von Gott befähigt wird, in dieser bestimmten Weise zu sprechen. Der Ausdruck *Waḥy* wäre in diesem Sinne die Befähigung, das arabische *Ba'ṯ*, würde auf Deutsch so viel bedeuten wie „berufen, auferweckt, auserwählt". Meiner Erfahrung nach kommt diese Befähigung oder Berufung von Gott; denn wenn ich auf mich allein gestellt gewesen wäre, hätte ich nicht so sprechen können; ich hätte keine Kraft gehabt aus eigenen Stücken so zu sprechen. Die Fähigkeit ist möglich geworden und wird immer wieder neu ermöglicht, weil ich einen göttlichen Impuls bekomme, ständig und in einer ungewöhnlichen Weise. Und das alles befähigt mich in dieser Weise mit Ihnen zu sprechen. Das ist nun die dritte Möglichkeit und wieder bleibt historisch gesehen unklar, ob der Prophet dies nun behauptet hat oder nicht. Meines Erachtens nach finden wir im Qur'ān selbst einige überzeugende Argumente dafür, dass diese dritte Möglichkeit mehr Zustimmung verdient als die ersten beiden. Bei der Qur'ānanalyse ist insbesondere daran zu denken, welche literarische Form dieses Buch bzw. dieser Text hat. Ich habe festgestellt, dass dieses Buch und seine literarische Form narrativ, also erzählend und auslegend, ist, was dem entspricht, was ich prophetische hermeneutische Erfahrung genannt habe.

Der Ausdruck „hermeneutische Erfahrung" wurde bereits erwähnt und Gadamer hat erklärt, was eine hermeneutische Erfahrung ist.[6] Aber *„prophetische hermeneutische Erfahrung"*, diese Begriffskombination stammt von mir. Eine hermeneutische Erfahrung besteht darin, dass man die Verbindung von seiner Erfahrung zu einem Objekt des Verstehens in einem interpretierenden Akt herstellt. Es bedeutet nicht, dass man etwas versteht und dann interpretiert, sondern Verstehen und Interpretieren ist ein und dieselbe Sache in dieser Herangehensweise. Ich sehe im Qur'ān die Tatsache gegeben, dass der Prophet das ganze Universum, das ich auch Welt genannt habe, durch eine prophetische hermeneutische Erfahrung auf interpretierende Weise in diesem Buch ausgelegt hat. Das heißt er hat das Universum wie ein Buch gelesen. Aber er hat behauptet, dass er allein mit seinen menschlichen Fähigkeiten diese hermeneutische Erfahrung mit der Welt nicht hätte machen können. Genau das beinhaltete seine Behauptung, und zwar dass Gott ihm diese Auslegung der Welt ständig ermöglicht.

Seine Lesart der Welt ist, dass er alles, was auf der Welt oder in der Welt geschieht, ohne Ausnahme als Gottes Taten sieht. Gott handelt im ganzen Universum, oder Gott äußert sich im ganzen Universum, oder er manifestiert sich im ganzen Universum, und alles ist Gottes Tat. Das alles ist eine Auslegung, eine Interpretation und keine philosophische Behauptung. Alles, was geschieht, sind Gottes Taten und Gottes Erscheinungen und das ist auch die Bedeutung von *Ayāt* im Qur'ān. *Ayāt* sind meines Erachtens nach die Phänomene, die auf Gott zurückgehen oder die auf symbolische Weise Gott zeigen, nicht, wie häufig behauptet, Zeichen. Das alles ist eine Auslegung, so wie es eine Auslegung ist, wenn wir beeindruckende Gebirgszüge und grüne Wiesen

[6] Vgl. GADAMER, Wahrheit und Methode, 352-368.

sehen und uns fragen: Was ist das alles, woher kommt es und welchen Sinn hat es? Wenn wir eine Antwort darauf geben, ist diese Antwort immer eine interpretierende Antwort, eine die ganze Welt interpretierende und auslegende. Nimmt man die bisher gemachten Ausführungen ernst, kann man den Qur'ān also als prophetische Lesart der Welt bezeichnen.

Als ich diese These zum ersten Mal auf Persisch im Iran veröffentlicht habe, hatte das viele unangenehme Folgen. In der Veröffentlichung habe ich auch ein persisches Gedicht von Hāfez zitiert, in dem von einer Nachtigall die Rede war, deren wunderschöner Gesang durch die Schönheit der Blumen beeinflusst war. Wenn die Blumen nicht da gewesen wären, hätte die Nachtigall nicht in dieser schönen Weise singen können. Ich habe in diesem Artikel darauf hingewiesen, dass genau so auch die Situation des Propheten war. Er hat behauptet, dass er, wenn Gott diese besondere Beziehung mit ihm nicht geschaffen hätte, wenn er also von Gott nicht ergriffen worden wäre, nicht so hätte sprechen können wie im Qur'ān bezeugt.

Der Inhalt dieses Sprechens ist eine sehr wichtige Sache. Gott hat ihm geholfen, eine Richtung für die Auslegung dieses Werkes für die ganze Menschheit aufzuzeigen, die besagt, dass das ganze Universum in dieser Weise als Gottes Taten anzusehen ist. Das ist das, was wir unter *Tauḥīd*, Einheitserfahrung, verstehen und die großen Mystiker haben viel darüber geschrieben, was diese Einheitserfahrung ist. Diese Zerrissenheit, diese Vielheit, alles ist zurückzuführen auf ein Zentrum, eine Transzendenz und das ist Gott. Ich habe in meinem Artikel auch erklärt, dass diese Auslegung in vier Bereichen im Qur'ān geschieht: Die *erste Weise* ist die Auslegung der Natur, also die Auslegung der natürlichen Phänomene, die alle auf Gott zurückverweisen, d.h. alles kommt von Gott, alles ist Erscheinung Gottes. Die *zweite Weise* ist die Auslegung des Schicksals des Menschen. Wir sind von Gott gekommen und wir kehren zu Gott zurück. Die zweite Auslegungsweise im Qur'ān ist also diese Auslegung des Menschen, die verbunden ist mit Fragen wie: Was ist der Mensch? Woher kommt er? Wozu gibt es ihn? Später hat *Ǧalāl ad-dīn ar-Rūmī* dies in anderer Weise zum Ausdruck gebracht: Wir kommen aus dem Meer heraus und dann werden wir wieder in das Meer zurückkehren. Die *dritte Weise* der Auslegung ist die Auslegung der menschlichen Geschichte, also der Menschen, die gekommen und gegangen sind. Im Qur'ān wird dies alles auch wieder auf Gott zurückgeführt. Die *vierte Weise* ist die ethische Auslegung, weil Ethik im Qur'ān auch eine religiöse Ethik ist, d.h. eine Ethik, die ihre Kraft und Verbindlichkeit von Gott erhält. Hier ist nun leider nicht genügend Zeit, um noch einige weitere Erläuterungen über diese vier Weisen zu geben.

Ich hoffe, dass ich verständlich machen konnte, was der Titel meines Vortrags, die prophetische Lesart der Welt, bedeutet. Manche haben mich so verstanden, dass meine Thesen zur Folge haben, dass der Qur'ān nicht mehr als

Offenbarung angesehen wird. Offenbarung steht immer hinter dem Qur'ān. Es gibt zwei unterschiedliche Aussagen zum Qur'ān: Die eine besagt, dass der Qur'ān selbst die Offenbarung ist, die andere bezeichnet ihn als die Frucht der Offenbarung. Ich möchte letztere unterstützen, dass der Qur'ān die Frucht der Offenbarung ist, aber nicht die Selbstoffenbarung, d.h. nicht das, was mit dem Ausdruck Verbalinspiration immer gesagt worden ist, denn Verbalinspiration ist meines Erachtens eine unverständliche Vorstellung. Die christlichen Theologen sind auch von der Idee einer Verbalinspiration abgerückt, weil sie unverständlich geworden ist. Denn wer kann wirklich erklären, was Verbalinspiration bedeutet? Auch wenn die Meinung vertreten wird, dass es zwar keine Verbalinspiration, aber eine Frucht der Offenbarung ist, bedeutet dies, dass dieses Buch verbindlich ist.

Die Verbindung zur göttlichen Sprache besteht über die prophetische Sprache, d.h. Gott spricht durch das Sprechen der Menschen zu uns, nicht zu uns direkt. Das ist für uns Menschen verständlicher und wir können mit dieser Orientierung den Text in seiner Geschichte verstehen. Wir dürfen ihn in Verbindung mit seiner Umgebung, in Verbindung mit der Biographie des Propheten, in seinem Kontext verstehen, nicht getrennt von seinem Kontext im Qur'ān und von der Geschichte seiner Entstehung. Die angebliche qur'ānische Vorschrift, es stünde im Qur'ān, dass die Interpretation verboten sei, bringt für Muslime viele Schwierigkeiten mit sich. Als Frage stellt sich dann: Wie wissen wir und wie sagen wir, dass etwas bzw. diese angebliche Vorschrift im Qur'ān steht? Durch die Vernunft oder vielleicht durch etwas Physikalisches, das plötzlich in unser Gehirn kommt? Die Vernunft wird auch dafür benutzt, eine Aussage über die Tatsache zu machen, dass etwas im Qur'ān steht. Es wird also immer auf irgendeine Weise interpretiert. Die Voraussetzungen für die Interpretation sind von Mensch zu Mensch unterschiedlich.

Man muss ganz klar unterscheiden zwischen der Situation, wenn sich zwei Interpreten uneins sind und der Beziehung eines Interpreten zum Qur'ān oder zu Gott. Oft wird gedacht, wenn jemand eine andere Interpretation hat als man selbst, dann ist er oder sie gegen den Qur'ān oder gar gegen Gott. Dies sind Meinungsverschiedenheiten zwischen Menschen, aus denen man nicht einfach einen Verstoß gegen den Qur'ān oder ein Aufbegehren gegen Gott ableiten kann. An dieser Stelle muss also klar unterschieden werden! Denn nur so kann die Dignität des Qur'ān angemessen gewürdigt werden.

Replik

Muhammad Modjtahed Schabestari stellt sich in seinem Text einem der Grundprobleme jeder Offenbarungsreligion: Wie kann man denken, dass sich das

Unbedingte selbst im Bedingten offenbart, und wie kann das Bedingte das Unbedingte als Unbedingtes verstehen? Die klassische Antwort im Christentum besteht nicht erst seit Luther darin, dass man Gott selbst als Hermeneut der Schrift einführt. Nur das Unbedingte selbst kann verbürgen, dass man das Unbedingte als Unbedingtes versteht. Christlich gesprochen: Nur Gott selbst (als Heiliger Geist) kann helfen sein Wort bzw. seinen Logos als Gottes Logos zu identifizieren. Nur Gott kann Gott erkennen. Und nur weil Gott den Gläubigen mit seinem Geist ergreift, kann er die Heilige Schrift bzw. den Menschen Jesus von Nazareth als Logos Gottes erkennen.

Genau diese klassische christliche Antwort findet sich auch in der muslimischen Tradition, wenn der Qur'ān als direktes und unerschaffenes Wort Gottes verstanden wird und seine Unbedingtheit und Göttlichkeit durch die These der Verbalinspiration verteidigt wird. Die Folge dieser Herangehensweise besteht darin, dass das Verstehen des normativen Zeugnisses der eigenen Tradition dem allgemeinen Verstehen entzogen wird. Die Hermeneutik wird damit im schlechten Sinne dogmatisch, weil sie postuliert, dass nur der von Gott Inspirierte die Schrift richtig versteht. Rechtes Verstehen der Offenbarungsurkunde des Glaubens ist damit nur im Geist des Glaubens möglich und eine allgemeine kritische Herangehensweise an das Offenbarungszeugnis wird unmöglich. Glaube immunisiert sich also gegen jede Möglichkeit externer Kritik, und die Entscheidung für den Glauben erscheint als irrationaler Akt der Willkür.

Schabestari bietet für dieses Problem eine denkbar radikale Lösung: Er bestreitet den Unbedingtheitscharakter der Offenbarung im Islam. Der Qur'ān ist nach seiner Interpretation gar nicht das direkte und unerschaffene Wort Gottes, sondern er ist das Wort des Propheten Muhammad. Damit bricht er mit einem zentralen Dogma der muslimischen Glaubenstradition. Er verlegt das entscheidende Offenbarungsereignis aus der Objektivität der Schrift in die Subjektivität der prophetischen Erfahrung. Unbedingt ist die Quelle der Erfahrungen des Propheten, von denen er im Qur'ān Zeugnis ablegt. Das Zeugnis dieser Quelle ist jedoch bedingt. Schabestari wendet sich deswegen auch explizit dagegen, den Qur'ān als Offenbarung zu bezeichnen. Die Behauptung einer Offenbarung als Selbstmitteilung Gottes, wie sie etwa im Christentum behauptet wird, hält er für irrational, weil sie zwangsläufig in die oben beschriebene dogmatische Interpretation der eigenen Glaubensurkunde führt.

Diese Diagnose ist freilich nur dann zutreffend, wenn der Mensch mit der autonomen philosophischen Vernunft keinen Begriff des Unbedingten bilden kann. Diese Behauptung ist philosophisch aber keineswegs unumstritten. Man kann einen Großteil der Philosophie der Neuzeit und Moderne als Versuch verstehen, mit den Mitteln endlicher Vernunft das Unendliche zu denken und also einen autonom philosophischen Gottesbegriff zu bilden. Hier ist nicht der

Ort, um diese Bemühungen zu diskutieren.[7] Erkennt man aber die Möglichkeit eines autonomen Begriffs des Unbedingten an, so wird Schabestaris Argumentation bestreitbar. Auch ohne dogmatisches Vorverständnis hätte der Mensch einen Begriff des Unbedingten, der es ihm erlaubt, das Unbedingte als Unbedingtes zu erkennen.

Schabestari würde auf diese Überlegung sicherlich replizieren, warum dann nicht alle Menschen das Unbedingte als Unbedingtes erkennen, wenn sie es doch von ihrer Vernunft her können.[8] Hier könnte man antworten, dass man die Bewegung der Vernunft auf ein (gedachtes) Unbedingtes hin als Akt der Freiheit kennzeichnet, der sich nicht andemonstrieren, sondern nur im Entschluss zur Freiheit nachvollziehen lässt. Außerdem könnte man darauf verweisen, dass der menschliche Begriff des Unbedingten immer symbolisch strukturiert bleibt und daher die Wirklichkeit des Unbedingten unterschiedlich darstellen und auch verfehlen kann. Grundsätzlich bleibt es aber möglich, im autonomen Akt des Sich-Öffnens der Vernunft auf das Unbedingte hin alle Begriffe des Unbedingten auf dessen Wirklichkeit hin zu relativieren.

Es spricht nun nichts dagegen, dass mir diese Wirklichkeit des Unbedingten selbst in realsymbolischer Form in einem Menschen oder im Sprechakt des Qur'ān gegenübertritt. Gott ist durchaus auch von der autonomen Vernunft zuzutrauen, dass er im Anderen seiner selbst (also beispielsweise im Wort) er selbst sein kann. Das Unbedingte hat die Macht auch im Bedingten es selbst zu sein.

Schabestari könnte gegen diesen Gedanken einwenden, dass es auch bezogen auf ein allmächtiges Wesen unsinnig ist zu behaupten, dass es im Bedingten als Bedingtes das Unbedingte ist, weil hier der Satz vom ausgeschlossenen Widerspruch verletzt wird. Hier kann man aber argumentieren, dass eine Lösung für dieses Problem möglich ist, wenn das Unbedingte als Beziehung gedacht wird und das innerweltliche Zeichen des Unbedingten dann nichts anderes als eine Einladung zu Beziehung ist. Ohne diesen Punkt hier näher ausführen zu wollen, scheint es mir also durchaus denkbar zu sein, dass sich auch von der *Sprechakttheorie* oder von der *Wittgensteinschen Sprachphilosophie* her Gott selbst zusagen kann, wenn er in seiner Selbstzusage den Weg des menschlichen Zeichens wählt und sich im Netz menschlicher Handlungen offenbart. Eben durch die damit gegebene Kontextualität seines Sprechens wird sein Wort unterschiedlich interpretierbar und ist in seinem Verstehen auf eine geschicht-

---

[7] Vgl. hierzu ausführlich auch im Gespräch mit muslimischen Ansätzen KLAUS VON STOSCH, Offenbarung, Paderborn u.a. 2010.

[8] Vermutlich würde Schabestari sogar genau so argumentieren, dass der Mensch tatsächlich das Unbedingte denken kann, dass er aber sobald er denkend oder schauend mit dem Unbedingten in Kontakt kommt, sich als Emanation dieses Unbedingten versteht und nicht mehr rational gegen das Unbedingte opponieren kann. Eben weil es rationale Opposition gegen den Qur'ān gibt, kann er dieser Logik zufolge nicht das Unbedingte selbst sein.

liche Einbettung angewiesen. Von daher ist es also sicher irrational, ein bestimmtes Verständnis des Qur'ān (oder eine bestimmte Gestalt der Nachfolge Christi) als einzig wahres zu bezeichnen und es von der Affektion durch die Geschichte freihalten zu wollen. Aber ich kann nicht erkennen, warum es irrational oder dogmatisch sein sollte, eine Selbstkundgabe Gottes in einem menschlichen Zeichen zu behaupten – sei dieses Zeichen nun Jesus von Nazareth oder der Qur'ān.

Ich stimme also der einen These Schabestaris vorbehaltlos zu, halte seine andere aber für weniger überzeugend. Mit Schabestari würde ich sagen, dass es ein richtiges Verstehen des Qur'ān (und der Bibel) ohne Glaubensvoraussetzung gibt. Sein Argument, dass in den im Qur'ān referierten Debatten mit den Nichtglaubenden vorausgesetzt wird, dass diese die Worte des Qur'ān verstehen können, ist überzeugend. Schabestari hat Recht: Die dogmatische Herangehensweise an den Qur'ān (und an die Bibel) muss durch eine autonome Hermeneutik ersetzt werden, die die These der Verbalinspiration nicht voraussetzen darf.

Ich widerspreche dagegen Schabestaris These, dass der Qur'ān nur dann allgemein verständlich ist, wenn es sich bei ihm um einen prophetischen Sprechakt handelt und nicht um das direkte Wort Gottes. Die Behauptung, dass Sprechakte in einer menschlichen Welt nur von Menschen ausgehen können, nimmt nicht ernst, dass Gott als allmächtiges Wesen auch die Macht hat, sich in menschlicher Weise den Menschen mitzuteilen. Wenn nur der Prophet Gott erfahren hat, nicht aber seine Adressaten in seinen Worten Gott erfahren können, wird der Glaube des normalen Gläubigen im Vergleich zu dem des Propheten entwertet. Außerdem verlegt Schabestari das von ihm inkriminierte hermeneutische Problem in die Existenz des Propheten. Wie kann der Prophet erkennen, dass in seiner Inspiration Gott selbst erfahrbar wird? Auf der Ebene des Propheten stellt sich mit gleicher Radikalität die Frage nach der Erkennbarkeit des Unbedingten wie auf der allgemein menschlichen Ebene. Löst man das Problem aber nicht auf der allgemein menschlichen Ebene auf der Basis eines allgemein verständlichen Begriffs des Unbedingten und einem allgemein zugänglichen Offenbarungssymbol, sondern durch die Kategorie der (nur wenigen zugänglichen) prophetischen Erfahrung, ist das kein Gewinn an Rationalität, sondern genau die Form der gnostischen Selbstimmunisierung gegen die Schabestari eigentlich angehen wollte.

So sehr ich also die von Schabestari zu Recht betonte Notwendigkeit der Interpretation des Qur'ān einsehe und die daraus resultierende Pluralität an gültigen Gestalten des Islam anerkenne, so wenig überzeugt mich Schabestaris Argument, dass es unverständlich ist, den Qur'ān als Offenbarung Gottes zu bezeichnen. Wenn ich den muslimischen Glauben richtig verstehe, scheint es mir auch aus muslimischer Sicht zu wenig zu sein, wenn man sagt, dass der

Prophet nur deshalb so schön von Gott sprechen konnte, weil er von Gott ergriffen wurde. Vielmehr geht es doch wohl darum, dass sich in der Schönheit des Sprechens Muhammads die Schönheit Gottes selbst zeigt, so dass sein Wort nicht nur sein Wort, sondern auch das Wort Gottes selbst ist. Der Qur'ān wäre dann also als die Offenbarung selbst und nicht nur als ihre Frucht zu bezeichnen.

Natürlich haben die Muslime selbst zu entscheiden, wie sie den Qur'ān verstehen. Aber auch als Christ oder als Nichtglaubender kann und muss man prüfen, ob muslimische Glaubensüberzeugungen verständlich sind. Schabestaris Rede vom Qur'ān als prophetischer Lesart der Welt ist eine verständliche Auslegung des muslimischen Glaubens. Die von ihm angegriffene Behauptung des Qur'ān als Wort und Offenbarung Gottes ist es aber auch. Wichtig scheint mir nur in beiden Fällen, die Vernunft als autonome Instanz zur kriterialen Prüfung dieser Ansprüche anzuerkennen. Dadurch dass Schabestari das in radikaler und kompromissloser Weise tut, erweist er sich als visionärer Denker, der mit beiden Beinen auf dem Boden der Aufklärung und Moderne steht und dennoch seinem eigenen Glauben tief verbunden bleibt. Besonders bemerkenswert ist dabei, dass er sich in seinem Denken wie kaum ein anderer sowohl auf die muslimische und persische Denktradition als auch auf das westliche Denken stützt. Mein Dissens zu ihm hat vermutlich mit meiner theologischen und philosophischen Vorliebe gegenüber der aristotelischen Tradition zu tun, die im Islam etwa von *Averroes/ ibn Rušd* verteidigt wurde, während Schabestari sich immer mehr der neuplatonisch-einheitsmystischen Sichtweise von *ibn Fārābī* und *Avicenna* anzunähern scheint. Hier verfolge ich allerdings mit großer Spannung die innermuslimische Debatte um die Frage, ob diese neuplatonisch-emanatianistische Sicht wirklich der genuinen Gestalt muslimischen Glaubens entspricht oder eher – wie etwa Al-Jabri dies in seiner Polemik behauptet – auf einen persisch-gnostischen Einfluss zurückzuführen ist.[9] Es wäre interessant Schabestaris Position zu dieser Anfrage kennenzulernen.

Duplik *(von Hamideh Mohagheghi)*

Für Schabestari ist es vollkommen akzeptabel, dass die Gläubigen die Worte des Propheten (Qur'ān) als Wort Gottes erfahren. Er meint, dass die Gläubigen durch das Prophetenwort das „Unbedingte" erkennen, und in diesem Sinne ist das Wort des Propheten das Wort Gottes. Dieses Erfahren ist jedoch nur für die Gläubigen möglich. Wenn Gläubige und Nichtgläubige gemeinsam intersubjektiv den Qur'ān erfahren wollen, können sie ihn nur als Menschenwort

9 Vgl. MOHAMMED ABED AL-JABRI, Kritik der arabischen Vernunft. Naqd al-'agl al-'arabi. Die Einführung, Berlin 2009.

verstehen, weil die Nichtgläubigen den Text nicht als Wort Gottes erfahren können.

Schabestari stellt die Frage – nachdem er sich lange Zeit mit der modernen Hermeneutik beschäftigt hat – was der Qur'ān tatsächlich ist, ob er ein Wort Gottes oder ein von Gott inspiriertes Menschenwort ist. Er untersucht, wie nach allgemeiner philosophischen Hermeneutik das „Wort Gottes" sein und wie es verstanden werden kann. Ein Text in einer menschlichen Sprache, z.B. der arabischen Sprache, ist für ihn ein zeitlich-räumliches Phänomen und weist darauf hin, dass ein Sprecher oder ein Schreiber den Text gesprochen bzw. geschrieben hat. Wenn gesagt wird, dass der Qur'ān Wort Gottes, direkte Gottesoffenbarung ist, ist die Frage zu beantworten, wer der Sprecher und wer der Schreiber des Textes sei.

Wenn Gott sprechen sollte, dann könnten nur die Gläubigen dieses Wort verstehen, weil sie an Gott glauben. Schabestari versteht den Qur'ān als einen Text für Gläubige wie Nichtgläubige und meint, dass die Nichtgläubigen ihn nur erfahren können, wenn ein Mensch zu ihnen spricht. Diese Aporie ist schwer nachzuvollziehen, weil das Buch Qur'ān Buchstaben, Worte und Sätze beinhaltet und zuerst von allen Menschen gelesen werden kann. Der Qur'ān kann als Buch in unterschiedlichen wissenschaftlichen Disziplinen analysiert und als literarisches Werk gelesen und verstanden werden. Eine schöne Rezitation wird sogar von Nichtmuslimen gerne als ein musikalisches Werk gehört. In diesem Sinn ist – meines Erachtens – der Qur'ān für alle Menschen erfahrbar.

Schabestari bestreitet nicht, dass Gott mit Muhammad in einer menschliche Sprache, eben der arabischen Sprache, gesprochen hat. Mit der Sprache ist hier aber nicht die Sprache gemeint, wie wir sie verstehen und definieren. Diese Aussage erläutert er mit der Wittgensteinischen Sprachphilosophie. Die Sprache ist eine Handlung (Wittgenstein) bzw. eine Sprechakt (Austin). Daraus folgert Schabestari, dass dieser Sprechakt nicht von Gott direkt an die Menschen gerichtet werden kann, weil Gott transzendent sei. Mit dieser Aussage, die in seinem Beitrag als eine These formuliert ist, versteht er den Qur'ān als eine Auslegung und Interpretation des ganzen Universums, eine Auslegung der Welt, die durch „eine prophetische hermeneutische Erfahrung auf interpretierende Weise" erfolgt ist. Mit dieser gewagten These stellt Schabestari den Qur'ān und die Prophetie in ein neues Licht und fordert die islamische Dogmatik heraus. Hier ist zu fragen, ob man mit dieser These nicht die Unbedingtheit Gottes relativiert. Warum sollte Gott in seiner Allmacht nicht mit Menschen sprechen können, auch wenn er sich nicht als Mensch offenbart? Was bedeutet dieses Qur'ānverständnis für die Auslegung und Deutung des Qur'ān?

In seinem Werk „Hermeneutik, Buch und Tradition"[10] beschreibt Schabestari ausführlich die Verständnisproblematik der Offenbarungstexte und hebt

---

[10] Hermeneutik, Buch und Tradition, Teheran 1999.

ihren historischen Kontext besonders hervor. Er zeigt hermeneutische Methoden, wie der Qur'ān als Wort Gottes verstanden werden kann. Er spricht von der „Vernunft der Zeit", wenn er der Vernunft als Instanz des Verstehens eine bedeutende Rolle zuschreibt. Er sieht die Auslegung nie als abgeschlossen an, weil der Text immer wieder neu gelesen und verstanden wird bzw. werden muss. Das heißt, dass Gott durch den Qur'ān kontinuierlich mit Menschen im Dialog ist, die ihn wiederum mit ihren Vorkenntnissen und im Rahmen der Realitäten ihrer Zeit erfahren und verstehen. Dieses Verstehen ist geschichtlich und eingebettet in der Kultur, den Gewohnheiten, Traditionen und Erkenntnissen der Zeit.

Der Islam ist eine rationale Religion, es gibt keine Erkenntnis, keine Geschichte, keine Ethik und Tradition, die „heilig" sind. Weder der Qur'ān noch der Prophet werden als heilig bezeichnet. Daher sieht Schabestari in seinen Werken kein Problem, den Qur'ān als Wort Gottes rational zu verstehen und ihn fortdauernd neu zu lesen und auszulegen.

Ich sehe die Gedanken und Methoden, die Schabestari in seinen Werken für die Qur'ānhermeneutik erfasst und darstellt als einen großen Schritt zu einer modernen und „humanistischen"[11] Auslegung, die weiterer Schritte und der Konkretisierung bedarf. Es ist unerlässlich, in dieser Linie weiterzuarbeiten, gerade weil der Qur'ān das Wort Gottes ist. Wir können nie umfassend und in voller Ganzheit erfahren, was Gott tatsächlich meint. Wir können aber mittels vielfältiger Möglichkeiten und Fähigkeiten, die Er uns schenkt, Sein Wort als Weisung und Orientierung hören und erkennen, was Er uns damit heute und jetzt mitteilen will.

[11] Vgl. den Beitrag von Mouhanad Khorchide in diesem Buch.

MOUHANAD KHORCHIDE

Auf dem Weg zu einer humanistischen Qur'ānhermeneutik

Einleitung

Im Jahre 627 n. Chr. ereignete sich in der islamischen Geschichte ein bekannter Vorfall,[1] der für die Menschen damals kaum von Bedeutung war, heute aber aktuell ist wie nie zuvor:

Der Prophet Muhammad befahl seinen Gefährten, nach Kurajza in den Süden Medinas aufzubrechen und sich zu beeilen. Dies tat er mit den Worten: „Keiner von euch soll das Nachmittagsgebet außerhalb von Kurajza verrichten.“ Etwa 3000 Muslime bewegten sich in Richtung Kurajza, jedoch ging die Sonne fast schon unter, noch bevor die meisten von ihnen in Kurajza angekommen waren. Da das Nachmittagsgebet vor Sonnenuntergang vorgeschrieben ist und der Prophet selbst schon angekommen war, also nicht gefragt werden konnte, ergab sich für die langsameren Gefährten des Propheten die Frage, ob das Nachmittagsgebet auf dem Weg – also noch außerhalb von Kurajza – gebetet oder besser aufgeschoben und später in Kurajza nachgeholt werden sollte. Die Gefährten des Propheten waren sich in dieser Frage nicht einig; manche beteten unterwegs, andere holten das Gebet später in Kurajza nach. Diejenigen, die das Gebet unterwegs verrichteten, hatten die Worte des Propheten „keiner solle das Nachmittagsgebet außerhalb Kurajzas verrichten“ als Aufforderung verstanden, sich zu beeilen und noch vor Sonnenuntergang in Kurajza zu sein. Sie folgten dem Sinn der Aussage des Propheten und nicht dem Wortlaut. Die anderen, die das Gebet erst in Kurajza verrichteten, fragten nicht nach dem Sinn der Aussage des Propheten, sondern nahmen diese wortwörtlich.

Heute stehen Muslime vor einer ähnlichen Situation wie die Gefährten des Propheten damals; denn es stellt sich für sie eine ähnliche Frage: Wie sollen sie mit dem heiligen Text, also mit dem Qur'ān, umgehen? Sollen sie den Text wortwörtlich oder sinngemäß verstehen? Soll der Wortlaut des Textes oder der Sinn hinter diesem im Vordergrund stehen? Indem einige Gefährten des Propheten seine Aussage wortwörtlich genommen hatten, ohne nach dessen Sinn zu fragen, setzten sie ein wichtiges islamisches Gebot, das Gebet, kurzfristig

---

1 Vgl. MUHAMMAD AL BUḪĀRĪ, ṣaḥīḥ al *Buḫārī* (Authentische Überlieferungen Al Buḫārīs), Beirut 1997, Ḥadīṯ -Nr. 946.

außer Kraft. Nur so konnten sie dem wortwörtlichen Verständnis treu bleiben, jedoch ging der Sinn dabei verloren. Das Gleiche geschieht heute, wenn Muslime auf einer wortwörtlichen Interpretation des Qur'āns bestehen. Diese Lesart macht es unmöglich, den Qur'ān in die heutige Gesellschaft zu integrieren; sie stellt uns vor die Wahl einer „anti-qur'ānischen Modernisierung" oder einer „anti-modernen Qur'āntreue"[2].

Der in diesem Beitrag vorgestellte Ansatz einer humanistischen Qur'ānhermeneutik fragt nach den Maximen des qur'ānischen Textes und erhebt diese zum Ausgangspunkt seiner Lesart. Das Konzept der „Maximen" (arab.: *Maqāṣid*) ist ein Bestandteil der Methodologie der islamischen Jurisprudenz; inzwischen gibt es Bestrebungen, diese Maximen zu einer eigenen Wissenschaft, der Wissenschaft der Maximen des islamischen Rechts, herauszuarbeiten,[3] einer Wissenschaft, die sich mit den Intentionen und Zielen, also den Maximen, islamischer Gesetzgebung beschäftigt. Diese Wissenschaft erhebt die Erfüllung menschlicher Interessen zur höchsten Instanz religiöser Normen. Hier stehen also nicht die Gesetze selbst, sondern die Maximen der Erfüllung, der Bewahrung und des Schutzes menschlicher Interessen im Mittelpunkt.

Der Ansatz der humanistischen Qur'ānhermeneutik wendet diese Konzeption der Methodologie der islamischen Jurisprudenz auf den Qur'ān an. In diesem Ansatz ist der Qur'ān nicht nur eine Rede Gottes an die Menschen, sondern auch eine Rede für die Menschen, da sie der Wahrung und der Erfüllung menschlicher Interessen dient. Es ist nicht Aufgabe der humanistischen Qur'ānhermeneutik, den Qur'ān endgültig und für alle Zeiten auszulegen, sondern die allgemeingültigen Maximen des qur'āischen Textes zur Wahrung und Erfüllung menschlicher Interessen zu definieren. Diese Maximen besitzen einen universalen, allgemeinen Gültigkeitsanspruch und sollen den Ausgangspunkt und den Rahmen jeder legitimen Lesart des Qur'āns bilden. Eine humanistische Qur'ānhermeneutik bleibt also nicht bei der wortwörtlichen Bedeutung des Textes stehen, sondern fragt nach der prinzipiellen Botschaft hinter dessen Wortlaut. Welche menschlichen Interessen will der Text wahren bzw. erfüllen? Der Begriff „Maxime" wird in diesem Zusammenhang auch im Sinne der Aufklärungsmoralistik des 17. und 18. Jahrhunderts in Europa verwendet; demnach ist die Maxime oberste Lebensregel und Grundsatz des Wollens und Handelns.

---

[2] Vgl. ÖMER ÖZSOY, Erneuerungsprobleme zeitgenössischer Muslime und der Qur'ān. In: FELIX KÖRNER (Hg.): Alter Text – neuer Kontext. Koranhermeneutik in der Türkei heute, Freiburg u. a. 2006,16-28, hier 19.

[3] Vgl. MUHAMMAD ṬĀHIR IBN 'AŠŪR, Maqāṣidu š-šarī'atu l-islāmiyya (Maximen der islamischen *šarī'a*), Amman 1999.

Entstehung des Qur'āns

Nach dem islamischen Glauben wurde der Qur'ān von Gott – mittels des Engels Gabriel – innerhalb von 23 Jahren (610-632 n. Chr.) auf den Propheten Muhammad, der bis 622 n. Chr. in Mekka und später in Medina (bis 632 n. Chr.) lebte, herabgesandt. Der Qur'ān wurde nach muslimischem Glauben also nicht auf einmal, sondern stückweise offenbart. Die qur'ānischen Offenbarungen begleiteten die Menschen über 23 Jahre unmittelbar und sprachen dabei unterschiedliche Themen an. Der Qur'ān ist also kein abstraktes, vom Leben der Menschen unabhängiges Buch; er nennt die Rechtleitung der Menschen, welche auch Ausdruck der Barmherzigkeit Gottes ist, als sein Ziel. Was aber ist mit „Rechtleitung" gemeint? Eine – auch unter Muslimen – verbreitete Vorstellung bezieht die Rechtleitung primär auf juristische Aspekte; dieser Vorstellung nach ist der Qur'ān ein juristisches Buch, das ein möglichst alle Lebensbereiche der Menschen umfassendes, juristisches Schema entwirft. Demnach ginge es im Islam um die Befolgung von klaren Gesetzen, die der Qur'ān explizit beschreibt und für alle Zeiten und Orte verbindlich vorschreibt. Dieses Islamverständnis dominiert heute und führt auch dazu, dass viele Menschen in Europa Angst vor einer Religion haben, die den Anspruch stellt, eigene – zum Teil in Konkurrenz zum geltenden Recht im jeweiligen Nationalstaat stehende – Gesetze einzuführen.

Die Tatsache, dass nur ca. 2 Prozent der qur'ānischen Verse juristische Aspekte, davon zu einem großen Teil gottesdienstliche Praktiken, wie das Gebet, das Fasten usw., ansprechen, macht eine differenzierte Betrachtung des Qur'āns notwendig. Die Inhalte, die der Qur'ān anspricht, können in folgende Kategorien zusammengefasst werden:

1. Glaubensbezogene Inhalte (wie Monotheismus, Wiederauferstehung)
2. Gottesdienstliche Praktiken (das rituelle Gebet, das Fasten usw.)
3. Allgemeine ethische Prinzipien (Aufrichtigkeit, Korrektheit, soziale Verantwortung usw.)
4. Narrative Passagen
5. Liturgie
6. Gesetzgebung

Diese Differenzierung der qur'ānischen Themen ist deshalb wichtig, da moderne Qur'ānexegeten dazu neigen, hermeneutische Methoden zu entwickeln, die lediglich die juristischen Stellen im Qur'ān behandeln. Dies führt allerdings, wie bei der *Ankaraner Schule*, zu einer Reduktion des Qur'āns auf einige wenige juristische Aspekte.

Kritische Anmerkungen zur *Ankaraner Schule*

Die Ankaraner Schule, die Mitte der 90er-Jahre des vergangenen Jahrhunderts an der Universität Ankara entstand, betrachtet den Qur'ān nicht als zeitlose Offenbarung, sondern als eine zu einer bestimmten Zeit aktuellen Rede Gottes, die an eine bestimmte Gruppe von Menschen gerichtet ist. Demnach spräche der Qur'ān nicht in der Begrifflichkeit der Gegenwart und behandle nicht die Probleme der Gegenwart. Man könne den Qur'ān nicht einfach aufschlagen, um aktuelle Fragen der Muslime zu beantworten. Man könne den Qur'ān nur dann verstehen, wenn man den außertextlichen Kontext seiner Entstehung versteht. Aufgabe der Qur'ānhermeneutik sei es – so die Ankaraner Schule – die ethischen Prinzipien zu entdecken, die hinter der Geschichtlichkeit des qur'ānischen Wortes verborgen sind, und sie für die Gegenwart nutzbar zu machen.

Der pakistanische Denker *Fazlur Rahman* (1911-1988) übte einen starken Einfluss auf diese Schule aus. Er forderte, die islamischen ethischen Prinzipien aus dem Qur'ān zu destillieren und dieses Destillat in jeder Zeit neu aufzugießen. Rahman bezieht sich in seinem Buch *Islam and Modernity* auf die Werke von Emilio Betti und Hans-Georg Gadamer; allerdings wird ihm vorgeworfen, dass er deren hermeneutische Ideen bis zu einem gewissen Grad missverstanden habe.[4] Rahman schlug eine hermeneutische Theorie der sogenannten „Doppelbewegung" vor, damit die qur'ānischen Normen mit modernen Werten in Einklang gebracht werden können. Zur Doppelbewegung sagt er: „The process of interpretation proposed here consists of a double movement, from the present situation to Qur'ānic times, then back to the present."[5]

Diese Doppelbewegung beinhaltet drei methodische Schritte:

- Erstens die Rückkehr in die Offenbarungszeit; denn um eine Qur'ānstelle zu verstehen, muss man zuerst die historische Situation, auf die die Offenbarung eine Antwort gegeben hat, verstehen. „Weil sich jede Qur'ānstelle auf Geschichte bezieht, muss man, um die ursprüngliche Bedeutung von Qur'ānstellen festzustellen, jede Stelle in ihrer eigenen geschichtlichen Situation lesen."[6] Ziel dieses hermeneutischen Verfahrens ist es, die Bedeutung einzelner Anweisungen, die Reaktionen auf konkrete Situationen darstellen, zu verstehen.
- Im zweiten Schritt werden diese konkreten Anweisungen abstrahiert, um aus ihnen moralische Rechtsgründe ableiten zu können.

---

4 Vgl. FELIX KÖRNER, Revisionist Koran Hermeneutics in Contemporary Turkish University Theology, Würzburg 2004, 118-121.

5 FAZLUR RAHMAN, Islam and Modernity, Chicago 1982, 5.

6 ÖMER ÖZSOY, Die Geschichtlichkeit der koranischen Rede und das Problem der ursprünglichen Bedeutung von geschichtlicher Rede. In: FELIX KÖRNER (Hg.), Alter Text – neuer Kontext. Koranhermeneutik in der Türkei heute, Freiburg u. a. 2006, 78-98, hier 86.

– Diese generellen Prinzipien müssen dann im dritten Schritt in den heutigen konkreten sozio-historischen Kontext übertragen werden.[7]

Die Ankaraner Schule hat dieses dreistufige Modell übernommen. Demnach ist eine Interpretation des Qur'āns richtig, wenn der Interpret zunächst die ursprünglichen Bedeutungen qur'ānischer Aussagen, so wie die Gefährten des Propheten sie verstanden haben, sowie ihre historischen Kontexte erforscht, von ihnen dann bestimmte generelle ethische Prinzipien ableitet und diese schließlich auf die moderne Situation anwendet.

Dieser Ansatz kann jedoch nur auf solche Verse angewandt werden, die rechtliche Fragen behandeln. Diese machen allerdings nur einen sehr kleinen Teil des Qur'āns aus. Es ist unklar, wie diese Methode auf Fragen, die das Gottesbild, das Verhältnis zu Gott, das Verhältnis zur Welt, das Menschenbild, das Jenseits, Erzählungen über frühere Propheten usw. betreffen, angewendet werden kann. Die ethische Dimension des Qur'āns ist eine zentrale, sie ist aber nur eine der Dimensionen, und man kann den Qur'ān nicht auf sie reduzieren. In den *asbābunnuzūl* (Offenbarungsanlässen) lässt sich nur für vereinzelte Verse ein Offenbarungsanlass rekonstruieren; der große Teil der qur'ānischen Verse hat hingegen keinen Offenbarungsanlass, zumindest wissen wir zu wenig darüber, um den historischen Kontext der Offenbarung aller qur'ānischen Verse zu rekonstruieren. Es stellt sich auch die Frage, ob bei dieser Methode nicht die Gefahr besteht, das Qur'ānverständnis auf nur eine kleine Elite von Exegeten zu beschränken, die in der Lage ist, den historischen Kontext vereinzelter Verse zu rekonstruieren. Nimmt man der Masse der Muslime den Qur'ān dadurch nicht aus der Hand?

Humanistische Qur'ānhermeneutik I

Der Begriff *Humanismus* stammt vom lateinischen Wort „humanitas" und bedeutet „Menschlichkeit". Im Speziellen wird als Humanismus das fortschrittliche, sich vom Mittelalter und der Scholastik abwendende geistige Klima des 15. und 16. Jahrhunderts in Europa bezeichnet. Im Folgenden geht es nicht um diesen historischen Humanismus bzw. darum, ihn als universalisierbar zu definieren, sondern um humanistische Werte; diese sind durchaus universalistisch.

Laut der Europäischen Enzyklopädie zu Philosophie und Wissenschaften beruht der Humanismus u. a. auf folgenden Grundüberzeugungen:[8]

---

[7] Vgl. FAZLUR RAHMAN, Islam and Modernity, Chicago 1982, 6-7.

[8] Vgl. dazu WOLFGANG FÖRSTER, Art. Humanismus. In: HANS J. SANDKÜHLER u. a. (Hg.), Europäische Enzyklopädie zu Philosophie und Wissenschaften. Band 2, Hamburg 1990, 560-562.

- Der höchste Wert, an dem jedes Handeln orientiert sein soll, ist das Glück und Wohlergehen des einzelnen Menschen und das der Gesellschaft.
- Der Mensch ist aktiver Gestalter seiner Welt; er besitzt das Recht zur Selbstbestimmung und muss sein Handeln auch selbst verantworten.
- Die Würde des Menschen, seine Persönlichkeit und sein Leben müssen respektiert werden.
- Die schöpferischen Kräfte des Menschen sollen sich entfalten können.

Im Mittelpunkt des humanistischen Denkens stehen also „[...] nicht Vorurteile und Autoritätshörigkeit, sondern das Handeln des Einzelnen und die persönliche Intuition“[9].

Der Humanismus beruht auf „[...] dem Empfinden einer Gemeinsamkeit mit anderen Denkern, anderen Gesellschaften und anderen Epochen, ein isolierter Humanist ist deshalb ein Widerspruch in sich“[10].

Mohamed Arkoun unterscheidet zwischen dem säkularen und dem religiösen Humanismus; beide streben das Gleiche an, nämlich die Menschlichkeit des Menschen hervorzuheben; der Unterschied zwischen beiden liegt aber in der Begründung und in den Erkenntniswegen, die zum Humanismus führen.[11] *Jacques Maritain* legte 1936 in seinem Buch *Integraler Humanismus* eine Gesellschaftsordnung vor, deren humanistische Grundwerte dem Geist des Evangeliums entsprachen.[12] Er vertrat also die These, dass Humanismus auch religiös begründet werden kann.

Arkoun, der sich schon in seiner Doktorarbeit mit dem Thema „*Humanismus im islamischen Kontext des 10. Jahrhunderts*“ auseinandersetzte, sieht in islamischen Kontexten einen Zusammenhang zwischen dem Verschwinden humanistischer Ansätze und dem Niedergang der Philosophie in diesen Kontexten. Er datiert den Beginn dieses Niedergangs im Osten mit der Übernahme des Kalifats im 11. Jahrhundert durch die Seldschuken und in Nordafrika und Andalusien mit dem Tod von Averroes im Jahre 1198 und dem Verbrennen seiner Bücher.[13]

---

9 EDWARD SAID, Kultur der Einfühlung, 2003. (29.08.2009).

10 Ebd.

11 Vgl. MOHAMED ARKOUN, Maārik min ağlil ansana (Herausforderung der Humanisierung), Libanon 2001, 25.

12 Vgl. JACQUES MARITAIN, Humanisme intégral. Problèmes temporels et spirituels d'une nouvelle chrétienté, Paris 1936; vgl. Jacques Maritain, Christlicher Humanismus. Politische und geistige Fragen einer neuen Christenheit, Heidelberg 1950.

13 Vgl. MOHAMED ARKOUN, Naz'atu l-'ansanati fi l-fikri l-'arabī (Humanismus im arabischen Denken), Libanon 1997.

Exkurs: Humanistische Ansätze in der Methodologie der islamischen Jurisprudenz

Gelehrte der Methodologie der islamischen Jurisprudenz teilten die islamischen Normen in fünf (die Hanafiten in sieben) Kategorien ein: Pflicht, Empfohlenes, Verbotenes, Verpöntes und Erlaubtes. Diese Einteilung der Gelehrten basiert auf der äußeren Form der im Text (Qur'ān und Sunna) vorkommenden Gebote und Verbote. Dabei dient die „Stärke" des Gebots (*quwwatu ṭ-ṭalab*) bzw. des Verbots (*quwwatu t-taḥrīm*) als Grundlage für diese Einteilung:[14]

- Verbindliche Gebote bilden die Grundlage für die Norm „Pflicht" (*farḍ*)
- Nicht verbindliche Gebote bilden die Grundlage für die Norm „Empfohlenes" (*mustaḥab*)
- Verbindliche Verbote bilden die Grundlage für die Norm „Verbotenes" (*ḥarām*)
- Nicht verbindliche Verbote bilden die Grundlage für die Norm „Verpöntes" (*makrūh*)
- Alles andere, das weder geboten noch verboten ist, fällt in die Kategorie „Erlaubtes" (*mubāḥ*)

Nun stellt sich aber die Frage: Wann ist ein Gebot bzw. ein Verbot verbindlich und wann nicht? Die Gelehrten gaben darauf folgende Antwort:

Verbindlich sind solche Gebote, bei deren Unterlassung Tadel angeordnet ist (Strafe im Dies- oder Jenseits oder sowohl als auch). Ist kein Tadel angeordnet, dann ist das Gebot nicht verbindlich und entsprechende Handlungen zählen zur religiösen Norm „Empfohlenes", welche die Gelehrten folgendermaßen definierten: Handlungen, für deren Ausführung Lob und Lohn im Text angeordnet ist, bei deren Unterlassung aber kein Tadel angeordnet ist.[15]

Verbindlich sind solche Verbote, bei deren Begehung Tadel angeordnet ist (Strafe im Dies- oder Jenseits oder sowohl als auch), nicht verbindlich sind wiederum Verbote, bei deren Begehung kein Tadel angeordnet ist.[16]

Diese Einteilung der religiösen Normen fragt primär nach im Text vorkommenden sprachlichen Formen, die ein Gebot bzw. Verbot zum Ausdruck bringen, und teilt sie je nach angeordnetem Tadel bei Verrichten bzw. Unterlassen der Handlung in mehrere Kategorien ein. Die sozialen und lebensnahen Umstände der jeweiligen Handlung finden hierbei so gut wie keine Beachtung.

---

[14] Vgl. MUHAMMAD ABŪ ZAHRA, Uṣūlul-fiqh (Methodologie der islamischen Jurisprudenz), Kairo 1958, 28.

[15] Vgl. ebd. 28 ff.

[16] Andere Gelehrte, vor allem hanafitische, nahmen die Einteilung der religiösen Normen nach Gesichtspunkten der Authentizität des überlieferten Textes und der Ein- bzw. Mehrdeutigkeit des Gebots bzw. des Verbots vor.

Aš-Šāṭibī (gest. 1388 n. Chr.) kritisierte diese Vorgehensweise der Gelehrten, da diese lediglich rechtliche bzw. jenseitsbezogene Konsequenzen (Tadel, Lohn) menschlichen Handelns berücksichtigt. Ihn hingegen beschäftigte die Frage nach den sozialen und lebensnahen Umständen menschlichen Handelns. In seiner Konzeption der Methodologie der islamischen Jurisprudenz erhob er die Erfüllung menschlicher Interessen (*maṣlaḥa*) zur höchsten Instanz religiöser Normen: „Religiöse Lehren dienen der Erfüllung der Interessen der Menschen im Dies- und im Jenseits.“[17] Demnach sind Handlungen geboten, wenn sie zur Erfüllung dieser Interessen einen Beitrag leisten, und verboten, wenn sie deren Erfüllung verhindern bzw. Schaden verursachen.

Aber um welche Interessen handelt es sich konkret? Schon *al-ʿĀmīrī*, ein muslimischer Philosoph aus dem 10. Jahrhundert, definierte in seinem Buch *al ‚ilmu bi manāqibil-Islām* (Das Wissen um die Tugenden des Islam) diese Interessen, die später von *al-Ǧuwainī* (geb. 1028 n. Chr.) in seinem Buch *al burhān* (Der Beweis) übernommen und erst durch dessen Schüler al-Ġazālī bekannt wurden: Es handelt sich hierbei um den Schutz der Religionszugehörigkeit, den Schutz des Lebens, den Schutz des Verstandes, den Schutz des Eigentums und den Schutz der Familie.[18] Im Laufe der Zeit etablierte sich daraus eine eigenständige Wissenschaft mit dem Namen „*Maqāṣid*“ (Maximen der islamischen Lehre). Aktuell gibt es Diskussionen über die Ausweitung dieser Interessen auf allgemeine Prinzipien, wie z. B. Gerechtigkeit, Wahrung der menschlichen Würde und Freiheit.[19]

Aš-Šāṭibī war bemüht, allgemeine Regeln für diese *Maqāṣid* zu formulieren (sog. *qawāʿidu l-Maqāṣid*). Im vorliegenden Zusammenhang sind folgende vier Regeln, die *aš-Šāṭibī* in seinem Buch *al-muwāfaqāt* (Die Übereinstimmungen) anführte, von Bedeutung:

a) „Bei der Auslegung des Textes muss von den allgemeinen Zwecken der islamischen Lehre (*Maqāṣid*) ausgegangen werden, eine wortwörtliche Auslegung läuft Gefahr, die Zwecke des Textes zu verfehlen.“[20]
b) „Ob ein Imperativ eine Verpflichtung oder lediglich eine Empfehlung bzw. ein Verbot oder nur ein Verpönen meint, ist durch den Text alleine nicht herauszufinden, sowohl dem Kontext, als auch den Interessen (*Maṣāliḥ*) muss Rechnung getragen werden.“[21] So sind für *aš-Šāṭibī* die Umstände der

---

[17] Abū IsḪāq aš-ŠāTibī, Al-muwāfaqātu fi uṣuli š-šarīʿa (Die Übereinstimmungen in den Grundsätzen der *šarīʿa*). Band 2, Beirut 2005, 6.

[18] Vgl. ‚ABDU L-MALIK AL-ǦUWAINĪ, Al burhān (Der Beweis). Band 2, Beirut 1997, 923 ff.

[19] Vgl. JAMĀLU D-DĪN ‚ATIYYA, Naḥwa tafʿīl maqāṣidi š-šarīʿa (Die Belebung der Maximen der *šarīʿa*), Syrien 2001, 101.

[20] AŠ-ŠĀTIBĪ, al-muwāfaqātu (Die Übereinstimmungen in den Grundsätzen der *šarīʿa*) , a. a. O., Band 3, 154.

[21] Ebd., Band 3, 153.

Handlung für deren Einstufung als Pflicht, Empfohlenes, Verpöntes oder Verbotenes ausschlaggebend.

c) „Religiöse Lehren dienen der Erfüllung der Interessen der Menschen im Dies- und im Jenseits."[22]

d) „Die Einstufung in ‚geboten' bzw. ‚verboten' hängt immer vom Beitrag zur Erfüllung der Interessen der Menschen bzw. zur Abwendung von Schaden ab."[23]

Religiöse Normen sind somit kein Selbstzweck, sondern ein Mittel zum Erreichen der höheren Zwecke der islamischen Lehre (*Maqāṣid*). Je mehr Interessen eine Handlung erfüllt, desto stärker ist sie geboten, und umgekehrt, je mehr Schaden eine Handlung verursacht, desto stärker ist sie verboten.

In der Theorie der *Maqāṣid* „[...] ist es in der Tat unmöglich, die soziale und menschliche Umgebung außer Acht zu lassen. Sie erhellt nicht nur die grundlegenden Quelltexte, sondern man kann nur mit deren genauer Kenntnis der Absicht des göttlichen Gesetzgebers treu bleiben. Deswegen ist es wichtig, sie bei der rechtlichen Ausarbeitung von Beginn an einzubeziehen, um angemessen mit Situationen umzugehen, zu denen die Schrift sich nicht äußert."[24]

Humanistische Qur'ānhermeneutik II

Die *humanistische Qur'ānhermeneutik* basiert auf der Grundidee *aš-Šāṭibīs*, in der er die Wahrung und Erfüllung menschlicher Interessen zur höchsten Instanz religiöser Normen erhob; der Grundsatz „Religiöse Lehren dienen der Erfüllung der Interessen der Menschen im Dies- und im Jenseits"[25] bildet dabei die Grundlage der humanistischen Qur'ānhermeneutik. Man kann diesen Satz auch anders formulieren: „Qur'ānische Inhalte dienen der Erfüllung der Interessen der Menschen im Dies- und im Jenseits." Die Maximen des qur'ānischen Textes bilden daher den Ausgangspunkt der humanistischen Qur'ānhermeneutik; diese Maximen sind als allgemeine Prinzipien des Qur'āns zu verstehen. Diese Prinzipien bilden den Rahmen, in dem der Qur'ān ausgelegt werden kann; jede Auslegung, die mit diesen Prinzipien nicht in Einklang steht, ist nicht zulässig. Der Qur'ān selbst unterscheidet zwischen eindeutigen und mehrdeutigen Versen. In Sure 3, Vers 7 heißt es:

---

22 Ebd., Band 2, 2.

23 Ebd., Band 2, 238.

24 TARIQ RAMADAN, Radikale Reform. Die Botschaft des Islam für die moderne Welt, München 2009, 103.

25 Aš-ŠāTibī, al-muwāfaqātu (Die Übereinstimmungen in den Grundsätzen der *šarī'a*) , a. a. O., Band 2, Beirut 2005, 6.

> „Er [Gott] ist es, der das Buch auf dich [Muhammad] herabgesandt hat. Darin sind eindeutige Verse, die der Kern des Buches sind, und andere, mehrdeutige."

Die „eindeutigen Verse", die den Kern des Qur'āns bilden, stellen diese allgemeingültigen Prinzipien dar (s. unten), durch die Beliebigkeit und völliger Relativismus in den Qur'ānlesarten verhindert werden.

Bei den mehrdeutigen Versen handelt es sich vor allem um kontextabhängige juristische und gesellschaftliche Aspekte, die konkrete Anweisungen beinhalten. Betrachtet man beispielsweise die qur'ānischen Aussagen betreffend Juden und Christen (im Qur'ān oft als „Leute der Schrift" bezeichnet), dann findet man zweierlei Positionen: Manchmal werden sie gelobt, manchmal kritisiert.

In der zweiten Sure, Vers 62 werden sie z.B. keineswegs vom Heil ausgeschlossen:

> „Diejenigen, die glauben, und diejenigen, die dem Judentum angehören, und die Christen und die Sabäer, alle die an Gott und den jüngsten Tag glauben und Rechtschaffenes tun, denen steht bei ihrem Herrn ihr Lohn zu, und sie brauchen am Tag des Gerichts keine Angst zu haben, und sie werden nach der Abrechnung am jüngsten Tag nicht traurig sein."[26]

An anderen Stellen werden sie als Fromme und Rechtschaffende bezeichnet (vgl. Sure 3, Verse 113-115). In Sure 3, Vers 70 werden Juden und Christen hingegen für ihre Nichtanerkennung Muhammads stark kritisiert:

> „O Leute der Schrift! Weshalb verleugnet ihr die Botschaft Gottes, wo ihr doch selbst Zeugen dafür seid? O Leute der Schrift! Weshalb vermengt ihr Wahres und Erlogenes und verbergt die Wahrheit wider besseres Wissen?"

Im Qur'ān ist also keine einheitliche Aussage zu finden, die die Positionierung den Juden und Christen gegenüber klar festlegt.

Warum beinhaltet der Qur'ān mehrdeutige Verse?

Wie schon erwähnt, wurde der Qur'ān innerhalb von 23 Jahren in verschiedenen zeitlichen, räumlichen, politischen, wirtschaftlichen und gesellschaftlichen Kontexten offenbart, in denen er die für den jeweiligen Kontext richtige Option anbietet; so kommen unterschiedliche Optionen zusammen. Der Qur'ān sagt aber nicht, welche der Optionen für jeden beliebigen Kontext endgültig richtig, welche endgültig falsch ist.

Obwohl Gott die Quelle des Qur'āns ist, war der Mensch maßgeblich an dessen Inhalt beteiligt. Beim Qur'ān handelt es sich keineswegs um einen Mo-

---

26 Sure 2, 62. Vgl. auch Sure 5, 65.

nolog von Gott, der an die Menschen gerichtet ist, sondern um einen Dialog zwischen Gott und den Menschen, um die Interessen der Menschen zu erfüllen. Der Qur'ān wurde diskursiv offenbart; er ist das Resultat von Dialog, Debatte, Argumentation, Annahme und Zurückweisung.[27]

Der Qur'ān als Diskurs kann nur diskursiv verstanden werden, das heißt, sowohl die individuellen Erfahrungen als auch das gesellschaftliche Umfeld des Lesers beeinflussen den Leser in seiner Verstehensweise des Qur'āns. Die Maximen des qur'ānischen Textes, die den Ausgangspunkt der humanistischen Qur'ānhermeneutik bilden und als universale Richtlinien für jede legitime Lesart des Qur'āns dienen sollen, verhindern selektives Verstehen und Beliebigkeit in der Lesart des Qur'āns. Diese Maximen basieren auf dem Grundsatz, dass qur'ānische Inhalte der Wahrung und Erfüllung der Interessen der Menschen im Dies- und im Jenseits dienen.

Die qur'ānischen Maximen werden in zwei Ebenen unterteilt:

- Die erste Ebene beinhaltet die allgemeine Maxime des Qur'āns, welche die Bestimmung des Menschen betrifft: Der Mensch ist Verwalter auf Erden, mit dem Auftrag, die ihm zur Verfügung stehenden materiellen und nichtmateriellen Ressourcen (dazu gehören z. B. seine Gesundheit, seine Zeit, seine Talente und geistigen Fähigkeiten) in seinem eigenen Sinne, aber auch im Sinne seiner Mitmenschen verantwortungsvoll zu verwalten – mit dem Ziel, die Erde zu kultivieren und die Ordnung des Zusammenlebens zu bewahren. Diese Maxime ist grundsätzlicher Ausgangspunkt einer humanistischen Qur'ānhermeneutik.
- Die zweite Ebene stellen die spezifischen Maximen des jeweiligen qur'ānischen Themenbereichs dar.

Für die oben angeführten sechs Themenbereiche lassen sich folgende qur'ānische Maximen beschreiben:

1. Die Maximen der glaubensbezogenen Inhalte beziehen sich einerseits darauf, Gott, wie er sich im Qur'ān beschreibt, kennenzulernen und durch persönliche Erfahrungen mit ihm im Laufe der eigenen Lebensgeschichte Liebe und Vertrauen zu Gott aufzubauen, und andererseits darauf, durch den Glauben an die Auferstehung und an den Tag des Gerichts, ein Bewusstsein dafür zu entwickeln, im Jenseits Gott persönlich zu begegnen und für die Ewigkeit bei ihm zu bleiben. Das diesseitige Leben ist eine Vorbereitung auf diese Begegnung mit Gott; das Handeln des Menschen im Diesseits soll auf diese Begegnung mit ihm ausgerichtet und von der Liebe zu ihm begleitet sein.

---

[27] Vgl. NASṢR ḤĀMID ABŪ-ZAID, Gottes Menschenwort. Für ein humanistisches Verständnis des Koran, Freiburg im Breisgau [u. a.] 2008.

Beispielverse aus dem Qur'ān:

> „Sprich: Er ist Gott der Eine, Gott der Ewige, er zeugt nicht und ist nicht gezeugt, und es gibt keinen, der ihm gleicht."[28]
> „Am Gerichtstag wird Gott sprechen: ‚An diesem Tage wird den Wahrhaftigen ihre Wahrhaftigkeit nutzen. Für sie gibt es Gärten, durcheilt von Bächen, in diesen Gärten bleiben sie für ewig und immer. Gott ist zufrieden mit ihnen und sie sind zufrieden mit ihm, und dies ist der wahre Erfolg."[29]

2. Die Maximen der gottesdienstlichen Praktiken beziehen sich einerseits auf eine spirituelle Komponente, in der es darum geht, sich durch diese Praktiken eine Auszeit zu nehmen, um mit Gott in eine enge geistige Verbindung zu treten, andererseits beziehen sie sich auf eine lebensnahe Komponente, die der Qur'ān im Einzelnen erläutert. Das Gebet z. B. hat eine Läuterungsfunktion des Herzens:

> „Und verrichte das Gebet, wahrlich das Gebet hält vom Abscheulichen und Schändlichen ab."[30]

Das Fasten soll zur Frömmigkeit erziehen:

> „O Gläubige, euch ist das Fasten vorgeschrieben, wie es den Menschen vor euch vorgeschrieben war, damit ihr fromm werdet."[31]

Das rituelle Gebet fünf Mal am Tag und das Fasten im Ramadan geben dem Menschen die Gelegenheit, in sich hineinzugehen, um an sich, an seinen Charaktereigenschaften zu arbeiten und immer wieder neue Vorsätze zu fassen. Dadurch soll das Gewissen immer wieder gestärkt bzw. – wie der Qur'ān dies ausdrückt – das Herz geläutert werden. Die im Islam vorgeschriebene soziale Abgabe hat eine wichtige soziale Komponente, die für eine gerechte Umverteilung in der Gesellschaft sorgt und den Menschen an seine soziale Verantwortung in der Gesellschaft erinnert; sie beinhaltet aber auch eine ethische Komponente, indem sie Eigenschaften wie Mitgefühl, Empathie und Großzügigkeit fördert.

3. Die Maximen der allgemeinen ethischen Prinzipien des Qur'āns beziehen sich auf die Erziehung des Menschen zu einem aufrichtigen und liebevollen Mitglied der Gesellschaft.

> „Gott schreibt euch vor, einzig Ihn anzubeten und zu euren Eltern gütig zu sein, und besonders dann, wenn der eine von ihnen oder beide ins hohe Alter kommen. Schimpfe nicht mit ihnen und schelte sie nicht, sondern rede mit ihnen auf ehrer-

---

[28] Sure 112, 1-4.
[29] Sure 5, 119.
[30] Sure 29, 45.
[31] Sure 2, 183.

> bietige Weise und bedecke sie demütig mit den Flügeln der Barmherzigkeit und bitte: ‚Oh mein Herr! Erbarme dich beider so barmherzig, wie sie mich aufzogen, als ich klein war' [...] Und gib dem Verwandten, was ihm gebührt und dem Armen und dem Reisenden; doch verschleudere nicht wie ein Verschwender."[32]

> „Und kommt der Unzucht nicht nahe. Das ist fürwahr etwas Schändliches und Übles. Und tötet keinen Menschen [...] Und bewahrt das Vermögen des Waisen zu seinem Besten und haltet eure Verträge ein. Siehe für das Einhalten von Verträgen werdet ihr [am Gerichtstag] zur Rechenschaft gezogen. Und seid gerecht wenn ihr messt und wiegt mit richtiger Waage [...] Und mische dich nicht ein, in das dich nichts angeht [...] Und stolziere nicht überheblich auf Erden herum."[33]

4. Die Maximen der narrativen Passagen im Qur'ān beziehen sich darauf, aus dem Leben anderer Menschen und Völker Lehren für das eigene Leben zu ziehen. So ist beispielsweise die 12. Sure mit dem Namen des Propheten Josef, dem Sohn von Isaq, betitelt und erzählt dessen Geschichte mit seinen elf Brüdern ausführlich über dreizehneinhalb Seiten.

5. Die Maximen liturgischer Passagen beziehen sich auf die offene Kommunikation mit Gott. Gott beschreibt sich im Qur'ān als dem Menschen nahe:

> „Wir erschufen den Menschen und wissen, was ihm sein Inneres zuflüstert. Und wir sind ihm näher als seine Halsader."[34]
> „Und wenn dich meine Diener nach mir fragen, ich bin gewiss nahe, ich erhöre die Bittgebete der Bittenden."[35]

Gott möchte, dass wir Menschen mit ihm reden, uns persönlich und direkt an ihn wenden.

6. Die Maximen der Gesetzgebung und Regelungen für die Gesellschaftsordnung beziehen sich auf folgende fünf Prinzipien, die als Grundlage für die Gesellschaftsordnung dienen sollten:

- Gerechtigkeit,
- Wahrung der menschlichen Würde,
- Freiheit aller Menschen,
- Gleichheit aller Menschen,
- die soziale sowie ethische Verantwortung des Menschen

Diese fünf Maximen dienen einerseits als Richtlinien im Deduktionsverfahren (*istinbāt*) der einzelnen juristischen Bestimmungen aus dem Text und andererseits als Rahmen für die religiöse Legitimation von juristischen und die Gesellschaftsordnung betreffenden Regelungen.

---

[32] Sure 17, 23-26.
[33] Sure 17, 32-37.
[34] Sure 50, 16.
[35] Sure 2, 186.

Gerade dieser legislative Aspekt sorgt für viele Spannungen und teilweise für Ängste in den europäischen Gesellschaften. Nicht selten wird behauptet, das islamische Recht bzw. Teile davon ließen sich mit den Grundwerten der europäischen Gesellschaften nicht vereinbaren. Dies behaupten nicht nur skeptische Kritiker, sondern auch muslimische Fundamentalisten, die aus eben diesem Grund die Einführung der *Šarīʿa* in Europa einfordern bzw. sich erhoffen.

Der Begriff „Islamisches Recht“ darf allerdings nur mit Vorbehalt verwendet werden, denn er suggeriert, dass im Islam ein abgeschlossenes juristisches Schema existiert, das alle Lebensbereiche erfasst. Betrachtet man den Qur'ān, dann sind unter den über 6200 Versen nur vereinzelte zu finden, die juristische Aspekte ansprechen. Die Hauptbotschaft des Qur'āns ist die Erziehung des Inneren des Menschen. Der Prophet Muhammad drückte dies so aus: „Ich wurde entsandt, um die Charaktereigenschaften der Menschen zu vervollkommnen.“[36]

Muhammad betrachtete seine Botschaft also als eine spirituelle und ethische, nicht als eine juristische.

Prophet versus Staatsoberhaupt

Entscheidend für das Verständnis des Islam als spirituelle und ethische Botschaft anstelle einer juristischen ist die Unterscheidung der Rolle Muhammads als Prophet, der eine göttliche Botschaft zu verkünden hatte, von seiner Rolle als Staatsoberhaupt (vor allem in Medina), in der er bemüht war, den Grundstein zur Errichtung eines Rechtsstaates zu legen.[37] Als Prophet verkündete er neben dem Monotheismus und den gottesdienstlichen Praktiken allgemeine Prinzipien, die für jede Gesellschaft gelten sollten. Diese sind Gerechtigkeit, Unantastbarkeit der menschlichen Würde, Gleichheit aller Menschen, Freiheit aller Menschen und die soziale sowie ethische Verantwortung des Menschen. Später – als Staatsoberhaupt in Medina (ab 622 n. Chr.) – war er bemüht, diese Prinzipien mit den ihm im 7. Jahrhundert auf der arabischen Halbinsel zur Verfügung stehenden Ressourcen und Kenntnissen in die Praxis umzusetzen. Islamische Gelehrte, die diese Bemühungen Muhammads und die entsprechenden qur'ānischen Texte jedoch als Teil seiner göttlichen Verkündung sehen, betrachten alle juristischen Regelungen und die gesamte Gesellschaftsordnung in Medina – dazu gehören auch die Geschlechterrollen – als kontextunabhängige, verbindliche, göttliche Gesetzgebung, die alle Muslime, auch die heutigen in Europa, anstreben müssen. Dieses Verständnis blockiert jedoch jede Mög-

---

36 Überliefert nach Mālik Ibn Anas, Al muwatta (Die Ebnung), Damaskus 1991, Hadith Nr. 1609.

37 Vgl. Šihābu d-dīn Al Qarāfī, Al furūq (Die Unterschiede), Beirut 2002, 221.

lichkeit der Weiterentwicklung der in Medina herrschenden juristischen Ordnung und erschwert die Akzeptanz irgendeiner anderen Gesellschaftsordnung. Es zwingt jeden Muslim, rückwärtsorientiert zu denken.

Traditionelle islamische Gelehrte orientierten sich – wie schon oben dargestellt – primär am Wortlaut des qur'ānischen bzw. prophetischen Textes und suchten darin nach klar definierten, allgemeingültigen Kriterien für die Normfindung; der soziale Kontext spielte dabei keine Rolle. Islamische Gelehrte können nicht juristische, politische, wirtschaftliche, medizinische und naturwissenschaftliche Aufgaben lösen; sie sollten aber an die zuständigen Experten und Expertinnen appellieren, mit bestem Wissen und Gewissen vorzugehen, sodass menschliche Interessen gewahrt und verwirklicht werden können. Dafür ist eine interdisziplinäre Zusammenarbeit nötig.

Worüber sich Juristen in einem Rechtsstaat einigen, kann – unabhängig davon, ob dieser Staat ein islamischer ist oder nicht – als „islamisch" bezeichnet werden, wenn die Interessen der Allgemeinheit gewahrt werden und es nicht gegen die oben genannten fünf Prinzipien verstößt, da eben die Wahrung menschlicher Interessen das Ziel islamischer Jurisprudenz ist. Dieser Gedankengang ist gerade für Muslime in Europa sehr wichtig, damit sich die von manchen Fundamentalisten konstruierte Diskrepanz zwischen „islamischen" und „europäischen" Gesetzen auflöst.

Im Folgenden soll die humanistische Lesart des Qur'āns im Vergleich zu traditionellen Lesarten anhand von fünf Beispielen näher erläutert werden.

Beispiel I: Die Erbschaft der Tochter

In Vers 11 der vierten Sure des Qur'āns lesen wir Folgendes:

> „Gott gebietet euch hinsichtlich eurer Kinder, dem Kind männlichen Geschlechts das Gleiche an Erbteilen zu geben wie zwei Kindern weiblichen Geschlechts."

Demnach erbt ein Knabe das Doppelte von dem, was seine Schwester erbt. Nach traditioneller Lesart handelt es sich hier um eine klare gesetzliche Regelung der Erbschaft der Kinder, die eine ahistorische Gültigkeit hat. Die Gültigkeit dieses Gesetzes ist sowohl vom gesellschaftlichen Kontext der Offenbarung als auch von dem des Lesers unabhängig.

Die humanistische Qur'ānhermeneutik hingegen fragt nach dem sozialen Zusammenhang des Offenbarungskontextes und nach dem sozialen Kontext des Lesers, um die Maxime, also die Intention und das Ziel dieses Verses, zu bestimmen. *Ibn Kaṯīr* (gest. 1373 n. Chr.), Verfasser eines der anerkanntesten exegetischen Werke im sunnitischen Islam, merkte in seinem Werk *Tafsīru l-qur'ān* (Interpretaiton des Qur'ān) zu diesem Vers an, dass viele Gläubige das vom Propheten Muhammad verkündete Gebot, auch Frauen an einer Erbschaft zu beteiligen, ablehnten und sagten:

> „Frauen und kleine Kinder sollen Erbanteile bekommen, obwohl diese nicht in der Lage sind, in den Krieg zu marschieren und Kriegsbeute zu ergattern?! Verschweigt diese Aussage Muhammads, vielleicht vergisst Muhammad, was er gesagt hat, oder wir können ihn überzeugen, diese Regelung wieder fallen zu lassen."[38]

Ibn Kaṯīr führt fort:

> „Sie gingen daraufhin zum Propheten und beschwerten sich [...], denn in vorislamischer Zeit erbten Frauen nichts, nur diejenigen, die an Kriegen teilgenommen hatten, hatten ein Anrecht auf Erbanteile. Diese wurden nach Alter aufgeteilt [ältere Familienangehörige bekamen mehr als jüngere]."[39]

Der Grund warum Frauen, insbesondere Töchter, in vorislamischer Zeit vom Erbe ausgeschlossen wurden, liegt in der damaligen Gesellschaftsordnung. In jener Stammesgesellschaft herrschten unter den Stämmen oft große Spannungen und Konkurrenz um die wirtschaftlichen Ressourcen, was öfters zu Kriegen zwischen den Stämmen führte. Die Kriegsbeute war meist die Haupteinnahmequelle der Stämme, weshalb diejenigen, die in der Lage waren, Kriegsbeute zu ergattern, eine privilegierte Stellung im Stamm innehatten; dieses Privileg spiegelte sich auch in der Erbschaftsverteilung wider. Frauen waren ein Risikofaktor: Zum einen waren sie im Krieg oft Kriegsbeute und wurden versklavt, was die Ehre des Stammes verletzte, zum anderen wurden Frauen auch gezielt zum Zwecke einer Verbesserung der Beziehung zu einem anderen Stamm mit Männern dieses Stammes verheiratet. Sie sollten aber nichts erben, damit Anteile des Besitzes des eigenen Stammes nicht in die Hände anderer Stämme gelangten.

Der Tochter einen Anteil am Erbe zuzuschreiben, war für diesen beschriebenen Kontext ein revolutionärer Schritt, der anfangs auf Widerstand stieß. Lässt man diesen Kontext außer Acht und begnügt sich mit dem Wortlaut des Verses, verleiht man dieser Erbschaftsregelung eine ewige Gültigkeit und der Qur'ān kommt damit zum Stillstand. Die humanistische Qur'ānhermeneutik hingegen fragt nach der Maxime dieses Verses; sie fragt nach der Intention und dem Ziel dieser Regelung – nicht der Wortlaut steht im Vordergrund, sondern die Frage, welches menschliche Interesse dahinter steckt. Diese Maxime, also das Interesse des Menschen, ist hier Ausgangspunkt für weitere Überlegungen bezüglich der Anwendbarkeit dieses Textes in unserem heutigen Kontext. Es ist ersichtlich, dass diese Erbschaftsregelung ein wichtiger Schritt in Richtung Anerkennung der Frau als gleichberechtigtes Mitglied der Gesellschaft war.

[38] Ismā'l Ibn Kaṯīr, tafsīru l-qur'ān (Qur'ānische Exegese), Band 1, Beirut 1996, 404-405.
[39] Ebd.

Das Beharren auf dem Wortlaut des Textes lässt uns allerdings bei diesem ersten Schritt stehen bleiben und vereitelt jeden Versuch der Weiterentwicklung in Richtung Gleichberechtigung der Geschlechter, womit man der Intention des Textes nicht gerecht wird. Wie schon oben angeführt, gehören Gerechtigkeit und Gleichheit der Menschen zu den allgemeingültigen Prinzipien des Qur'āns. Nach der Auffassung der humanistischen Qur'ānhermeneutik ist es somit unser Auftrag, den in Sure 4, Vers 11 intendierten Gedanken in Richtung Gleichberechtigung weiterzuverfolgen. Unser heutiger gesellschaftlicher Kontext erlaubt uns dies, ohne dass Spannungen entstehen. Dies gilt nicht nur für die Frage der Erbschaft, sondern im Allgemeinen in der Frage der Anerkennung der Frau als würdevolles Wesen und Mitglied der Gesellschaft.

Beispiel II: Gewalt gegen Frauen

Eine qur'ānische Aussage, die für viele Diskussionen sorgt, lautet:

> „Und wenn ihr annehmt, dass eure Frauen einen Vertrauensbruch begehen, besprecht euch mit ihnen und zieht euch aus dem Intimbereich zurück [meidet Intimitäten] und schlagt sie."[40]

Eine wortwörtliche Interpretation begründet und legitimiert das Schlagen von Frauen. Viele Reformisten, die den historischen Kontext der Offenbarung außer Acht lassen, versuchen durch Wortspielerei, diesen Vers an moderne Werte anzupassen; so heißt es dann, mit Schlagen sei nur ein kleiner Klaps oder etwa Scheidung gemeint. Durch solche Wortspielereien kann man den Qur'ān letztendlich alles und somit nichts sagen lassen. Eine humanistische Qur'ānhermeneutik fragt hingegen nach dem historischen Kontext der Entstehung dieses Verses, um seine Maxime zum Erreichen menschlicher Interessen bestimmen zu können.

An dieser Stelle soll in Erinnerung gerufen werden, dass die humanistische Qur'ānhermeneutik davon ausgeht, dass es die grundsätzliche Maxime des Qur'āns ist, menschliche Interessen zu bewahren und zu verwirklichen. Im Mittelpunkt der qur'ānischen Botschaft steht also der Mensch.

Berücksichtigt man im vorliegenden Beispiel den historischen Kontext – Frauen wurden damals bei geringstem Verdacht ermordet bzw. verprügelt – und fragt sich, was Gott den damaligen Menschen sagen wollte, dann lautet die Antwort: Ermordet bzw. verprügelt eure Frauen nicht, sondern redet mit ihnen, meidet Intimitäten zwischen euch und schlagt sie erst, wenn dies alles zu keiner Lösung führte. Diese qur'ānische Aussage intendiert also keineswegs

[40] Sure 4, 34.

die Legitimation des Schlagens von Frauen, sondern beabsichtigt die gegen Frauen praktizierte Gewalt nach hinten zu reihen und Möglichkeiten der Mediation anzubieten, die gewaltlos sind (das Gespräch suchen, Intimitäten meiden). Die Maxime dieses Verses lautet: Bei Ehestreitigkeiten den bestmöglichen rationalen Mediationsweg, jenseits von Gewalt und Erniedrigung von Frauen, zu finden.

Wie kann nun diese Maxime in unserem heutigen Kontext, also im Hier und Jetzt, umgesetzt werden? Erkenntnisse des Lesekontextes bestimmen, wie dies optimal geschehen kann. Dies würde zum Beispiel für uns heute in Europa, wo es Ehe- und psychologische Beratungsstellen gibt, bedeuten, im Falle ernsthafter Eheprobleme als Mediationsweg von diesen Institutionen Gebrauch zu machen. Gewalt kommt nicht mehr infrage.

Beispiel III: Zeugenschaft der Frauen

Vers 282 der Sure 2 lautet:

> „O ihr Gläubigen! Wenn ihr einander eine Schuld für eine festgesetzte Frist gewährt, dann schreibt sie nieder [...]. Und lasst zwei Zeugen von euren Männern diesen Vertrag bezeugen. Sind nicht zwei Männer da, dann sei es ein Mann und zwei Frauen, so dass wenn eine der beiden irrt, die andere sie erinnert."

Bleibt man am Wortlaut haften, dann gilt die Zeugenschaft einer Frau auch heute nur zur Hälfte. Berücksichtigt man den Entstehungskontext dieses Verses, kommt man zu der Erkenntnis, dass das Hauptinteresse dieses Verses die Bewahrung der Rechte des Geldgebers ist. In einer Gesellschaft, in der Analphabetismus – insbesondere unter Frauen – sehr verbreitet war, waren besonders Frauen in solchen Situationen auf ihr Gedächtnis angewiesen und aufgrund geringerer Involviertheit in Handelsgeschäfte anfälliger für Irrtümer in diesen Belangen. Dazu kommt noch die Tatsache, dass Frauen in der damaligen patriarchalischen Gesellschaft leicht unter Druck gesetzt werden konnten, falsche Zeugenaussagen zu tätigen. Daraus ergibt sich, dass das Hauptinteresse dieses Verses die Bewahrung der Rechte des Geldgebers ist, denn der Vers beschreibt die damals im 7. Jahrhundert auf der arabischen Halbinsel zur Verfügung stehenden Möglichkeiten dafür. Im genannten Vers geht es also nicht um eine Regelung der Zeugenschaft der Frau, sondern um das Garantieren von Gerechtigkeit. In unserer heutigen Gesellschaft werden Verträge nicht mehr aufgrund von Analphabetismus durch mündliche Zeugenaussagen bestätigt, sondern durch Stempel und Unterschrift besiegelt, und das Geschlecht des Unterzeichners spielt dabei keine Rolle mehr.

Beispiel IV: Das Mindestheiratsalter

Im oben erwähnten Vers 282 der zweiten Sure im Qur'ān, in dem es um den Schuldvertrag geht, steht weiter:

> „Ist der Schuldner aber geistig nicht in der Lage oder unfähig zu diktieren, so diktiere sein Vormund."

Die Gelehrten der islamischen Jurisprudenz nahmen die Geschlechtsreife als Maßstab für die geistige Reife. Eine Voraussetzung für die Gültigkeit eines Vertrages ist also das Erreichen der Geschlechtsreife der Vertragspartner; Minderjährige können sich von ihrem Vormund (in der Regel der Vater oder Onkel) vertreten lassen. Diesen Gedankengang wendeten die Gelehrten auch auf den Ehevertrag an und kamen zum Schluss, dass zum Eingehen einer Ehe ein Vertrag – dieser kann auch mündlich sein – zustande kommen muss. In diesem muss die Willenserklärung beider Partner zum Ausdruck gebracht sein, vorausgesetzt, beide haben die geschlechtliche Reife und somit die notwendige geistige Reife erlangt; sollte aber einer der beiden Partner die geschlechtliche Reife noch nicht erlangt haben, muss für die Gültigkeit des Vertrages die Willenserklärung des Vormundes der betroffenen Person zum Ausdruck kommen. Mit dieser Vorgehensweise legitimieren manche Gelehrte die Heirat von Minderjährigen.

Eine humanistische Qur'ānhermeneutik fragt weniger nach juristischen Belangen der Eheschließung und sieht daher in ihr nicht einfach das Eingehen eines Vertrages, sondern fragt vielmehr nach der Bedeutung und dem Stellenwert der Ehe. Im Qur'ān ist dazu Folgendes zu lesen:

> „Zu seinem Zeichen gehört auch, dass er euch Partner aus euch selbst schuf, damit ihr bei ihnen Geborgenheit findet. Und er hat zwischen euch Liebe und Barmherzigkeit gesetzt. Darin sind führwahr Zeichen für diejenigen, die nachdenken."[41]

Geborgenheit, Liebe und Barmherzigkeit zwischen den Partnern sind also die qur'ānischen Maximen der Heirat. Diese sollten angestrebt werden. Der Schlusssatz „Darin sind führwahr Zeichen für diejenigen, die nachdenken" weist darauf hin, dass wir in Fragen der Ehe den Rat von in diesen Dingen erfahrenen Menschen einholen sollen, das heißt, diese – und nicht Theologen – sind es, die die Kompetenz besitzen, ein Mindestheiratsalter festzusetzen.

Beispiel V: Umgang mit Juden und Christen:

Betrachtet man die qur'ānischen Aussagen über Juden und Christen (oft als „Leute der Schrift" bezeichnet), dann findet man zweierlei Positionen: Manchmal werden sie gelobt, manchmal kritisiert. Siehe dazu die Beispielverse oben.

---

[41] Sure 30, 21.

Man wird also im Qur'ān keine einheitliche Aussage finden, die klar festlegt, wie sich der Qur'ān den Juden und Christen gegenüber positioniert. Welchen Grund hat das, und wie gehen wir heute mit solchen mehrdeutigen Positionen um?

Der Qur'ān wurde – wie schon erwähnt – diskursiv offenbart; er ist das Resultat von Dialog, Debatte, Argumentation, Annahme und Zurückweisung. Daher sind im Qur'ān unterschiedliche Möglichkeiten beschrieben, je nachdem welcher gesellschaftliche und politische Wandel sich inzwischen vollzogen hatte. Es würde den Rahmen dieses Beitrages sprengen, den Wandel der Beziehungen der damaligen Muslime zu den Christen und Juden während der Offenbarungszeit des Qur'āns nachzuzeichnen. Für die humanistische Qur'ānhermeneutik sind die qur'ānischen Grundsätze, also die Maximen für den Umgang mit Andersgläubigen, von Bedeutung:

1. Der Mensch besitzt – unabhängig von seiner Weltanschauung – eine Würde, die unantastbar ist. Er hat, da Gott ihm von seinem Geist einhauchte, etwas Heiliges in sich.

   „Und als dein Herr zu den Engeln sprach: ‚Seht, ich erschaffe einen Menschen aus trockenem Lehm. Und wenn ich ihn gebildet und ihm von meinem Geist eingehaucht habe, dann werft euch vor ihm nieder!'"[42]
   „Und wahrlich wir haben den Kindern Adams Würde verliehen."[43]

2. Die konfessionelle Vielfalt unter den Menschen ist gottgewollt.

   „Und wir sandten zu dir in Wahrheit das Buch hinab, bestätigend, was ihm an Schriften vorausging und über sie Gewissheit gebend [...] Jedem von euch gaben wir einen Weg. Wenn Gott gewollt hätte, hätte er euch zu einer einzigen Gemeinde gemacht. Doch er will euch in dem prüfen, was er euch gegeben hat. Wetteifert nun nach den guten Dingen."[44]

3. Es liegt nur in der Kompetenz Gottes, am Gerichtstag zwischen den Menschen zu richten.

   „Muslime, Juden, Sabäer, Christen, Magier und Polytheisten, Gott wird am Tag des Gerichts zwischen ihnen richten."[45]

4. Güte und Gerechtigkeit gegenüber den Menschen

   „Gott würde es euch nie verbieten, gegen die gütig und gerecht zu sein, die euch nicht wegen eures Glaubens bekämpft oder euch aus euren Häusern vertrieben haben. Gott liebt die gerecht Handelnden."[46]

---

[42] Sure 15, 28-29.
[43] Sure 17, 70.
[44] Sure 5, 48.
[45] Sure 22, 17.
[46] Sure 60, 8.

Diese vier Maximen bilden den Rahmen und die Richtlinien für das Verhältnis zu Menschen mit anderen Weltanschauungen. Eine Lesart des Qur'āns, die sich nicht an diesen Maximen orientiert, läuft Gefahr, Positionen aus dem Qur'ān selektiv zu lesen, um eigene Interessen zu legitimieren.

Die Maximen des Qur'āns sind in qur'ānischen Versen eingebettet, die keine bestimmte historische Situation beschreiben oder kommentieren und daher allgemeine universelle Gültigkeit beanspruchen können. Gerechtigkeit, Güte, Verantwortung für die eigenen Verwandten zu tragen, Verwerfliches, Schädliches und Gewalttaten zu verbieten, gehören zu den bedeutendsten Maximen des Qur'āns. In Sure 16, Vers 90 heißt es:

> „Gott gebietet Gerechtigkeit zu üben, gütig zu sein und den Verwandten gegenüber Freigiebigkeit. Und verbietet Verwerfliches und Schädliches und Gewalttätiges."

Das Fehlen eines bestimmten grammatischen Objekts gibt hier den Verben „gebieten" und „verbieten" den Umfang semantischer Unendlichkeit. Diese Maximen sind ahistorisch zu verstehen, da sie nicht an bestimmte Umstände gebunden sind.

Zusammenfassung

Der Qur'ān wurde innerhalb von 23 Jahren diskursiv, also als Resultat von Dialog, Debatte, Argumentation, Annahme und Zurückweisung, offenbart. Er wurde im 7. Jahrhundert auf der arabischen Halbinsel als direkte Rede an die Menschen offenbart; seine Adressaten sind nach muslimischem Glauben im Allgemeinen dennoch die Menschen zu jeder Zeit und an jedem Ort. Daraus ergibt sich die hermeneutische Herausforderung, den Qur'ān als ein Buch zu verstehen, das Muslime aus unterschiedlichen Kulturen mit unterschiedlichen Sprachen zu unterschiedlichen Zeiten und vor allem in unterschiedlichen Kontexten anspricht.

Der qur'ānische Text wird in mehrere Themenbereiche idealtypisch unterteilt, die sich zum Teil überschneiden können.

Die *humanistische Qur'ānhermeneutik* geht von folgendem Grundsatz aus: Qur'ānische Inhalte dienen der Erfüllung der Interessen der Menschen im Dies- und im Jenseits. Der Mensch steht also im Mittelpunkt der qur'ānischen Botschaft.

Aufgabe einer humanistischen Qur'ānhermeneutik ist es, die allgemeingültigen Maximen des qur'ānischen Textes zur Wahrung und Erfüllung menschlicher Interessen zu definieren. Diese Maximen sind als Richtlinien zu verstehen, die den Ausgangspunkt und den Rahmen jeder legitimen Lesart des Qur'āns bilden. Sie besitzen einen universalen, allgemeinen Gültigkeitsanspruch.

Die qur'ānischen Maximen lassen sich in zwei Ebenen unterteilen: Die erste Ebene stellt die allgemeine qur'ānische Maxime dar; diese betrifft die Bestimmung des Menschen als Verwalter auf der Erde, der die Aufgabe hat, die ihm zur Verfügung stehenden materiellen und nichtmateriellen Ressourcen verantwortungsvoll zu verwalten, mit dem Ziel, die Erde zu kultivieren und die Ordnung des Zusammenlebens zu bewahren. Diese Maxime ist grundsätzlicher Ausgangspunkt einer humanistischen Qur'ānhermeneutik. Die zweite Ebene stellen die spezifischen Maximen des jeweiligen qur'ānischen Themenbereichs dar. In jeden Themenbereich fallen zahlreiche partikulare Aspekte, die ebenfalls partikulare Maximen beinhalten.

Die humanistische Lesart des Qur'āns bezieht sich auf alle qur'ānische Themenbereiche. Im Fokus dieses Beitrags stand jedoch der Themenbereich, der sich mit legislativen Aspekten beschäftigt, weil gerade dieser für viele Spannungen und Diskussionen – vor allem in Europa – sorgt, denn Teile des islamischen Rechts, wie sie im Qur'ān beschrieben werden, lassen sich mit den Grundwerten der europäischen Gesellschaften nicht vereinbaren. Eine Lesart des Qur'āns, die am Wortlaut der im Text vorkommenden juristischen Aspekte haften bleibt, verhindert eine Weiterentwicklung des islamischen Rechts. Die humanistische Qur'ānhermeneutik ist hingegen bemüht, die Maximen der Gesetzgebung und der Regelungen der Gesellschaftsordnung, die im Qur'ān vorkommen, zu bestimmen; diese beziehen sich auf Prinzipien, die einerseits als Richtlinien im Deduktionsverfahren (*istinbāṭ*) der einzelnen juristischen Bestimmungen aus dem Text und andererseits als Rahmen für die religiöse Legitimation von juristischen und die Gesellschaftsordnung betreffenden Regelungen dienen.

Replik

Die Ausführungen von Mouhanad Khorchide sind so klar, einleuchtend und überzeugend, dass mir nur wenig Stoff für eine kritische Stellungnahme bleibt. Insbesondere seine dialogische und diskursive Bestimmung des Offenbarungsgeschehens ist sehr interessant und korrespondiert mit dem Paradigmenwechsel vom instruktions- zum kommunikationstheoretischen Offenbarungsmodell, der sich im vergangenen Jahrhundert in der christlichen Theologie vollzogen hat. Ihre Verbindung mit einer humanistischen Hermeneutik, die die Vielfalt der Textarten, Inhalte und Rezeptionsmöglichkeiten des Qur'ān in den Blick nimmt, kann aus der Perspektive moderner Theologie nur höchste Anerkennung finden.

Dennoch erscheint mir ein Punkt im Rahmen der humanistischen Hermeneutik noch als klärungsbedürftig. Mir leuchtet ein, dass es berechtigt ist, hinter dem Wortlaut des Qur'ān nach den jeweils verfolgten Maximen zu fragen. Bei allen im Beitrag Khorchides diskutierten Beispielen halte ich seine Deutung auch persönlich für überzeugend. Dennoch frage ich mich, ob sein humanistisches Kriterium bereits hinreichend bestimmt und begründet ist. Darf man wirklich die Erfüllung menschlicher Interessen als höchste Instanz religiöser Normen nehmen? Sind die Interessen der Menschen nicht sehr heterogen und sogar oft widersprüchlich? Kann man wirklich davon ausgehen, dass die recht verstandenen Interessen des Menschen immer dem Willen Gottes entsprechen? Oder gibt es nicht auch den Moment des Durchkreuzens meiner menschlich, allzu menschlichen Interessen durch Gott?

Sicher ist es problematisch, wenn beispielsweise in Teilen des Sufismus dafür argumentiert wird, dass ich mein Ego und alle damit verbundenen Interessen aufgeben muss, um Gemeinschaft mit Gott zu erlangen. Ein religiöser Führer eines Sufi-Ordens gab mir einmal den Tipp immer das Gegenteil von dem zu tun, was mein Interesse ist – dann werde ich Gott erkennen. Die hier im Hintergrund stehende Einheitsmystik und die in ihr propagierte Auslöschung des Ichs in Gott will ich auf keinen Fall verteidigen. Mir gefällt da der dialogische Ansatz Khorchides deutlich besser. Dennoch frage ich mich, ob man in der Theologie nicht auch der Erfahrung Raum geben muss, dass sich meine Interessen, Wünsche und Sehnsüchte nicht immer erfüllen und dass es im Nachhinein mitunter deutlich wird, dass die Durchkreuzung meiner Interessen eine Vertiefung der eigenen Beziehung zu Gott ermöglicht hat. Außerdem gibt es ethische Konfliktsituationen, in denen mein Interesse gegen das Interesse des Anderen steht und es schwer ist, auf der Grundlage einer humanistischen Hermeneutik zu einer Lösung zu kommen.

Von daher frage ich mich, ob das humanistische Kriterium wirklich ein letztes Kriterium sein darf und ob es nicht in einem dialogischen Prozess subjektiviert und verflüssigt werden muss. Durch diesen Prozess könnte man dann den Gedanken stark machen, dass ich in meinem persönlichen Reifungsprozess, in meiner dialogischen Beziehung mit Gott auch das meinen Interessen vordergründig widerstreitende Handeln Gottes als Handeln im Sinne meiner eigentlichen Interessen verstehen kann.

Khorchide könnte man dann recht geben, dass die Erfüllung der innersten Sehnsüchte des Menschen und seine Befreiung für die darin verborgenen Kräfte der Liebe tatsächlich höchste Instanz religiöser Normen ist. Dem Christen klingt an dieser Stelle immer der Satz Jesu im Ohr, dass der Sabbat für den Menschen da ist und nicht der Mensch für den Sabbat (Mk 2,27). Dennoch wird man wohl auf kriterialer Ebene relativ wenig mit diesem Kriterium anfangen können, weil es letztlich einem mystagogischen Prozess vorbehalten ist, den eigenen Lebensweg und die eigene Bestimmung so gut zu verstehen, dass man die eigenen Interessen richtig zu verstehen beginnt. Wenn also menschliche Interessen angesichts der bunten Vielfalt menschlicher Lebensvollzüge notwendig plural sind, wird man mit der humanistischen Hermeneutik allenfalls einige Mindeststandards handlungsleitender Normen ausweisen können, die dann den Kern des religiösen Ethos ausmachen müssten, die aber keineswegs hinreichend wären, um den umfassenden Anspruch zu erfüllen, der mit Rechtleitung verbunden ist. Die genauere Rechtleitung wäre nun in dieser Perspektive nicht mehr von Rechtsgelehrten zu bestimmen, sondern von Seelsorgern. Denn die Rechtsgelehrten können nur universalisierbare religiöse Normen bestimmen und damit nicht genügend berücksichtigen, was denn eigentlich im Interesse des jeweiligen Menschen liegt. Sicherlich ließen sich für einen bestimmten Kulturraum noch gewisse Übereinkünfte festlegen. Aber im Letzten müsste eine humanistische Exegese der islamischen Theologie eine Schwerpunktverlagerung weg von der Rechtsgelehrsamkeit hin zur Pastoraltheologie abverlangen. Vielleicht liegt das auch im Interesse von Khorchide. Aber vermutlich müssten im Rahmen dieser Schwerpunktverlagerung noch einige Stellschrauben seiner Überlegungen neu justiert werden – beispielsweise wäre dann zum Rang der narrativen Elemente des Qur'ān mehr zu sagen als er das in seinem Text andeutet. Denn gerade die Erzählung und die literarische Einkleidung kann als dialogische Einladung in eine neue Wahrnehmung der eigenen Interessen und Sehnsüchte kaum hoch genug bewertet werden.

Ein letzter Gedanke noch, der eher in die Systematische Theologie führt. Müsste man nicht eine ganze Menge der traditionellen islamischen Rede von Gott modifizieren, wenn man ernst nehmen möchte, dass Gott in bedingungsloser Barmherzigkeit für die Interessen des Menschen eintritt? Bräuchte es hierfür nicht enorme Anstrengungen der menschlichen Vernunft, um Gott neu zu denken – eben nicht mehr als jenseits von Raum und Zeit befindliches, gänzlich transzendentes, unveränderliches Wesen, sondern als uns liebevoll und barmherzig zugewandter Gott, der mit uns geht und uns begleitet und dabei eine ganze Menge riskiert, weil er seinen guten Willen (nur noch?) dialogisch und mit uns vollziehen will und nicht mehr in einfach souveräner Ausübung seiner Herrschaftsgewalt? Die liberale christliche Theologie hat auch an dieser Stelle im vergangenen Jahrhundert einen Perspektivenwechsel von einer traditionell metaphysischen Wesensbestimmung Gottes vollzogen hin zu einer Bestimmung in Kategorien des Freiheitsdenkens, so dass das Verhältnis zwischen Gott und Mensch auf diese Weise mehr und mehr als Freiheitsverhältnis bestimmt wird. Es wird spannend sein, zu sehen, wie sich der offenbarungstheologische Ansatz Khorchides auf seine systematische Theologie auswirkt und ob sich hier auch die islamische Theologie dem neuzeitlichen Freiheitsdenken öffnen kann und will. Aber diese Überlegung formuliert eher ein Desiderat für künftige Dialogbemühungen, als dass sie in einer kurzen Duplik geklärt werden könnte.

Duplik

Die Skepsis, die Klaus von Stosch bezüglich des humanistischen Kriteriums äußert, ist nachvollziehbar. Seine Frage, ob man die Erfüllung menschlicher Interessen als höchste Instanz religiöser Normen nehmen kann, könnte zugespitzt sogar in folgender Frage wiedergegeben werden: „Wenn es lediglich darum geht, menschliche Interessen zu erfüllen, wozu benötigen Muslime dann eine Offenbarung? Wird Gott durch ein derartiges Religionsverständnis auf ein Instrument menschlicher Interessen reduziert, das lediglich das, was Menschen wollen, segnet?"

Muslimische Gelehrte, die das Konzept der Maximen der islamischen Lehre ablehnen, tun dies mit dem Argument, es könne nicht sein, dass sich das Urteil Gottes nach den Menschen richte; der Mensch müsse Gott folgen und nicht umgekehrt. Diese Kritik der Gelehrten ist jedoch nur dann berechtigt, wenn man die Beziehung zwischen Gott und dem Menschen als eine Beziehung zwischen Herr und Knecht beschreibt. Der Herr befiehlt, und der Knecht gehorcht. Der Knecht darf keine Rückfragen an den Herrn stellen, er muss lediglich ausführen, auch wenn er den Sinn der Anordnungen rational nicht nachvollziehen kann. Er muss diesen Sinn auch nicht nachvollziehen; denn es geht lediglich um ein blindes Gehorchen. Würden die menschlichen Interessen ein Gottesurteil begründen, würde dies heißen, dass der Herr dem Knecht gehorcht, und das ist – auf Gott bezogen – reine Blasphemie.

Dem Konzept der humanistischen Hermeneutik liegt allerdings ein Gottesbild zugrunde, das in Gott zwar den Allmächtigen sieht, der aber zugleich ein Freund des Menschen ist. Die Beziehung zwischen Gott und Mensch ist keine Beziehung zwischen Herr und Knecht, sondern eine Beziehung zwischen dem absolut Barmherzigen und seinem edelsten Geschöpf, dem Menschen, der zwar nicht vollkommen ist, aber in seiner menschlichen Natur vollkommen werden soll. Wieso benötigt der Mensch aber die Offenbarung, um vollkommen zu sein, wenn er seine Interessen selbst verwirklichen kann, und zwar ohne diese Offenbarung? Anders gefragt: Was ist die Aufgabe der Offenbarung?

Diese Fragen stellten sich für den muslimischen Gelehrten weniger, da sie die menschlichen Interessen aus dem Text des Qur'āns selbst ableiteten (den Schutz der Religionszugehörigkeit, den Schutz des Lebens, den Schutz des Verstandes, den Schutz des Eigentums und den Schutz der Familie). Diese fünf Interessen wurden somit nach der Gelehrtenmeinung nicht vom Menschen, sondern von Gott festgelegt und haben daher einen Absolutheitscharakter. Allerdings zeigten die Ausführungen in meinem Beitrag, dass diese Interessen nicht explizit als Interessen im Qur'ān definiert sind, sondern von den Gelehrten als solche abgeleitet wurden. Man hätte aus dem qur'ānischen Text auch andere bzw. weitere Interessen ableiten können. Es ist an dieser Stelle wichtig, festzuhalten, dass, wenn die muslimischen Gelehrten von Interessen redeten, sie primär juristische Aspekte, die die Gesellschaftsordnung betreffen, im Sinne hatten. Ich vertrete allerdings die These, dass es nicht Aufgabe der Offenbarung ist, einzelne Interessen, die die Gesellschaftsordnung betreffen, zu definieren. Dies hat der Qur'ān den Menschen überlassen; daher spricht er vom Prinzip, das Bekannte (arabisch: *Ma'rūf*) zu gebieten und das Verwerfliche (arabisch: *Munkar*) zu verbieten (vgl. Qur'ān, Sure 9, Vers 71, auch Sure 3, 104). Der Begriff „*Ma'rūf*" verweist nicht auf das, was der Qur'ān vorschreibt, sondern darauf, was in einer Gemeinschaft als Norm gilt. Der Begriff „*Munkar*" verweist entsprechend nicht auf das, was der Qur'ān verbietet, sondern auf das, was in einer Gesellschaft als verwerflich, als abnorm gilt.

Der Begriff „Interesse" führt zu Missverständnissen und muss daher präzisiert werden. Soll die Erfüllung menschlicher Interessen als höchste Instanz religiöser Normen gelten, dann sind mit Interessen nicht die Interessen eines einzelnen Individuums gemeint. Menschliche Interessen sind auch keine abstrakte Größe, die man für alle Kontexte festlegen kann. Menschliche Interessen müssen in einem demokratischen Aushandlungsprozess innerhalb einer Gemeinschaft für den jeweiligen Kontext dieser Gemeinschaft immer wieder neu festgelegt werden. Nicht die Erfüllung der Interessen eines Individuums bzw. einer bestimmten Gruppierung auf Kosten der Interessen der Gemeinschaft gelten als höchste Instanz religiöser Normen, sondern die Erfüllung der Interessen dieser Gemeinschaft. Der Qur'ān legt diese Interessen nicht fest, er sieht sie vielmehr als Produkt eines demokratischen Aushandlungsprozesses innerhalb einer Gemeinschaft; durch diesen Prozess werden sie festgelegt und definiert. In der dritten Sure, Vers 110 heißt es: „Ihr seid die beste Gemeinschaft „*Umma*", wenn ihr das Bekannte gebietet und das Verwerfliche verbietet". Manche Qur'ānexegeten lasen aus diesem Vers eine gewisse Auserwähltheit der muslimischen Gemeinschaft heraus. Der Vers sagt aber etwas anderes aus: Er stellt die Bedingungen für den Erfolg einer Gemeinschaft heraus, dazu gehört: Das Bekannte zu gebieten und das Verwerfliche zu verbieten. Es geht also um die Interessen der Gemeinschaft. Heute würden wir eher von nationalen Interessen reden.

Der Qur'ān ließ sehr viele gesellschaftliche Ereignisse innerhalb der 23 Jahre der Offenbarung unkommentiert. Er griff also nur korrektiv ein und forderte den Bruch mit Traditionen, die manchmal – trotz ihrer Ungerechtigkeit bzw. Grausamkeit – Akzeptanz in der Gesellschaft gefunden hatten, z. B. das Begraben lebendiger, neugeborener Mädchen oder das Verweigern der Erbschaft an Mädchen. Der Qur'ān beschreibt die Aufgabe der Entsendung von Propheten als Korrektiv, wenn das „Übel" in einer Gesellschaft zur Norm geworden ist. Eine Gemeinschaft ist also nicht davor geschützt, sich auf ein „Übel" als Norm zu einigen und darin ein allgemeines Interesse zu sehen; dies bestreitet der Qur'ān auch nicht. Daher braucht die Gesellschaft neben dem relativen Kriterium „Erfüllung menschlicher Interessen" ein absolutes; dies stellen die ethischen Gebote, die im Qur'ān vorkommen, dar. In Sure 17, 23 bis 38 werden z. B. verbindliche ethische Gebote genannt, die das zwischenmenschliche Leben betreffen. Nun könnte aber ein kritisches Argument lauten: Diese ethischen Prinzipien (wie z. B. gütig und barmherzig zu seinen Eltern, zu den Waisen, Armen usw. zu sein, aufrichtig zu sein, niemanden zu betrügen usw.) könnten auch durch die Vernunft begründet werden.

Welche neue Erkenntnis liefert also die Offenbarung, wenn auch die Vernunft sie liefern könnte? Die Offenbarung muss dialogisch und diskursiv verstanden werden. Für die Menschen des Offenbarungskontextes war es z. B. nicht selbstverständlich, Teile der Erbschaft an Mädchen weiterzugeben, es war auch nicht selbstverständlich, dass alle Menschen gleich sind usw. Die Menschen konnten offensichtlich durch ihre Vernunft allein nicht zu diesen Erkenntnissen und zu weiteren ethischen Normen gelangen; daher waren gewisse Eingriffe durch die Offenbarung notwendig. Unsere Vernunft kann heute zu diesen Erkenntnissen selbstständig und ohne Offenbarung gelangen; daher sehe ich die Aufgabe der Offenbarung heute nicht primär in der Begründung ethischer Prinzipien, sondern in deren Stilisierung zu religiösen Normen, nach denen der Mensch handeln muss. Es geht also nicht nur um die Erkenntnis allein, sondern um die verbindliche, praktische Umsetzung.

Von Stosch hat vollkommen recht, wenn er kritisch anmerkt, dass das humanistische Kriterium nicht ausreichend ist, um religiöse Normen zu begründen. Ich betrachte daher die im Qur'ān beschriebenen ethischen Gebote als absoluten Rahmen für das humanistische Kriterium. Als Sammelbegriff für diese ethischen Prinzipien spreche ich von „Barmherzigkeit" und „Liebe". Alle Handlungen, die zu Barmherzigkeit und Liebe in dieser Welt beitragen, entsprechen dem Willen Gottes, da Gott sich selbst im Qur'ān nicht nur als barmherzig beschrieb, sondern als „die Barmherzigkeit". Damit aber Liebe und Barmherzigkeit nicht zu abstrakt bleiben, muss jede Gesellschaft diese konkretisieren und diese konkreten Maßnahmen in ihre Gesellschaftsordnung integrieren – dazu gehört auch das Rechtssystem. An dieser Stelle ist es wichtig, daran zu erinnern, dass die qur'ānischen ethischen Prinzipien den Rahmen für das humanistische Kriterium bilden, und zwar was die zwischenmenschlichen Beziehungen und die Gesellschaftsordnung betrifft.

Wie ich in meinem Beitrag ausführte, beinhaltet der Qur'ān noch andere Aspekte außer denen, die die Gesellschaftsordnung und somit ethische Prinzipien betreffen. Menschliche Interessen beziehen sich auch auf das Bedürfnis des Menschen nach spirituellen Erfahrungen. Hierbei spielt das humanistische Kriterium eine wichtige Rolle, um ein Gottesbild zu entwerfen, das Gott als nahe an der Seite des Menschen beschreibt. Ich unterstreiche die Anmerkung von v. Stosch, dass auch wir Muslime Gott „neu denken“ müssen; denn dieser beschreibt sich selbst im Qur'ān als dynamischer Gott: „Ihn bittet, wer in den Himmeln und auf Erden ist. Jeden Tag manifestiert er sich neu“ (Qur'ān, Sure 55, 29). Ich sehe beide Ebenen, jene die Gesellschaftsordnung betreffende und die spirituelle, als komplementär. Ich brauche die spirituelle Erfahrung, um durch den Dialog mit Gott geistig zu reifen, um mich besser kennenzulernen, um meine Interessen und die meiner Gesellschaft kritisch hinterfragen zu können, ohne dass mein Ego im Wege steht. So interpretiere ich die mystischen Erfahrungen. Es soll weniger darum gehen, mein Ich zu unterdrücken, sondern darum, meine dunklen Seiten, meine schlechten Eigenschaften, die mich verblenden und hindern, dass ich meine Interessen und die meiner Gesellschaft in Einklang bringen kann, zu erkennen und zu überwinden.

Hamideh Mohagheghi

Gewalt und Islam

Der 11. September 2001 war eine Bestätigung für diejenigen, die den Islam als eine Religion der Intoleranz bezeichnen und seine Unversöhnlichkeit mit den westlichen Werten beschwören. Diese Annahme wird mit den qur'ānischen Aussagen begründet, die ausdrücklich zur Verfolgung und Tötung der „Ungläubigen" aufrufen und einen Gott präsentieren, der Völker vernichtet hat, weil sie nicht an Ihn geglaubt haben. Der Halbsatz aus dem Vers 191 in Sure 2 „Tötet sie, wo immer ihr auf sie treffen möget" wurde als Leitsatz und gar als Gebot für die Muslime erklärt, den Auftrag zu haben, alle Nichtmuslime zu töten, wenn sie nicht den Islam annehmen wollen. Die Verse im Qur'ān über die Gewalt gehören zu den meist zitierten Stellen seitens der westlichen „Fachpersonen" und Medien, um zu verdeutlichen, warum der Islam und die Muslime nicht in der Moderne ankommen können, solange sie den Qur'ān als Wort Gottes im Zentrum ihres Glaubens verstehen. Der Qur'ān als Rede Gottes sei – so ist hier immer wieder zu hören – für alle Zeiten der Wegweiser und das „Gesetzbuch". Die Muslime müssten ihre Handlungsweise nach seinen Aussagen orientieren, und aus diesem Grund könnten sie sich nicht ernsthaft von Gewalt abwenden, weil sie zum unüberwindbaren Prinzip des Glaubens gehöre. Der Begriff „*Ǧihād*", übersetzt mit „heiliger Krieg", ist nach dieser Auffassung ein islamischer Glaubensartikel und ist verbindlich. Weiterhin ist permanent zu hören – auch von manchen Muslimen – dass der Qur'ān wörtlich überzeitliche Gültigkeit hat und keinen Spielraum für Interpretation und Auslegung zulässt. Die Gebote und Verbote, Empfehlungen und Aufforderungen seien als verbindliche Pflichten zu verstehen, die jeder Muslime, jede Muslima zu erfüllen habe.

Dieses Verständnis vom Qur'ān erschwert tatsächlich den Umgang mit den Gewaltversen, wenn sie in ihrem Wortlaut als überzeitliche, imperative Aussagen erfasst werden, die unreflektiert und kontextlos zu befolgen sind.

Die Frage ist, ob die islamische Theologie einheitlich diese Auffassung teilt oder eine andere Tradition vorweisen kann, in der die Problematik von Interpretation bewusst ist und doch Wege und Methoden dargelegt werden, die diese Aussagen anders deuten und möglicherweise relativieren. Wie lesen die Muslime die Gewaltverse und welchen Stellenwert haben sie in ihrem „wahren" Glauben?

Qur'ān und Gewalt

Es ist nicht von der Hand zu weisen, dass es im Qur'ān auf den ersten Blick intolerant erscheinende Aussagen im Umgang mit Andersgläubigen, Götzendienern, Heuchlern und Verleugnern gibt und die muslimische Geschichte durchaus blutige Spuren hat. Nicht nur die Formulierungen im Qur'ān – wie in anderen Offenbarungstexten auch – können als Legitimation zur Gewalt missbraucht werden; auch die Traditionen sowie Aussagen mancher Gelehrten verursachen Denkstrukturen, die zur Gewalt verleiten können. Der Anspruch, im Besitz der alleinigen Wahrheit zu sein und die Pflicht zu haben, diese Wahrheit den anderen – notfalls auch mit Gewalt – näher zu bringen, haben „Religionskriege" verursacht, die erbarmungslos und grausam geführt wurden. Sie wurden unter dem Vorwand geführt, die Menschen zu ihrem „Heil" zu führen und ihnen die ewige Glückseligkeit zu bescheren. Die qur'ānischen Aussagen über das harte Vorgehen gegen Ungerechtigkeit und Tyrannei können eine religiöse Verantwortung begründen, sich für die Beseitigung des Bösen mit allen Mitteln einzusetzen und damit das eigene „Heil" im ewigen Leben und das Wohl der Gemeinschaft zu bewirken.

Wie lesen die Muslime den Qur'ān?

Dass der Qur'ān als verbale Rede Gottes durch den Engel Gabriel an den Propheten Muhammad zu sehen ist, ist breiter Konsens unter den Muslimen. Diese Auffassung lenkte die Lesart des Qur'ān und seine Interpretation, die im Laufe der Entwicklung der islamischen Theologie und Qur'ānwissenschaft vielfältige Züge angenommen hat. Dieses Verständnis war jedoch kein Hindernis, den Qur'ān in seinem historischen Kontext zu lesen. Die Historisierung der qur'ānischen Verse in mekkanische und medinensische veranlasste bereits im 8. Jahrhundert die Gelehrten und Philosophen, eine Unterscheidung zwischen wörtlicher und allegorischer Auslegung zu machen.[1] Es entwickelte sich auch eine mystische Interpretation, die bis auf die Lebzeiten von *Imam Ǧʿafar Ṣādiq* (gest. 770) zurückgeht.[2] Die Historisierung der Verse diente nicht allein dem Zweck der Lokalisierung der Offenbarungen, sie wirkte auch auf ihre Deutung und ihren Stellenwert in der Auslegung. Die mekkanischen Verse beinhalten überwiegend die Glaubensgrundlagen wie ethische Werte, die Vorstellungen vom ewigen Leben, Gott-Mensch Beziehungen sowie Erzählungen über die früheren Völker und Gesandten. Die medinensischen Verse beinhalten

---

[1] Vgl. MICHAEL MUMĪS, Islamic law – Theory & Interpretation, Maryland 2002, 41-43.

[2] Vgl. MARYAM MUŠARRAF, tafsire ,irfānī (Mystische Interpretation), Teheran 2003, 21.

darüber hinaus Werte und Handlungsweisen für die Gestaltung der jungen muslimischen Gemeinschaft, die Antworten auf ihre gemeinschaftlichen und politischen Fragen suchte. Der Kontext dieser Verse ist konkret und real, die Antworten sind in erster Linie an die direkt Betroffenen gerichtet: Die Gemeinschaft der Muslime im 7. Jahrhundert auf der arabischen Halbinsel. Die Gemeinschaft stellte Fragen und erwartete „göttliche" Antworten[3], um ein Leben in Verantwortung vor Gott und entsprechend der islamischen Vorstellungen führen zu können. Unter diesen Antworten gibt es solche, die überzeitliche Wegweiser sind und andere, die an erste Stelle für die damalige Situation bestimmt waren. Als Grundsatzantwort ist z.B. der Vers 215 in Sure 2 anzusehen:

> „Sie fragen dich, was sie für andere ausgeben sollen. Sag: ‚Was immer von eurem Reichtum ihr ausgebt, soll zuerst für eure Eltern sein und für die am nächsten stehenden Verwandten und die Waisen und die Bedürftigen und den Reisenden; und was immer Gutes ihr tut, wahrlich, Gott hat volles Wissen davon.'"

Wenn man den Wortlaut betrachtet – „sie fragen dich..." – war dieser Vers eine Antwort auf die gestellte Frage bezüglich des Umgangs mit dem Reichtum und beinhaltet ein überzeitliches Prinzip: Das Teilen und sich um die Nächsten sorgen. Beispiele für die Kategorie der im Kontext stehenden Verse sind einige Aussagen über die Gewaltanwendung, die sich auf bestehende Konflikte der Offenbarungszeit beziehen. Der Ausgangspunkt dieser Verse sind die sozialen, kulturellen und politischen Rahmenbedingungen, in der die Muslime lebten; sie zu erfassen, erfordert Kenntnisse über die Lebensrealität der Menschen in der Offenbarungszeit – soweit sie vorhanden sind.

Was bedeutet das?

Für die Antwort auf diese Frage möchte ich auf zwei unterschiedliche Meinungen eingehen:

Die eine besagt, dass diese Historisierung die Universalität und Überzeitlichkeit des Qur'ān *nicht* relativiert. Der Qur'ān ist und bleibt wörtlich für alle Zeiten gültig und seine Aussagen beinhalten imperative Normen, die immer zu befolgen sind. *Muhammad Rāmiār* beschreibt dieses Qur'ānverständnis mit folgenden Worten: „Der Qur'ān ist das Wort Gottes, Seine Offenbarung, von Ihm entsandt und damit das Buch Gottes. Alles in ihm ist ewig wahr. Gott selbst wird ihn bewahren. Der Qur'ān ist nicht für eine bestimmte Zeit und für bestimmte Menschen, sondern für alle Zeiten und alle Menschen entsandt. Daher ist er immer gegenwärtig und jeder kann in der jeweiligen Zeit in ihm

[3] Vgl. HANS ZIRKER, Der Koran – Zugänge und Lesarten, Darmstadt 1999, 51-61.

Neues entdecken, was ihn zur Glückseligkeit führt. Seit 1400 Jahren lesen die Menschen auf allen Kontinenten dieses Buch und entdecken in ihm Orientierung, Weisheiten und Anordnungen, die überzeitlich gültig sind."[4] Dieses Verständnis vom Qur'ān kann den Vertretern der aš'aritischen Denkschule zugeordnet werden, die eine vorsichtige Interpretation zulassen, auch wenn sie die gesamten Aussagen des Qur'ān als unveränderbar und überzeitlich verstehen.

Die zweite Meinung sieht in der Historisierung durchaus eine Relativierung der Aussagen, wenn nicht sogar ihre Aufhebung. Ihre Vertreter sind der Auffassung, dass die gesellschaftliche Struktur der Zeit der Offenbarung auf der arabischen Halbinsel Fragen mit sich brachte, die nicht unseren heutigen entsprechen. Ebenso sind sie der Meinung, dass auch damals in unterschiedlichen Gebieten des Islam die Menschen unterschiedliche Fragen hatten, für die die jeweiligen Statthalter eigenständig Antworten erarbeiten mussten – wenn sie im Text des Qur'ān (*Naṣṣ*) und aus der Tradition des Propheten Muhammad (*Sunna*) keine adäquaten Antworten bekommen konnten. Folglich sind diejenigen qur'ānischen Aussagen überzeitlich, die Werte und Prinzipien festlegen; alle anderen sind aufgrund ihrer Kernaussage und inneren Botschaft für uns von Bedeutung und nicht in ihrer wörtlichen, äußerlichen Bedeutung.[5] *Ahmad Wā'ezī* konstatiert diese Meinung mit den Worten: „[D]er Glaube und seine Lehren sind beständig und ewig gültig. Dennoch sprechen sie in einer bestimmten Zeitepoche zu Menschen entsprechend ihrer Lebensrealitäten, die in beständige und wandelbare Realitäten zu unterteilen sind. Das islamische Recht (*Fiqh*) lässt viel Raum entsprechend der Veränderungen, durch *Iǧtihād* (eigenständige auf Vernunft und Gemeinwohl basierende Rechtsfindung) die qur'ānischen Regeln neu zu interpretieren."[6] Dieser Meinung ist bei den Vertretern der mu'tazalitischen Denkschule zu finden.

Das Qur'ānverständnis war ein Diskussionsthema, das im 8. Jh. vielfältige Lehrmeinungen und schließlich Denkschulen hervorbrachte. Mit der „Überzeitlichkeit" des Qur'ān vertritt die Mehrheit der Gelehrten der aš'aritischen Denkschule gleichzeitig die These der „Unerschaffenheit" des Qur'ān. Über das Unerschaffen- bzw. Erschaffensein des Qur'ān entzweiten sich die islamischen Gelehrten und Denker und entfalteten „Qur'ānwissenschafen", die sich im Bereich der Interpretation und Hermeneutik voneinander unterscheiden. „Die Aš'ariten waren der Meinung, dass der Qur'ān als Rede Gottes untrennbar von Gott ist – er gehört zu den wesentlichen Eigenschaften Gottes. Weil Gott nicht erschaffen ist, ist auch alles, was zu seinem Wesen gehört sowie alle seine Attribute unerschaffen. Die Mu'tazila widersprachen dieser Meinung mit der Begründung, dass alles außer Gott erschaffen ist. Auch der Qur'ān – das

[4] Vgl. MAHMŪD RĀMIĀR, tārīḫe Qur'ān (Die Geschichte des Qur'ān), Teheran 2001, 6-7.
[5] Vgl. MAHMOUD MOHAMAD TAHA, The second Message of Islam, New York 1987, 124-132.
[6] Religiöse Regierung – Erwägung der politisch-islamischen Gedanken, Qom 1999, 84-85.

gesprochene Wort durch Gott – ist von ihm erschaffen".[7] Diese beiden Qur'ānverständnisse beeinflussen erheblich die Lesart und Auslegung des Qur'ān.

Bei der Betrachtung der Verse im Qur'ān im Zusammenhang mit der Anwendung der Gewalt gegenüber „Verleugnern" kann meines Erachtens nur die zweite Meinung vor der Möglichkeit der gewaltlegitimierenden Instrumentalisierung schützen. Mit ihrer Wahrnehmung als überzeitlich gültiges Gebot können sie als eine Legitimation für Gewaltanwendung eingesetzt werden, vor allem wenn der Islam als „einzige von Gott anerkannte Lebensweise" (Sure 3,85) verstanden wird, die von allen Menschen angenommen werden sollte, um die „wahre" Glückseligkeit und das Heil erlangen zu können.

Im Qur'ān sind sechs Verse, die eine Gewaltanwendung gegenüber Verleugnern bzw. „Ungläubigen" erlauben, weil sie „Freunde des Satans" sind.[8] In Sure 4,76 heißt es: „Diejenigen, die Glauben erlangt haben, kämpfen für die Sache Gottes, und diejenigen, die leugnen, kämpfen für die Sache der Mächte des Übels; dann kämpft gegen jene Freunde Satans; wahrlich Satans List ist schwach." Dieser Vers beinhaltet eine allgemeine Aussage wie der Qur'ān die Verleugner definiert: Sie sind „Freunde des Satans", die sich für die Mächte des Übels einsetzen. Diese allgemeine Aussage kann in Bezug auf reale Situationen konkretisiert und gedeutet werden.

Zur Methode jeder Qur'āninterpretation gehört, dass ein Vers in Verbindung mit weiteren Versen, die das gleiche oder ein ähnliches Thema behandeln, gelesen wird. Um ein Bild vom Verleugner (*Kāfir*) im Qur'ān skizzieren zu können, sind alle Verse heranzuziehen, die in einem bestimmten Kontext vom Verleugner (*Kāfir*) sprechen. Nach dieser Methode charakterisiert der Qur'ān den *Kāfir* als jemanden, der ungerecht ist, Unheil stiftet und die *erkannte Wahrheit* im Interesse der eigenen Begierden und Vorteile leugnet. *Kāfir* ist jemand, der das Gemeinwohl gefährdet und nicht bereit ist, Gottes Anweisungen zu folgen. Er befindet sich auf dem „Pfad Satans".

Satan ist nach islamischer Auffassung eine zerstörerische Macht, die den Menschen vom Weg Gottes abbringt, für Unheil sorgt und der Schöpfung Schaden zufügt. Die Verantwortlichkeit der Menschen besteht auch darin, gegen die „satanischen" Kräfte mit allen möglichen Mitteln anzugehen und sich selbst und die Gemeinschaft vor ihnen zu schützen. Der Qur'ān legt in unterschiedlichen Erzählungen die Erscheinungsformen dieser Mächte dar und warnt davor, sich von ihnen beeinflussen zu lassen. Da der Qur'ān nicht *eine* klare Definition von „Satan" hat und nur im Kontext der Erzählungen von ihm

---

7 Vgl. Ḥusseinī Seyyed Ǧa'far, al bayān fi tafsīr al Qur'ān (Die Rede in der Qur'āninterpretation), Qom 2004, 559-562.

8 Im Einzelnen handelt es sich um folgende Qur'ānstellen: Sure 2,216; 4,74,76; 9,29,123; 47,4.

und seinen „üblen Kräften" spricht, besteht die Gefahr, willkürlich und aufgrund persönlicher Interessen andere Menschen und ihre Lebens- und Verhaltensweise als „satanisch" zu bezeichnen. Vor allem aus einer Machtposition – wie z.B. in religiösen totalitären Systemen – wird ein Deutungsmonopol beansprucht, dass die Beseitigung derjenigen fordert, die sich gegenüber dem Machthaber „satanisch" verhalten.

In einigen Versen wird die Gewaltanwendung bedingt zugelassen, um das Schlechte in das Gute umzuwandeln oder um die Gefahr von sich abzuwenden. Die Verse 190 und 191 in Sure 2 sind Paradigmen für derartige Stellen:

> „Und kämpft für Gottes Sache gegen jene, die Krieg gegen euch führen, aber begeht keine Aggression – denn, wahrlich, Gott liebt Aggressoren nicht. Und kämpft gegen sie, wo immer ihr auf sie treffen möget, und vertreibt sie, von wo sie euch vertrieben haben – denn Unterdrückung ist noch schlimmer als kämpfen. Und kämpft nicht gegen sie nahe dem Unverletzlichen Haus der Anbetung, es sei denn, sie kämpfen dort zuerst gegen euch; aber wenn sie gegen euch kämpfen, kämpft gegen sie: solcherart wird die Vergeltung jener sein, welche die Wahrheit leugnen." (Sure 2, 190-191)[9]

Wie aus dem Wortlaut zu entnehmen ist, muss in diesem Fall ein direkter Angriff bzw. eine ungerechte Vertreibung vorliegen. Zur Abwehr dieser Ungerechtigkeit kann auch Gewalt angewandt werden, wenn die anderen Mittel keine Veränderung bringen. Bei der Anwendung von Gewalt ist das Prinzip der Verhältnismäßigkeit und der Angemessenheit zu berücksichtigen: „Aber begeht keine Aggression". Die Kampfhandlung muss sich hier nur auf das Zurückerobern der mit Gewalt annektierten Gebiete beschränken: „Vertreibt sie, von wo sie euch vertrieben haben". Mit dem Satz „Die Unterdrückung ist noch schlimmer als Töten" ist ein Prinzip der islamischen Lehre angesprochen, nämlich die Unterdrückung und Ungerechtigkeit gegen Tyrannei und Unterdrückung zu stellen: „Wenn ihr eine schlechte Tat seht, bemüht euch, sie zum Guten umzuwandeln, wenn ihr dies nicht mit eurer Hand tun könnt, wehrt sie durch eure Zunge ab und wenn dies auch nicht möglich ist, sollt ihr euch zumindest im Herzen davon abwenden."[10] Es geht darum, ein Bewusstsein für das Unrecht zu entwickeln, nicht tatenlos an Übeln und Ungerechtigkeiten vorbeizugehen, die einem selbst und anderen sowie der Schöpfung angetan werden.

Im Kampf gibt es Grenzen, die nicht überschritten werden dürfen. Nach islamischen Kriegsbestimmungen darf den Unbeteiligten, Frauen, Kindern und alten Menschen sowie der Natur und den Ressourcen, die dem Wohl der Allgemeinheit dienen, kein Schaden zugefügt werden.[11]

---

[9] Weitere bedingte Verse zur Gewaltanwendung: Sure 9,12-15; 22,39-40.

[10] Abul Qāsim Payande, nahǧul faṣāḥe (Pfad der Beredsamkeit), Teheran 1969, Hadīṯ-Nr. 3010, 614.

[11] Vgl. Allameh Muṣtafawī, tafsire rošan (Klare Interpretation), Teheran 2001, 8.

Dieser Vers wird von einigen Kommentatoren stärker in den historischen Kontext der Angriffe der Mekkaner und die Austreibung der Muslime aus Mekka gesetzt: „Und kämpft gegen sie, wo immer ihr auf sie treffen möget, und vertreibt sie *aus Mekka*, so wie sie euch *von Mekka* vertrieben haben – denn Unterdrückung ist noch schlimmer als kämpfen."[12] Obwohl der Begriff Mekka nicht im Vers erwähnt ist, wird er ausdrücklich in der Übersetzung von *Ḥāǧe ,Abdullāh Anṣārī* aufgenommen. Er verwendet den Begriff *Mekka* in dieser Übersetzung ausdrücklich, um auszuschließen, dass dieser Vers als überzeitliche und imperative Norm verstanden wird. Der Vers war eine Erlaubnis für die Muslime in Medina, sich gegen die zunehmenden Repressalien und Ungerechtigkeiten der Mekkaner zu wehren.[13]

Von besonderer Bedeutung ist, dass die Kampfhandlungen umgehend beendet werden müssen, sobald der Angreifer sich ergibt oder den Kampf einstellt: „Kämpft gegen sie, bis es keine Unterdrückung mehr gibt und alle Anbetung Gott allein gewidmet ist; aber wenn sie ablassen, dann soll alle Feindschaft aufhören außer gegen jene, die willentlich Unrecht tun." (Sure 2,193)

Tabātabāī betont in seinem Kommentar, dass es in diesem Vers „nicht darum geht zu kämpfen bis alle den Islam angenommen haben. Auch mit dem Satz, ... bis alle Anbetung Gott allein gewidmet ist' – ist nicht der Kampf für den Glauben gemeint, sondern hier ist der Kampf ausschließlich gegen Mekkaner gemeint, bis sie die Repressalien und ungerechte Behandlung der Muslime einstellen."[14]

Mit diesen Erklärungen können die Verse 190-191 in Sure 2 als bedingte Verse bezeichnet werden, die in einem konkreten geschichtlichen Kontext stehen. Sie vermitteln jedoch auch einige *grundsätzliche Prinzipien*: „Der Krieg als mögliche Option ist nur zulässig, wenn ein direkter Angriff stattgefunden hat; die Ungerechtigkeiten und Tyrannei sind abzuwehren; in Konfliktsituationen ist die Verhältnismäßigkeit und Angemessenheit zu bewahren."[15]

Methode der Qur'āninterpretation am Beispiel der Sure 8,12-13:

Sure 8,12-13: „Siehe! Dein Erhalter gab den Engeln ein: ,Ich bin mit euch!' (Und Er befahl den Engeln:) ,Und gebt jenen Festigkeit, die Glauben erlangt haben! Ich werde Schrecken in die Herzen jener werfen, die darauf aus sind,

---

12 Vgl. Ḥāǧe Abdullah Anṣārī, tafsire adabi wa ,irfānī Qur`an (Literarische und mystische Interpretation des Qur`an), verfasst von Ḥabibollāh Āmūzegar, Teheran 2005, 77.

13 Vgl. Farideh Muṣṭafawī (Khomeini), tafire āyate Ǧihād (Interpretation der *Ǧihād*-Verse), Teheran 2005, 5.

14 Vgl. Allāme Tabātabāī, tafsire al mizān (ausgewogene Auslegung), Teheran 1977, Bd.2, 87-89.

15 Ebd.

die Wahrheit zu leugnen, schlagt also ihre Nacken und schlagt jede von ihren Fingerspitzen ab!‘ Dies, weil sie sich selbst von Gott und Seinem Gesandten abgetrennt haben: Und was den angeht, der sich selbst von Gott und Seinem Gesandten abtrennt – Wahrlich, Gott ist streng im Strafen.“

In diesem Vers erklärt Gott die Engel zu Unterstützern derjenigen, die gegen Verleugner kämpfen. Gott stärkt die Kämpfenden, sie sollen sich ihres Sieges sicher sein und brauchen keine Angst zu haben, weil Gott „Schrecken in die Herzen jener wirft, die die Wahrheit leugnen.“ Die Aufforderung in diesem Vers ist, die „Nacken und Fingerspitzen der Verleugner zu schlagen“ also grausame Gewalt anzuwenden, weil Gott selbst auch „streng im Vergelten“ ist. Die Schlussfolgerung aus diesen Versen, dass eine Religion, die ihre Anhänger zu Gewalt aufruft und sie ermutigt, brutal gegenüber Andersgläubigen vorzugehen, nicht den Ansprüchen der „zivilisierten“ Welt des 21. Jahrhunderts gerecht werden kann, ist dann verständlich, wenn keine andere Interpretation für diese Aussagen möglich ist.

Wie werden diese Aussagen nach qur'ānwissenschaftlicher Methode ausgelegt? Hierfür verwende ich den umfassenden Qur'ānkommentar von *Allāme Tabātabāī*, einem anerkannten und einflussreichen schiitischen Gelehrten und Philosophen des 20. Jahrhunderts, der in der Tradition der mu'tazalitischen Denkschule steht und dessen Werk *Tafsīr al Mīzān* (ausgewogene Interpretation) als gegenwärtiges Standardwerk der Schiiten gilt:

Zuerst wird die Datierung des Verses vorgenommen, die Offenbarungszeit der Verse 12 und 13 in Sure 8 werden der „frühen medinensischen Periode“ zwischen 622-624 zugeordnet. Die Datierung der Verse und Suren basieren auf den Überlieferungen hauptsächlich von *ibn Abbas* und Erweiterungen durch *Ǧābir bin Zaid* (gest. 725). Für die Datierung spielen die Offenbarungsanlässe (*asbābunnuzūl*) der Verse eine bedeutende Rolle.[16] Sie stellen zugleich ein Problem für die Forschung dar, weil die Überlieferungen über die Ereignisse und ihre Datierungen voneinander abweichen. Eine genaue Festlegung ist meistens aufgrund der fehlenden historischen Quellen nicht möglich. Die Beschreibungen der Ereignisse sind Hilfsmittel, um den Qur'ān in mancher Hinsicht besser zu verstehen, vor allem wenn es um Themen der Gemeinschaftsordnung und Rechtsnormen geht.[17] Der Kontext der Offenbarung ist ein unvermeidbares Prinzip des besseren Verstehens, kann aber nicht für alle Verse angewandt werden, weil die historischen Quellen dafür nicht vorhanden oder mangelhaft sind. Die Muslime sind um 622 nach Medina ausgewandert und waren in dieser Zeit in Begriff, eine Gemeinschaft aufzubauen, in der die islamischen Prinzipien berücksichtigt werden sollten. In seinem ersten politi-

[16] Vgl. AYATOLLAH MUHAMMAD HĀDĪ MA'rifat, tariḫe Qur'ān (Die Geschichte des Qur'ān), Teheran 2005, 56-64

[17] Vgl. THEODOR NÖLDEKE, Geschichte des Qur`ans, Hildesheim 1970, 66-67.

schen Akt, nachdem Muhammad von den Menschen in Medina nach dem Prinzip *Bei'a* (Treueid) zum politischen Führer berufen wurde, schloss er einen Vertrag mit allen Stämmen in Medina. Sie sicherten darin ihre Loyalität und die Mitwirkung in der Gemeinschaft Medina zu. Laut des Vertrages wurde ihnen, wenn sie keine Muslime waren, die Autonomie gewährt, nach ihrem Glauben zu leben. Sie verpflichteten sich jedoch, in Sicherheitsfragen und gesellschaftlichen Angelegenheiten die Regeln der Gemeinschaft, die nach islamischen Prinzipien – damals gab es keinen Begriff wie „islamischer Staat" und schon gar nicht „islamische Gesetze" – ausgerichtet war, zu beachten und sich daran zu halten. Der Konflikt zwischen Mekka und Medina war durch Ereignisse in Mekka, die zur Auswanderung der Muslime führten, vorprogrammiert: Die Mekkaner hatten nicht vor, Muhammad und seine Anhänger in Frieden ziehen zu lassen und wollten nicht, dass sie Raum bekommen, sich zu entfalten. Muhammad und seine Anhänger hatten nicht vor, sich unterdrücken zu lassen; Muhammad sah seine Aufgabe darin, die Botschaft Gottes weiter zu verkünden und ihre Prinzipien zu festigen. Es war eindeutig, dass diese unterschiedliche Interessenlage zu Konflikten führen musste. Dazu gab es auch bereits lang anhaltende, massive Konflikte zwischen den Stämmen in Medina, für deren Lösung nach Möglichkeiten gesucht wurde, um endlich in Frieden leben zu können. Die Verse 12 und 13 in Sure 8 sind in diesem Kontext entstanden und reflektieren die bestehende Spannung. Die „Schlacht von Badr" geschah in dieser Zeit und ist in der islamischen Geschichte bekannt für einen asymmetrischen Kampf, in dem die Muslime zahlen- und kräftemäßig weit unterlegen waren und doch den Kampf auf wundersame Weise gewonnen haben.[18] Der Vers wird als Zeugnis dafür genommen, dass in diesem Kampf durchaus Gott direkt gewirkt haben soll. Diese Auffassung sollte auch eine Bestätigung dafür sein, dass der Islam der richtige Weg und die „Wahrheit" ist. Von Gott ist eine Unterstützung zu erwarten, wenn man sein Leben nach seinen Bestimmungen ausrichtet.

Im dritten Schritt der Auslegung wird der Vers in Verbindung mit vorherigen und nachfolgenden Versen gelesen, um einen Gesamtblick auf den Sachverhalt zu bekommen. Bezogen auf Vers 12 in Sure 8 ist festzustellen, dass im Vers 11

[18] Die Kampfhandlungen bei Badr waren ein Angriff seitens der Muhāǧirūn (Auswanderer) auf die Handelskarawane von Abu Sufian im Jahr 624. Die Muslime mussten ihr Hab und Gut in Mekka lassen und mit leeren Händen nach Medina auswandern. Im zweiten Jahr nach der Auswanderung als Abu Sufian mit einer imposanten Handelskarawane Richtung Mesopotamien, dem heutigen Iran, unterwegs war, sahen die Muslime die Chance, ihr Hab und Gut zurückzubekommen. Der Angriff war eine Antwort auf die Ungerechtigkeiten und das harte Vorgehen der Mekkaner gegen die Muslime in Mekka vor ihrer Auswanderung nach Medina. Den Mekkanern sollte eine Lektion erteilt werden. Der Sieg in Badr hatte zum einen eine positive psychologische Bedeutung für die Muslime und zum anderen konnten sie ihr rechtmäßiges Hab und Gut wieder in Besitz nehmen; vgl. ǦA'FAR SOBḤĀNĪ, forūġe abadīyyat (Der ewige Glanz-eine umfassende Analyse des Lebens des erhabenen Propheten), Teheran 1994, 487-489.

die Schlacht von Badr thematisiert ist, ohne diese namentlich zu nennen. Der Inhalt des Verses beschreibt ein historisches Ereignis, in dem der Sieg der Muslime entscheidend für das Weiterbestehen der neu gebildeten Gemeinschaft war. Hätten die Muslime die Schlacht von Badr nicht gewonnen, wäre die islamische Geschichte nach Meinung der Historiker maßgeblich anders verlaufen – ja, so etwas wie eine islamische Geschichte gäbe es vermutlich gar nicht.

Mit diesen Hintergrundkenntnissen wird im vierten Schritt der Wortlaut des Verses philologisch untersucht. Gott spricht zu den Engeln und fordert sie zur Mitarbeit und zum Mitwirken auf, um das Geschehen zu Gunsten der Gläubigen zu lenken. Die Engel sollen bewirken, dass die Gläubigen sich gestärkt fühlen, indem sie (die Engel) den Verleugnern „ihre Nacken schlagen und jede von ihren Fingerspitzen abschlagen!" Tabātābāī ist der Meinung, dass damit nicht unbedingt gemeint ist, dass die Engel jetzt Hand anlegen und die einzelnen Köpfe und Finger abschlagen sollen; diese Aussage ist eher im übertragenen Sinne zu verstehen. Sie sollen die Verleugner (hier die Mekkaner) *kampfunfähig* machen, sie sollen bewirken, dass die Verleugner untätig werden, damit die kleine Zahl der Muslime die Chance bekommt, die Schlacht für sich zu gewinnen. Diese Auslegung wird durch die Aussage bestätigt, in der Gott seine Aufgabe erklärt „in ihre Herzen Furcht zu werfen." Der Feind soll durch die innere Unruhe und Unsicherheit nicht mehr effektiv handeln können. Tabātābāī schließt daraus, dass aus diesem Vers nicht gänzlich ein Ansporn der Muslime zu lesen ist, gegenüber Verleugnern – immer und überall – Gewalt anzuwenden. Er räumt jedoch ein, dass dieser Vers auch anders interpretiert werden kann, nämlich, dass er durchaus ein Befehl an die Muslime war, im „Badrgefecht" entschieden gegen Verleugner vorzugehen und dabei mit Gottes Unterstützung zu rechnen. In beiden Fällen ist der Vers die Beschreibung eines historischen Geschehnisses und nicht ein allgemeiner Befehl zum Umgang mit „Verleugnern" bzw. „Ungläubigen" oder auch „Andersgläubigen"; der Vers kann demnach nicht verallgemeinert werden.

Zu der philologische Betrachtungsweise gehört auch, dass man mittels der Schlüsselbegriffe weitere Stellen im Qur'ān untersucht, um eine umfassende Bedeutung des Begriffs zu erfassen. In diesen Versen sind zwei Schlüsselbegriffe, die genauer definiert werden müssen: Verleugner (*Kāfir*) und schlagen (*ḍarabū*,). In der Methodologie der Interpretation des Qur'ān gibt es das Prinzip, für die philologische Deutung weitere Verse mit dem Begriff, den man untersuchen will, zu lesen, um erfassen zu können, wie der Begriff im Gesamtkontext des Qur'ān zu beschreiben ist. Bezogen auf das Wort *Kāfir* kommt man zu dem Schluss, dass mit den Glaubensleugnern (*Kāfir*) nicht diejenigen gemeint sind, die sich aus persönlicher Überzeugung nicht für den Glauben entschieden haben. Der Glaubensleugner ist jemand, der durch seine

Überzeugung den Weg der Wahrheitsfindung für andere verdeckt, sie aktiv davon abbringt, dessen Handlungsweise tyrannisch und ungerecht ist und der Gemeinschaft schadet; das bekannteste Beispiel im Qur`an für einen *Kāfir* ist der Pharao, der sich selbst als Gott betrachtete und tyrannisch gegenüber seinem Volk war. Der Begriff *ḍarabū*, der oft als „schlagen" oder „bewaffneter Kampf" übersetzt wird, hat im Arabischen umfassende Bedeutungen, u.a. auch die Bedeutung „trennen, abwenden". Im Zusammenhang mit dem Thema kann er auch als „unfähig machen" gedeutet werden. In der Qur'ānwissenschaft spricht man von „tatsächlichen" und „allegorischen" Bedeutungen der Begriffe; an dieser Stelle ist die Bedeutung „unfähig machen" für *ḍarabū* eine allegorische Bedeutung. Die mu'tazalitischen Gelehrten ziehen in derartigen Versen die allegorische Bedeutung vor. Meines Erachtens ist diese Deutung die einzige Möglichkeit, die Schärfe des Textes zu relativieren. So wird der Satz „schlagt also ihre Nacken und schlagt jede von ihren Fingerspitzen ab" nicht physisch und wörtlich genommen und daraus ein „Recht" abgeleitet, den Feind zu verstümmeln. Die allegorische Deutung ermöglicht, mittels der Vernunft die innere Bedeutung der Verse zu erfassen oder auch eine Aussage im Qur'ān unbeachtet zu lassen, weil sie der Vernunft und den Errungenschaften der Zeit nicht mehr entspricht. Eine bekannte Überlieferung sagt: „Vernunft ist die erste Schöpfung Gottes und Gott hat den Menschen nichts Besseres als Vernunft gegeben."[19] Daher bin ich der Meinung, dass die Vernunft von uns eine andere Lesart des Qur'ān als die traditionelle Lesart fordert.

Auch die Wandlung der Sprache ist ein bedeutender Aspekt, weil die Begriffe heute mitunter anders verstanden und gedeutet werden als zur Offenbarungszeit.[20] Die Offenbarungssprache zu erfassen, bedarf philologischer Erkenntnisse der Sprache der Zeit der Offenbarung. Die modernen Sprachkenntnisse allein sind nicht ausreichend, um den Qur'ān zu verstehen.

Die angemessene Weitergabe der Tradition als anvertrautes Gut ist eine Verantwortung, die zu einer reflektierten Tradierung verpflichtet. Die Rede Gottes kann dann eine Weisung, eine Orientierung sein, wenn man sie immer wieder neu liest und erschließt. Die Umwandlung der Lebensrealitäten, die Entwicklung der Wissenschaften und Errungenschaften durch Erfahrungen bringen neue Fragen mit sich, die nicht einfach nach dem Wortlaut der Jahrhunderte alten Texte zu beantworten sind. Die Offenbarung ist mehr als nur Buchstaben und Worte, sie hat tiefsinnige Botschaften, die immer wieder neu zu entdecken sind. Die Überlieferung vom Propheten Muhammad, dass der Qur'ān einen äußeren Wortlaut und einen inneren Kern und der innere Kern

---

[19] Abulqasim Ali Dūst, fiqh wa aql (Recht und Vernunft), Teheran 2006, 309.

[20] Vgl. Muǧtahid Muhammad Schabestari, Hermeneutik, Kitāb und Sunna , Teheran 1998, 36.

einen weiteren Kern mit bis zu 70 Ebenen hat,[21] ist eine Aufforderung, die Forschung des Qur'ān nie als abgeschlossen zu erklären. Er hat eine unendliche Tiefe, die nur im Studieren und Forschen offen gelegt werden kann und muss.

Muhammad und Gewalt

Um die These von der Gewalttätigkeit des Islam zu begründen, ist permanent von Kritikern zu hören, dass Muhammad selbst ein kriegerischer Herrscher war. Im Interreligiösen Dialog wird seine „kriegerische Lust" mit der „Friedfertigkeit" Jesu verglichen, der bereit war, am Kreuz zu sterben und sich zu opfern, anstatt Kriege zu führen.

Es ist eine historische Realität, dass Muhammad Kriege geführt hat, wie jedes andere politische Oberhaupt in seiner Zeit. Er war ein Mensch, der von seinem Volk den Auftrag bekam, es politisch zu führen, und dazu gehörte – in der Stammesgesellschaft des 7. Jahrhunderts – u.a. auch Karawanen zu überfallen, Kriege zu führen und zu töten, um zu überleben. Seine Kämpfe werden nach den qur'ānischen Überlieferungen als notwendige Maßnahmen für die Beseitigung von Ungerechtigkeiten dargestellt. Sie dienten nicht in erster Linie der Ausbreitung des Islam oder gar der Zwangsbekehrung. Dafür gibt es zahlreiche historische Zeugnisse.

Wie gehen die Muslime diesbezüglich mit seiner Handlungsweise und Tradition um? Für die Antwort auf diese Frage gibt es zwei Hauptströmungen: a) Alles, was er tat, ist für uns verbindlich, und wir müssen seine Lebensweise in allen Bereichen nachahmen. Nach dieser Auffassung können seine Kriege als Kampf gegen „Ungläubige" gedeutet werden, so dass wir verpflichtet sind, diese Praxis weiterzuführen, sobald wir die Möglichkeit dazu haben. b) Die zweite Meinung sieht in der Lebensweise des Propheten Muhammad zwar einen vorbildhaften Charakter, die jedoch wie der Qur'ān einen historischen Kontext hat und für uns heute nicht in allen Einzelheiten nachzuahmen ist. Ausgehend von diesen beiden Meinungen wird die Verbindlichkeit der Tradition Muhammads (*Sunna*) gedeutet und danach gelebt. Die strenge Nachahmung der Tradition Muhammads in einigen islamischen Richtungen löste ihn aus der Zeit, in der er gelebt hat, und machte die kultische Wiederholung seiner Handlungsweisen zur Pflicht jedes frommen Muslims.

Die *Sunna* gilt nach dem Qur'ān als zweite Quelle der islamischen Lehre. Auch diese Quelle gilt nicht als absolute Nachahmungsinstanz, sondern ist ein Modell, wie die islamischen Prinzipien gelebt werden können. Sie ist ein Mus-

---

[21] Vgl. PUR HASSAN, hermeneutike tatbīqī -baressie hamanandie falsafe ta`wil dar Islam wa arb (Vergleichende Hermeneutik.Untersuchung der Ähnlichkeit zwischen der Philosophie der Hermeneutik im Islam und Westen), Teheran 2005, 38

ter, das nicht ganz außerhalb des Rahmens der Bräuche, Gewohnheiten und Gesetze seiner Zeit stand. Der Prophet Muhammad war bemüht, die Werte der islamischen Lehre zu festigen und ein nachhaltiges Umdenken und Umstrukturieren zu bewirken. Seine Lebensweise ist kein „absolutes Modell" und kein „Gesetz", sondern eine Orientierungshilfe, wie die Weisungen Gottes im Rahmen der gesellschaftlichen Gegebenheiten realisierbar sind.[22]

Gewalt und Tradition

In einer Überlieferung soll Muhammad gesagt haben: „Gott hat mir den Auftrag gegeben, gegen die Menschen zu kämpfen, bis diese bezeugen: ‚Es gibt keinen Gott außer Gott. Muhammad ist sein Prophet, bis sie die Almosen bezahlen und das [islamische] Gebet verrichten. Wenn die Menschen dies tun [also damit zum Islam übertreten], schützen sie vor mir damit ihr Blut und ihr Eigentum, es sei denn, sie würden [das islamische Gesetz] überschreiten."[23] Aus der Verbindung zwischen einigen *Ḥadīṯe* wie den oben erwähnten und einigen Qur'ānstellen sowie der Überzeugung, dass der Islam die einzige Wahrheit ist und die einzige Lebensweise, die von Gott angenommen wird (Sure 3,19: Die einzige Lebensweise bei Gott ist Islam), kann eine Tradition entstehen, die die Gewalt als eine notwendige Erscheinungsform des Glaubens versteht. Eine Tradition, die durchaus ihre Legitimation mit dem Qur'ān und der Lebensweise des Propheten Muhammads zu begründen versucht und den Kampf für den Glauben als „religiöse Pflicht" erklärt. Diese Deutung kann gelingen, wenn die Quellen kontextlos, unreflektiert und vereinfacht angewandt werden. Das Verstehen und die Deutung der Quellen sind komplex und bedürfen eines fundierten theologischen Diskurses, der mit umfassenden philosophischen, historischen, und philologischen Kenntnissen einhergeht.

Mit dem Begriff *Ǧihād*, der irrtümlich mit „heiliger Krieg" übersetzt wird, wird ein Prinzip dem Islam zugeschrieben, das im Qur'ān nicht in diesem Sinne zu verstehen ist.[24] Der „heilige Krieg" ist kein qur'ānischer Begriff. Der Krieg als letzte „notwendige" Möglichkeit zur Abwehr der Ungerechtigkeiten

---

[22] Vgl. SCHABESTARI, Hermeneutik, Kitāb und Sunna, 82-84.

[23] *Ṣaḥīḥ al Buḫārī, Kitāb al Īymān* (Authentische Überlieferungen Al Buḫārīs, das Buch des Glaubens), 17. Der Inhalt des *Ḥadīṯ* widerspricht jedoch eindeutig dem Qur'ān, insbesondere dem Vers 88 in Sure 4, in dem es heißt: „Wollt ihr denn rechtleiten, wen Gott irregeführt hat? Wen Gott irreführt, für den findest du keinen Weg." Gott allein führt zu seinem Weg. Wenn ein Ḥadīṯ dem Qur'ān widerspricht, kann er nicht als authentisch gelten. Dieser *Ḥadīṯ* wird in den verschiedenen Qur'āninterpretationen der unterschiedlichen Schulen nirgends als Quelle zur Erläuterung des Verses 2,191-193 herangezogen.

[24] Vgl. als neuere Literatur zum Thema *Ǧihād*: KAREN ARMSTRONG, Im Kampf für Gott – Fundamentalismus in Christentum, Judentum und Islam, München 2004; FOUAD KHALIL, Religion und Recht am Beispiel des Dschihad im Islam als politischer Faktor, Göttingen 2006.

kommt im Qur'ān vor, wird aber an keiner Stelle als heilig bezeichnet. Um tyrannischen Kräften entgegenzutreten, wird der Begriff *Ǧihād* verwendet und hat in diesem Zusammenhang einen positiven Wert nämlich als „ernsthafter Einsatz für eine gute Sache." Im Alltag ist er als äußerlicher Kampf gegen Missstände gerichtet, z.B. „gegen Armut", „gegen Krankheiten", „für die Beseitigung von Unwissenheit" usw. Nach innen ist *Ǧihād* als Bekämpfung von schlechten Eigenschaften anzusehen, wie beispielsweise von negativen Begierden und Maßlosigkeit. Daher versteht der Islam den echten *Ǧihād* als die innerlichen Anstrengungen, die die Menschen zum inneren Frieden führen sollen. Durch diese Anstrengungen setzen die positiven Kräfte im Menschen sich gegen die negativen durch. So wird ein innerer Frieden geschaffen, um die Konflikte, die ein Teil des menschlichen Lebens sind, zu überwinden. Der Islam vertritt die Meinung, dass der Mensch in seiner tiefsten Natur, trotz animalischer Triebe, den Hang zum Guten, Frieden, zur Gerechtigkeit und Harmonie hat. Die Besonderheit des Menschen liegt darin, sich stets den Versuchungen des Widersachers entgegenzusetzen. Der Satz: „Das Gute tun und das Verpönte meiden" ist ein zentraler Satz und als „Gebot" in der islamischen Lehre zu verstehen. Damit ist sowohl die individuelle als auch die gesellschaftliche Verantwortung gemeint, die der Mensch zu tragen hat.

Muslime und Gewalt heute

Es gibt zahlreiche Meinungen, Hypothesen und Thesen über die Gewalttätigkeit mancher Muslime von heute, die die Wahrnehmung der Nichtmuslime sowie die Behauptungen der Muslime selbst widerspiegeln. Aus der extremen Ecke der *al Kaida* kommen Parolen wie: „Was euch noch nicht bewusst geworden ist, ist, dass ihr es mit Allah aufgenommen habt; ihr könnt diesen Krieg nicht gewinnen, auch wenn wir euch militärisch und materiell unterlegen sind."[25] Derartige Äußerungen könnten im Zusammenhang mit dem Vers 12 in Sure 8 in der Tat zu der Meinung führen: Sie sind sich ihre Sache sicher, weil sie Gott auf ihrer Seite sehen und laut Qur'ān meinen, dass sie mit seiner Unterstützung rechnen können.

So einfach ist es jedoch nicht. Ich kann weder die Behauptung akzeptieren, dass die Gewalttätigkeit der Muslime im Wesen des Islam verankert ist noch die Aussage, dass Gewalttätigkeit nichts mit dem Islam zu tun hat. Die Gewalt, die heute bei einigen Muslimen anzutreffen ist, geht von einer politischen Denkweise und einem Muster aus, die nicht zum Wesen des Islam gehören, sondern aufgrund der historischen Begebenheiten entstanden sind. Sie kann

[25] Videobotschaft Zeit Online, 18.01.2009.

aber durch die tendenziöse Deutung der Aussagen im Qur'ān begründet und bestätigt werden. Peter Antes erwähnt in seinem Buch *Islam als politischer Faktor*, dass bei der Momentaufnahme dessen, was in der islamischen Welt passiert, gewöhnlich drei Faktoren übersehen werden:

a) Alle Staaten, wie sie heute im Vorderen Orient existieren, sind in ihrer gegenwärtigen Form Produkt der Kolonialpolitik und nach den Vorstellungen der Kolonialmächte so geschaffen worden.
b) Die muslimische Welt hat drei Modelle ausprobiert, um politisch von den Kolonialmächten unabhängig zu werden: Der Weg des Nationalismus, der des Sozialismus und der des „Islamismus" (Motto: Der Islam ist die Lösung). Da die beiden anderen Wege sich nicht als durchschlagend erwiesen haben, erleben wir gerade diese große Beliebtheit des dritten Weges.
c) Der Islam wird somit gesehen als „letzter Versuch, einen eigenen Weg zum Fortschritt und zur eigenen Entwicklung sowie zur freien Entfaltung und zur Unabhängigkeit gegenüber allen Diktaten und Vorgaben von außen einzuschlagen."[26] Das Problem ist, dass dieser Weg selbst zur Entstehung der Tyrannen und Diktatoren geführt hat, die eigentlich laut Qur'ān zu bekämpfen sind. Aus dem Motto „Der Islam ist der Weg" haben sich Ideologien entwickelt, die auf dem Weg zur Durchsetzung der politischen Ziele, durchaus radikale religiöse Muster entwickeln und dabei die problematischen Stellen im Qur'ān zur Legitimation des eigenen Machtmissbrauchs nutzen. Ein markantes Beispiel dafür, wie das möglich ist, ist Afghanistan mit den Taliban in den letzen zwanzig Jahren.[27]

Was ist zu tun?

Wiederholt zu sagen, dass dies alles „nichts mit Islam" zu tun hat, führt nicht weit und verkommt zu einer unglaubwürdigen Parole, die nicht ernst genommen wird. Es gibt eine starke Spannung zwischen dem „traditionellen" Islam und der Lebenswirklichkeit vieler Menschen und diese Spannung verschärft sich in der Begegnung mit der westlichen Welt und ihrer Werte und Lebensformen. Es bedarf eines umfangreichen theologischen Diskurses, der offen und unverblümt geführt wird. Ein Erwachen der lebendigen Diskussionen in Theologie und Philosophie ohne Angst vor Repressalien ist notwendig. Diese müssen sich der neuen wissenschaftlichen Methoden bedienen und zugleich auf das reiche Erbe der Anfangszeit des Islam zugreifen. Ein Erwachen des islamischen Denkens in Versöhnung mit der spirituellen Dimension einerseits, die Erneuerung des Bekenntnisses auf der

---

[26] Peter Antes, Der Islam als politischer Faktor, Bonn 1997, 18.
[27] Vgl. ebd.

Grundlage einer rational kritischen Betrachtung der Quellen auf dem Gebiet des Rechts, der Ethik, der Theologie und der gesamten *Šarī'a* andererseits, ist notwendig. Eine kritische, selbständige Auslegung (*Iǧtihād*), die auf Rationalität basiert und auf das Gemeinwohl und allgemeine Interesse (*Maṣliḥa*) ausgerichtet ist, schiebt der Instrumentalisierung einen Riegel vor.

Das Thema Gewalt ist ein globales, ein gesamtgesellschaftliches Thema, das nicht einseitig behandelt werden kann. Die Ursachen sind nicht nur in den Religionen zu suchen, sondern auch in den globalen Problemen der Menschen, die nicht mit der rasanten Entwicklung der „neuen Welt" zurechtkommen. Gewalt ist nicht nur ein Problem der Muslime; sie tritt überall und in unterschiedlichen Formen auf. Eine gemeinsame Analyse der Ursachen ist notwendig und nicht eine gegenseitige Schuldzuschreibung. In diesem Bereich wie in allen anderen Bereichen des Zusammenlebens in einer freiheitlich demokratischen Grundordnung sind die Muslime als Partner auf gleicher Augenhöhe zu sehen und nicht als Gefahr und Sicherheitsrisiko, weil sie Muslime sind und den Qur'ān als Offenbarung haben.

Im Islam sind das Jüngste Gericht und das Jenseits das Ziel, das diesseitige Leben eine Übergangsphase zwischen Geburt und Tod. Die Zeit auf dieser Welt ist dem Menschen geschenkt, um in Freiheit und durch die Gabe der Vernunft sein Leben zu gestalten. Die Vergänglichkeit des menschlichen Lebens und die Begrenztheit seiner Macht werden stets im Qur'ān in Erinnerung gerufen und zugleich wird der Mensch ermutigt, sich aus der Kraft seines Glaubens für das Leben und für die Schöpfung einzusetzen. Dem Erfolg im irdischen Leben kann insofern Bedeutung beigemessen werden, als die Verbesserung der Welt und die Erfüllung der menschlichen Aufgabe als Statthalter auf dieser Welt in der Verantwortung des Menschen liegt. Die Zusage Gottes, den Menschen auf diesem Weg zu unterstützen, bezeichnet ihre Bedeutung: „Wenn ihr Gott helft, wird Er euch helfen und eure Schritte festigen." (Sure 47:7) Der Islam sieht die Welt nicht als grundsätzlich sündhaft und verderbt, er sieht sie als von Gott erschaffen, gut und „ohne Mangel".[28] Der Mensch ist von Gott erschaffen, um Ihm zu dienen (Sure 51:56). Dieser Dienst drückt sich aus in der Wahrnehmung der Verantwortung gegenüber der Schöpfung und der Erfüllung der Aufgaben als Statthalter. Der Mensch befindet sich stets in einem inneren Kampf zwischen Gut und Böse sowie zwischen guten und schlechten persönlichen Neigungen und Trieben. Die Gesandten haben im Auftrag Gottes den Menschen immer wieder vom „rechten" Weg in Kenntnis gesetzt und ihnen die Folgen der Unfolgsamkeit gegenüber Gott in dieser Welt sowie im Jenseits vor Augen geführt.

---

[28] Sure 67,3: „Der die sieben Himmel in Schichten erschaffen hat. Keine Fehler kannst du in der Schöpfung des Allerbarmers sehen. So wende den Blick ihnen zu: erblickst du irgendeinen Mangel?"

Die Aufgabe aller Religionen ist es, den Menschen den Weg zum „Heil" in dieser Welt zu ebnen. In ihrer Kernbotschaft sind sie, nach islamischem Verständnis, prinzipiell gleich. *Imam Musa Sadr* schreibt in seinem Aufsatz zum Thema *Religionen im Dienst des Menschen* über die tatsächliche Aufgabe der Religionen und ihren Hängen zur Gewalt, wenn sie von ihren Aufgaben und Verantwortungen abweichen:

> „Die Religionen waren eins, weil sie ein gemeinsames Ziel hatten: Die Einladung zu Gott und den Dienst am Menschen. Als die Religionen sich selbst dienen wollten, entstanden zwischen ihnen Spaltungen und Konflikte. Sie haben sich vom gemeinsamen Ziel entfernt, und je ferner sie vom Ziel waren, desto mehr befanden sie sich in Konfrontation mit anderen.
> Die Religionen waren eins und hatten ein gemeinsames Ziel: den Kampf gegen irdische Götter und Tyrannei und die Unterstützung der Armen und Leidenden. Als die Religionen und mit ihnen die Leidenden siegten, änderten die Tyrannen ihre Gesichter; um an den Gewinnen teilzuhaben, erhoben sie sich im Namen der Religionen über die Religionen; damit haben sie das Leid der Leidenden verstärkt, und die Religionen gerieten in Spaltung und Feindseligkeit.
> Die Rettung liegt darin, wieder zu Gott zurückzufinden, den Dienst am Menschen als Ziel zu haben, damit wir in allem und in der Anbetung Gottes eins werden und uns für das Gute einsetzen: ‚[...] Wenn Gott gewollt hätte, hätte Er euch zu einer einzigen Gemeinschaft gemacht. Er wollte euch aber in allem, was Er euch gegeben hat, auf die Probe stellen. Ihr sollt miteinander in guten Taten wetteifern. Zu Gott werdet ihr alle zurückkehren; und dann wird Er euch Kunde geben davon, worüber ihr zu streiten pflegtet.' (Sure 5:48)"[29]

Gott lädt zum „Heil und Frieden" ein[30], das ist die Quintessenz der islamischen Lehre. Alles, was den Menschen zu diesem Ziel führt, ist erstrebenswert und alles, was von diesem Ziel entfernt, ist zu tadeln und man muss sich davon fernhalten. Gewalt bringt Abneigung, Hass und weitere Gewalt mit sich, und allein schon aus diesem Grund ist sie nicht als bevorzugtes Mittel für die Konfliktbewältigung akzeptabel. Die erlaubte Gewalt im Qur'ān ist demnach nur als letzte Option, im Rahmen der Verhältnismäßigkeit und Angemessenheit als Gegenwehr zu verstehen, wenn alle anderen Mittel nicht wirken. Sie kann nur eingesetzt werden, wenn Ungerechtigkeit und Tyrannei Oberhand gewinnen und die Menschheit ins Verderben bringen und keine anderen Mittel diese Entwicklung abwehren können. Es ist die Aufgabe eines jeden Menschen, sich für gerechte, soziale Strukturen einzusetzen, damit alle Menschen in Frieden miteinander leben können.[31]

---

[29] IMAM MUSA SADR, Religionen im Dienst des Menschen. In: haft asemān (Sieben Himmel) 2 (2000), 35.

[30] Vgl. Qur'ān, Sure 2,208.

[31] AṢĠAR WĀ'EZI (Hg.), ṣolh wa 'idālat (Frieden und Gerechtigkeit), Teheran 2004, 140 ff.

Die Machtansprüche der Religionen sind Folgen menschlichen Fehlverhaltens. Sie basieren auf Fehlinterpretationen, die die Machtansprüche als Essenz der Religionen deklarieren, den Menschen so die Grundlage dafür entziehen, ihre eigenen Fehler zu ergründen, Einsicht zu erlangen und Verbesserungen zu bewirken.

Replik

Der Beitrag von Hamideh Mohagheghi weist in einer sehr differenzierten und breiten Übersicht auf Gewaltpotenziale im muslimischen Glauben hin und weist einen überzeugenden Weg, um diese durch theologische Analysen einzudämmen. Besonders nachhaltig führt er die Bedeutung einer adäquaten Qur'ān-Hermeneutik für die Pazifizierung religiöser Macht- und Geltungsansprüche vor Augen. Mohagheghis Blick richtet sich aber nicht nur auf den Qur'ān, sondern auch auf die Sunna, die Ḥadīṯe und politische Zusammenhänge. Von daher bietet er eine äußerst breite und facettenreiche Perspektive, die zugleich die eminent bedeutsame politische Rolle theologischen Nachdenkens vor Augen führt. Wenn ich gleichwohl einige Nachfragen formuliere, so geschieht das durchweg aus einer großen Sympathie mit den im Artikel formulierten Grundpositionen heraus und in der Überzeugung, dass der von Hamideh Mohagheghi aufgezeigte Weg tatsächlich gangbar ist und vertiefte Reflexionen anstoßen sollte.

1) Etwas irritiert hat mich an einigen Stellen, dass Hamideh Mohagheghi den Anspruch erhebt, sagen zu können, wie *die* Muslime den Qur'ān lesen bzw. wie bestimmte Verse nach *der* qur'ānwissenschaftlichen Methode auszulegen sind. Derartige Formulierungen stehen in einer gewissen Spannung zu der an anderer Stelle zugegebenen Einsicht in die unaufhebbare Pluralität legitimer Deutungen des Qur'ān, die beispielsweise auch Mouhanad Khorchide in diesem Band so stark betont. Offensichtlich will Mohagheghi einerseits daran festhalten, dass es bestimmte legitime Grenzen des Verstehens des Qur'ān gibt. Sie würde die Interpretation des Qur'ān durch einen gewaltbereiten Fundamentalisten sicher als unislamisch zurückweisen, auch wenn sie zugesteht, dass auch dieser Fundamentalist Anhaltspunkte für seine Deutung im Qur'ān finden kann. Gleichwohl kann man derartige Deutungen nicht als authentische Interpretationen des Qur'ān anerkennen und gleichzeitig diesen weiter als das Wort Gottes ansehen, ohne dass das eigene Gottesbild irrationale und abstoßende Züge bekommt. Von daher ist klar, dass die legitime Vielfalt an Deutungen des Qur'ān in irgendeiner Weise normativ begrenzt werden muss.

Auf der anderen Seite darf die Grenze legitimen Verstehens nicht so gezogen werden, dass nur die eigene theologische Schule als legitime Deutungsinstanz für den Qur'ān erscheint. Die theologisch brisante Frage scheint mir also darin zu liegen, eine normative Begrenzung für die exegetischen Bemühungen zu begründen, ohne sie dogmatisch in ihrer legitimen Vielfalt zu begrenzen.

Wie könnten also Kriterien und Maßstäbe für die Auslegungsversuche des Qur'ān aussehen und aus welcher Instanz heraus könnte man diese begründen? Wählt man einseitig den Qur'ān als normative Instanz zur Auslegung des Qur'ān, so stellt sich die Frage, nach welchen Kriterien man die Verse aussucht, die kriteriale und normative Bedeutung haben, und wie man jeweils sicher sein kann, diese richtig zu deuten. Stützt man sich bei der Frage nach den letzten Kriterien vorrangig auf die Vernunft, fragt sich, ob der Qur'ān etwas bietet, das die Vernunft grundsätzlich nicht aus sich hervorbringen kann und wie dieses „Surplus" der Offenbarung gegenüber der Vernunft zu beurteilen wäre.

Eine Lösung für die hier genannten Probleme lässt sich m.E. nicht finden, wenn man den Anspruch beibehält, festlegen zu wollen, wie *die* Muslime den Qur'ān lesen oder lesen *sollen*.

Man wird zwar daran festhalten können und müssen, vernunftorientierte Grenzziehungen zu vollziehen. Aber innerhalb dieser Grenzen wird man die Rolle des Subjekts in der Qur'ān-Hermeneutik mehr stärken müssen als das in Mohagheghis Text sichtbar wird. Hier wäre es interessant noch genauer von der Autorin zu erfahren, wie sie sich das Verhältnis zwischen subjektiver und individueller Deutungshoheit und normativen Deutungsvorgaben der Wissenschaft vorstellt.

2) Eben mit dieser Nachfrage zum Verhältnis von Subjekt und Gemeinschaft in der Theologie und im politischen Raum ist die Machtfrage gestellt, die in Mohagheghis Beitrag nur am Rande auftaucht, obwohl sie den Machtanspruch von Religionen zu Recht als Wurzel des Gewaltphänomens diagnostiziert. Müsste gerade wegen Mohagheghis richtiger Diagnose nicht noch viel entschiedener theologische Machtkritik betrieben werden? Und wie könnte eine solche Machtkritik in islamischer Perspektive motiviert werden? Im Christentum hat sich eine Tradition auch politisch sensibler Machtkritik aus der Kreuzestheologie entwickelt. Wenn Gott angesichts der Mächte dieser Welt seine Macht in der Ohnmacht des Kreuzes zeigt und so seine Allmacht keine anderen Mittel als die Mittel der Liebe gebraucht, um den eigenen guten Willen durchzusetzen, kann man auf dieser Grundlage sehr gut eine Theologie der Machtkritik entwickeln. Schlüssel dieser kritischen Analyse könnte dabei der Gedanke sein, Gottes Allmacht konsequent als Macht seiner Liebe zu verstehen, so dass eine Machtdurchsetzung durch Gewalt ausgeschlossen werden kann.

Auch im islamischen Bereich gibt es interessante Versuche die theologische Analyse mit Machtfragen zu verbinden. So dürfte der Fall *Abu Zaid* letztlich gar nicht so sehr in der modernen Qur'ān-Hermeneutik Abu Zaids begründet liegen als darin, dass er seine theologischen Überlegungen mit Machtfragen verband und die theologischen Machtbegründungsfiguren der Herrschenden in Ägypten äußerst nachhaltig delegitimierte. Interessant fände ich es von solchen Überlegungen ausgehend eine systematisch-theologische Machtkritik aus islamischer Perspektive zu formulieren und zu überlegen, wie diese begründet werden könnte. Vermutlich gibt es hierzu gerade für eine schiitische Sicht einige interessante Anknüpfungspunkte in der theologischen Tradition. Und vielleicht könnte man vor dem Hintergrund solcher Analysen auch noch einmal den Kairos der Situation des Islam in Europa in einer Minderheitensituation herausarbeiten. Jedenfalls dürfte eine theologische Machtkritik demjenigen leichter fallen, der sich in einer Minderheitensituation befindet als demjenigen, der den politischen Auftrag hat, durch das eigene theologische Nachdenken herrschende politische Verhältnisse zu legitimieren.

3) Im Kontext der beiden soeben gestellten Fragen stellt sich noch einmal neu die Frage, wie man die in Mohagheghis Beitrag genannte Unterscheidung zwischen Versen, die vom Kontext her zu interpretieren und zu relativieren sind, und solchen, die überzeitliche Geltung haben, eigentlich legitimieren kann. Sind Stellen, die eine überzeitliche Bedeutung haben, von ihrem Offenbarungsrang her den anderen Stellen vorzuordnen? Wird damit Gottes Offenbarungshandeln nicht enthistorisiert? Warum sollte eine Aussage, die Klarheit in eine bestimmte geschichtliche Situation bringt, für uns eigentlich weniger bedeutsam sein als eine Aussage, die etwas Übergeschichtliches sagt? Vielleicht habe ich Mohagheghi hier auch missverstanden. Aber mir scheint die Einsicht, dass Gott nicht nur allgemeine Grundsätze und Wahrheiten mitteilt, sondern auch in Situationen etwas nur für bestimmte Menschen Bedeutsames sagt, etwas theologisch wiederum für alle Menschen Belangvolles zu implizieren; nämlich, dass Gott uns begleitet und sich für unsere kleinen Fragen und Nöte interessiert. Von daher ist es legitim aus einer historisierenden Qur'ān-Hermeneutik heraus bestimmte Verse zu kontextualisieren und zu relativieren. Daraus darf man aber nicht folgern, dass diese Verse heute weniger wichtig sind als andere, und es wäre zu überlegen, ob man aus ihnen nicht Rückschlüsse über Attribute Gottes ziehen kann.

4) Ich möchte noch zwei kleinere Punkte anschließen, die spezifische Unterschiede zwischen Islam und Christentum zur Sprache bringen.

Die versöhnlich gemeinte Aussage der islamischen Tradition, dass alle Religionen im Kern dasselbe wollen, scheint mir christlich nur schwer mitvollziehbar zu sein. Denn die Botschaft des Christentums ist nicht propositional, sondern personal verfasst; sie besteht nicht in einer Heilsaussage, sondern in Christus als der für uns Mensch gewordene Liebeszusage Gottes.

Müsste man also die von Mohagheghi angedeutete, sehr sympathische, inkludierende Selbstverständigung am Ende ihres Artikels nicht stärker als islamische

Selbstverständigung kennzeichnen und noch einmal durch die Andersheit des Anderen stören lassen und auch diese Störung für die Selbstwahrnehmung produktiv werden lassen?

5) Schließlich eine knappe Nachfrage zu einem der ältesten Streitpunkte von Islam und Christentum. Hat der Mensch wirklich einen Hang zum Guten? Ist er nicht genauso auch mit einem nur schwer verstehbaren Trieb zum Bösen ausgestattet? Wie sonst könnte man die Katastrophen dieser Weltgeschichte verstehen? Darf man die Welt also wirklich als gut ansehen? Oder muss man nicht auch islamisch zumindest die Ambivalenz der Freiheit und die aus der Freiheitsverfehlung des Menschen resultierende Ambivalenz der Schöpfungsordnung zugeben? Sicher wird man islamisch keine Theologie der Ursünde entwickeln wollen. Aber das Phänomen der radikalen Ambivalenz menschlicher Freiheit und der uns umgebenden Weltordnung wird man doch auch aus islamischer Sicht kaum leugnen können.

Duplik

Klaus von Stosch stellt in seiner Replik die Frage, wie ich sagen kann, „wie *die* Muslime den Qur'ān lesen bzw. wie bestimmte Verse nach *der* qur'ānwissenschaftlichen Methode auszulegen sind".

Diese Frage zeigt, dass meine Ausführungen, die tatsächlich auf die Meinung *eines* Rechtsgelehrten bezogen sind, missverstanden wurden. *Allāme Tabātabāī* ist ein renommierter Gelehrter, der im 20. Jahrhundert den theologischen Diskurs in der schiitischen Tradition grundlegend geprägt hat. In meinem Beitrag lege ich seine Interpretation dar, weil sie *eine* Möglichkeit bietet, die aus heutiger Sicht kritisch erscheinenden Aussagen im Qur'ān nicht als absolute und überzeitliche Normen zu deuten. Seine Ausführungen bieten paradigmatisch *eine* Methode der Interpretation. Einen Anspruch, dass es nur *eine* legitime qur'ānwissenschaftliche Methode gibt, erhebe ich nicht. Die Vielfalt der Meinungen, Methoden der Auslegung und Interpretation brachten glorreiche theologische und philosophische Werke hervor und bewirkten islamische Theologien, die mittels Denken und Vernunft nach Antworten auf Sinnfragen suchten. Diese Tradition wurde bereits zu Lebzeiten des Propheten Muhammad von ihm selbst als ein „Segen für die Gemeinschaft" bezeichnet. Sie ermöglichte eine reflektierte und dynamische Theologie, die sich den Fragen der Zeit öffnete und neue theologische Lehrmeinungen entwickelte, die das Leben der Menschen aktuell prägten. Die theologischen Antworten müssen die Realität des Lebens berücksichtigen; die Antworten auf die Sinnfragen können nur den Menschen auf der Suche nach Orientierung weiterhelfen, wenn sie die realen Veränderungen berücksichtigen. Die Deutung der Offenbarungstexte muss ständig aktualisiert und möglicherweise korrigiert werden, Deutung und Interpretation sind als solche nicht starr und ewig gültig.

Den Begriff „unislamisch“ vermeide ich weitgehend, weil er eine Definition von *dem* Islam erfordert, den es in der monolithischen Form nicht gibt. Die facettenreiche Vorstellung und Deutung des Islam soll nicht eingeschränkt werden. Die gewaltbereiten Fundamentalisten legitimieren ihre abstoßenden Ziele und Methoden mit einigen qur'ānischen Stellen, die sie als absolute göttliche Normen darlegen. Sie setzen sie beliebig für ihre eigenen Machtinteressen ein und wollen mit ihnen diejenigen bekämpfen, die *sie* als Feinde bezeichnen und definieren. Sie beanspruchen eine Deutungshoheit, ohne die Aussagen im Qur'ān und in der Sunna im zeitlichen und örtlichen Kontext zu lesen und ohne eine Unterscheidung zwischen Wort- und Sinndeutung bei der Interpretation der Texte zu beachten. Dagegen kann mein Eintreten für eine Vielfalt an Interpretationsmöglichkeiten das gerechte, lebensbejahende und barmherzige Wesen der qur'ānischen Aussage und der Lebensweise des Propheten Muhammad aufzeigen und damit den Missbrauch durch eine irrationale und extremistische Verzweckung erschweren. In meinem Beitrag geht es darum, *eine* Methode zu verdeutlichen, die dies ermöglichen kann.

Als Antwort auf die Frage von Klaus von Stosch über die Kriterien der Auswahl der allgemeinen und überzeitlichen sowie historischen Verse weise ich darauf hin, dass es zwar im Islam keine autorisierte Institution gibt, die über die Deutungen wacht, fachliche Kompetenz jedoch für eine Interpretation vorhanden sein muss; die Deutungsfreiheit bedeutet nicht Beliebigkeit. Eine anerkannte Qur'ānwissenschaft kann nur von Fachpersonenen geführt werden, die der arabischen Sprache – sowohl der modernen als auch der qur'ānarabischen Sprache –, islamischen Geschichte und der traditionellen Methoden der Qur'āninterpretation mächtig sind. Für die Qur'ānwissenschaft gibt es vielfältige Methoden, die Tabātabāī in der Einführung seines Qur'ānkommentars vorstellt und zugleich darauf hinweist, dass der „anfängliche rege und dynamische Diskurs und die Entwicklung der Qur'ānwissenschaft nach einiger Zeit zur Stagnation gekommen war und sich nicht weiterentwickelt hat.“[32]

Eine Machtkritik in der islamischen Theologie kann direkt aus den Aussagen im Qur'ān selbst entwickelt werden, die sogar dem Propheten Muhammad die Befugnis absprechen, den Glauben den Menschen aufzudrängen (Sure 6,107; Sure 109,2-6). Ebenso wird im Qur'ān die Entscheidungs- und Handlungsfreiheit der Menschen akzentuiert, die zugleich eine Absage an jegliche Macht ist, die die Menschen unterdrückt und ihnen die Freiheit der Entscheidung verwehrt (Sure 18,29). Desgleichen können die Aussagen im Qur'ān begründen,

[32] Vgl. ALLĀME TABĀTABĀĪ, Tafsire al mizān (ausgewogene Interpretation), Teheran 1977, Bd.1, 1.

dass *nur* Gott als Instanz der Entscheidung über den Glauben und Unglauben anzuerkennen ist – ein Gott, der mit seiner Macht, Barmherzigkeit und Zuwendung entscheidet und führt. Die Verpflichtung zur Barmherzigkeit, die Gott sich selbst im Qur'ān vorschreibt (Sure 6,12), kann als eine unverkennbare Absage an eine Durchsetzung der Macht mit Hilfe von Gewalt verstanden werden, da Gott selbst in seiner Allmacht die Barmherzigkeit zu einer Instanz seiner Entscheidungen erklärt.

Der Vernunft als Instanz und Maßstab werden in den Interpretationen unterschiedliche Bedeutungen und Stellenwerte zugemessen. Während die überwiegend von der mu'tazalitischen Denkschule geprägten Kommentare die Vernunft über die Offenbarung stellen, gäbe es einen Konflikt zwischen Offenbarung und Vernunft, sind die Aš'ariten der Meinung, dass alle qur'ānischen Aussagen mit der Vernunft vereinbar sind; die Vernunft sei zu überprüfen, wenn zwischen ihr und der Offenbarung ein Konflikt bestehe. Da die Vernunft eine große Rolle in fast allen Interpretationen spielt, besteht eine Chance, neue Horizonte in der Qur'ānwissenschaft zu öffnen. Die Anwendung der wissenschaftlichen Methoden der Hermeneutik ist in diesem Prozess unentbehrlich.

Die historischen Aussagen sind nicht belanglos, sie vermitteln Prinzipien, die überzeitlich wertvoll und zu beachten sind. In den Gewaltversen im Qur'ān gibt es bedeutende Aspekte, die vor allem aktuell an Bedeutung gewinnen. So gehören zu den unbedingten Prinzipien, die im Kriegsfall zu beachten sind, beispielsweise die, dass unbeteiligte Menschen sowie die Natur und Umwelt nicht zu Schaden kommen dürfen. Die heutigen kriegerischen Auseinandersetzungen und Machtkämpfe mit ihren modernen Strategien und Waffensystemen verstoßen ständig gegen diese Prinzipien und werden von den jeweiligen politischen und wirtschaftlichen Lobbyisten je nach Interessenlage als notwendig für das Erreichen von Frieden, wirtschaftlichen oder religiösen Interessen erklärt. Eine weitere Aussage in den Gewaltversen besteht darin, dass Gott unsere menschlichen Unzulänglichkeiten kennt und uns ermutigt dagegen anzugehen. Ebenso zeigt er uns, wie wir Mäßigung und Besonnenheit ausüben sollen, vor allem wenn die Gefahr besteht, in unserer Macht maßlos und brutal zu werden.

Zu den „zwei kleineren Punkten" von Klaus von Stosch:

„Dass alle Religionen im Kern die gleiche Botschaft vermitteln" ist eine islamische Auffassung, die nicht die Vielfalt der Deutungen und Ausdrucksformen verleugnet. Je mehr ich mich mit der Theologie der anderen Religionen befasse, desto intensiver empfinde ich sie für meine islamische Theologie als eine Bereicherung, wenn sie auch in mancher Hinsicht „eine Störung der Selbstwahrnehmung" ist, wie Klaus von Stosch sie nennt. Die Theologie der Zukunft ist als ein Prozess zu sehen, in dem die Vertreter der jeweiligen Religionen einen dauerhaften und intensiven Diskurs innerreligiös und interreligiös benötigen, durch den eine erweiterte Kenntnis über den jeweils Anderen und damit auch ein besseres Miteinander erreicht werden kann. Jenseits des theologischen Diskurses kann auch der Konsens über die gemeinsamen ethischen Werte und Prinzipien uns befähigen, in notwendigen Situationen aus dem Glauben heraus gemeinsame Aktionen und Handlungen durchzuführen.

Auf die Frage „Hat der Mensch wirklich einen Hang zum Guten [...]" möchte ich hier nur kurz eingehen: Dieses Thema nimmt vor allem in der islamischen Philosophie einen umfassenden Raum ein und kann daher hier nicht der Bedeutung entsprechend behandelt werden. Es seien hier nur beispielhaft die Verse 4-5 in Sure 95 erwähnt: „Wir haben den Menschen in schönster Form erschaffen, dann haben Wir ihn in den niedrigsten der niedrigen Stände gebracht". Heißt es, dass Gott den Menschen erst in bester Form erschafft und ihn dann erniedrigt? Welche Möglichkeiten hat der Mensch in diesem Fall, sich dem Willen Gottes zu widersetzen? Oder ist mit diesem Vers gemeint, dass Gott den Menschen in bester Form erschaffen hat und der Mensch aufgrund seiner Entscheidungsfreiheit und Handlungen sich selbst erniedrigt? Trägt der Mensch die schlechten Eigenschaften in sich oder entstehen sie erst, wenn er ständig entgegen seiner natürlichen Veranlagung zum Guten das Schlechte tut? Auf die große Frage woher das Schlechte kommt, geben die muslimischen Philosophen vielfältige Antworten. Alle diese Fragen zu erfassen bedarf einer umfassenden Betrachtung der Auffassungen und ihre Begründung; sie ist ein Thema für ein umfangreiches Werk, das auch dialogisch werden kann!

II. Moderne Zugänge zur *Šarīʿa*

Tariq Ramadan

Šarīʿa und die Werte der Aufklärung –

Untersuchungen über das Verhältnis zwischen Islam und den emanzipatorischen Potenzialen der Moderne

Im Westen ist es weithin üblich geworden, die Werte und emanzipatorischen Potenziale der Aufklärung dem Islam und der *Šarīʿa* so gegenüberzustellen, als bestünde ein unüberbrückbarer Gegensatz zwischen ihnen und als sei die Aufklärung allein eine Sache des Westens. Diese Sichtweise ist gleich doppelt falsch. Einerseits besteht keineswegs ein allgemeiner Gegensatz zwischen *Šarīʿa* und Aufklärung, und andererseits ist die Aufklärung nicht nur ein Projekt des Westens.

Statt pauschaler Verdächtigungen brauchen wir dringend eine Debatte über unsere Werte. Die Frage muss lauten: Welche Werte hat der Islam, welche Werte hat der Westen und können wir sie teilen? Wir brauchen an dieser Stelle eine kritische Diskussion und hierzu leisten Universitäten einen entscheidenden Beitrag. Universitäten müssen ein Ort sein, an dem die Fähigkeit zum kritischen Denken gefördert wird, Universitäten müssen einen kritischen Gegenpol bilden zu den Medien und sich nicht von ihnen regieren lassen. Und Universitäten fördern die Fähigkeit, zu erkennen, dass viele Zusammenhänge weitaus komplexer sind, als wir denken. Als solche bildet die universitäre Ausbildung die Voraussetzung dafür, dass wir erkennen können, dass wir gemeinsame Werte haben und sogar verpflichtet sind, diese zu teilen. Verantwortungsbewusstsein zeigt sich hier gerade darin, dass wir um gemeinsame Werte ringen, statt dem anderen die eigenen Werte abzusprechen.

Die hier zu führende Debatte kann und darf keine reine Debatte über die Vergangenheit bleiben. Vielmehr geht es darum, Vergangenheit, Gegenwart und Zukunft zusammenzusehen, und es geht um zentrale Werte für uns alle. Bevor ich diese Werte inhaltlich näher bestimme, möchte ich einige Vorbemerkungen zur Themenstellung meines Beitrags machen. Wenn wir über *Šarīʿa* und Aufklärung reden, müssen wir uns zunächst einmal über die Bedeutung der hier gewählten Begriffe verständigen. Ohne gemeinsame Definitionen dieser Begriffe ist es aussichtslos, ihr Verhältnis bestimmen zu wollen. Das Problem besteht hierbei darin, dass selbst unter Muslimen gar keine einheitliche Definition von *Šarīʿa* existiert, sondern es viele Definitionen und Deutungen gibt. Auch auf der Seite der westlichen Gesellschaften besteht ein sehr diffuses Bild von *Šarīʿa*. Konsens besteht im Westen allenfalls darüber, dass *Šarīʿa* etwas Schlechtes ist, etwas, das mit Strafen und allem möglichen Bösen zu tun hat.

In Großbritannien gab es eine heftige Diskussion über den Vorschlag des Erzbischofs von Canterbury, *Rowan Williams*, Teile der *Šarīʿa* in das britische Recht zu integrieren. Ein öffentlicher Aufschrei der Empörung war die Folge. Die Leute hörten gar nicht zu, was er eigentlich sagen wollte, sondern bekamen einen riesigen Schrecken, weil sie fürchteten, dass all die Grausamkeiten, die sie mit der *Šarīʿa* assoziierten, auf einmal in Großbritannien Einzug halten würden. *Šarīʿa* wird im Westen offenkundig weithin mit Bestrafung und Restriktion gleichgesetzt – eine Bedeutungsverengung, der Muslime unmöglich zustimmen können und die es so schwer macht, gemeinsam über *Šarīʿa* zu reden.

An dieser Stelle gilt es den Muslimen erst einmal den Respekt zu zollen, dass man ihnen die Deutungshoheit über ihre eigenen theologischen Fachtermini zugesteht. Will man in ein produktives Gespräch über *Šarīʿa* und Aufklärung eintreten, kann und muss man also die Bereitschaft erwarten, die eigenen verengten Sichtweisen weiten zu lassen, damit man sich auf gemeinsame Begriffsinhalte verständigen kann.

Hier – wie bei jedem Studium und jeder Wissenserweiterung – ist also zunächst einmal intellektuelle Demut erforderlich. Demut gibt es nicht nur in der Kirche, der Moschee oder Synagoge, sondern auch in der Universität. Intellektuelle Demut heißt, den Leuten zuzuhören, was sie zu sagen haben und wie sie die Dinge definieren. Und von daher muss man auch den Muslimen zugestehen, dass sie selbst erklären, was sie mit *Šarīʿa* meinen und wie sie diese *Šarīʿa* mit der Aufklärung in Verbindung bringen.

Im Übrigen ist es nicht richtig, die Aufklärung nur mit dem Westen in Verbindung zu bringen. So irrte sich auch Papst *Benedikt XVI.*, wenn er sagte, die Wurzeln Europas, die wir manchmal mit der Aufklärung in Verbindung bringen, seien griechisch und christlich. Jeder, der dies behauptet, verkürzt die Vergangenheit – vielleicht aus dem Grund, weil er oder sie Angst vor der Gegenwart hat. Wenn man sich seiner eigenen Identität unsicher ist und mit Menschen in Berührung kommt, die man nicht kennt, sucht man Halt in seinen eigenen Wurzeln und identifiziert sich mit ihnen. Aber Aufklärung ist nicht nur ein Produkt der westlichen Zivilisation, sondern ein Produkt vieler verschiedener Wurzeln, unter ihnen die jüdische, die muslimische, die griechische, römische Tradition und viele andere. Diese Wurzeln müssen *alle* integriert werden.

Ich möchte noch eine weitere kurze Vorbemerkung machen, die mir wichtig ist. Wenn ich einen Menschen verstehen will, muss ich genau hinsehen. Ich darf vor allem nicht mit meiner Definition von ‚liberal' und ‚frei' zu anderen Menschen gehen und sie ihnen aufzwängen wollen. Denn dann verhalte ich mich genau entgegengesetzt zu dem, was ich zu sein behaupte: Ich bin dann keineswegs liberal und ich akzeptiere auch in keiner Weise die Freiheit des Anderen. Wenn meine Definition von Freiheit beansprucht, die einzig richtige zu sein, dann ist sie widersprüchlich. Denn so lasse ich dem Anderen gerade nicht die Freiheit, ein eigenes Konzept von Freiheit zu entwickeln. Die im Westen entwickelte Philosophie der Freiheit ist eben nicht die einzige Herangehensweise an dieses Phänomen und die liberalen Gesellschaftsordnungen des Westens sind nicht die einzige Zugangsweise zur Liberalität. Diese Einsichten sollen keine Kampfansagen an westliche Perspektiven auf Liberalität und Freiheit sein. Aber ihre Berücksichtigung ist der Schlüssel dafür, um unsere gemeinsame Verantwortung für die Gestaltung der Zukunft wahrnehmen zu können.

Nach diesen Vorbemerkungen will ich zunächst einmal näher umreißen, was mit *Šarī'a* gemeint ist. Wie bereits erwähnt, gibt es in Bezug auf das Konzept der *Šarī'a* viele Definitionen. Die eigentliche Bedeutung von *Šarī'a* ist „Weg zur Quelle bzw. Weg zum Glauben". Nach muslimischer Überzeugung hat Gott jeder religiösen Gemeinschaft und jedem Propheten in der Geschichte eine bestimmte Art zu leben und bestimmte Prinzipien gegeben. *Šarī'a* heißt in diesem Sinn also, dass Gott einen Weg aufgezeigt hat, gläubig zu sein und gläubig zu handeln. Es gibt auch eine christliche *Šarī'a*, die beinhaltet, dass Christen Jesus nachfolgen und an Gott glauben sollen. Das Gleiche gilt für die Juden und ebenso für die Muslime, die glauben, dass Muhammad der letzte Prophet ist.

Šarī'a bedeutet also in keiner Weise nur Bestrafung und wer dies behauptet, verzerrt die Wirklichkeit. *Šarī'a* meint etwas tiefer Liegendes und kann nicht einfach auf Strafregelungen reduziert werden. In meinem Buch „Westliche Muslime und die Zukunft des Islam"[1] ist ein Kapitel der *Šarī'a* gewidmet, und es werden genau diese verschiedenen Definitionen und schließlich das Konzept vorgestellt, dass die *Šarī'a* der Weg zum Glauben ist, auf dem man Regeln und Prinzipien braucht. Wenn man allerdings vergisst, dass die *Šarī'a* ein *Weg* ist, dann könnte man dem Irrtum aufsitzen, dass der einzige Weg zu glauben derjenige ist, das Gesetz zu befolgen. Natürlich muss das Gesetz befolgt werden, aber immer unter der Bedingung, dass das Ziel, das erreicht werden soll, verstanden wird. Wenn nämlich das Gesetz einfach wörtlich umgesetzt wird, kann es zu einer Diskrepanz zwischen der wörtlichen Umsetzung und den eigentlichen Zielen des Gesetzes kommen; die Ziele werden dann letztlich verfehlt.

Auch *Umar ibn al-Ḫattāb* hielt nicht an einer wörtlichen Auslegung des Gesetzes fest, sondern hielt sich zuerst das Ziel vor Augen, dem alle Gesetze dienen sollen: Der Gerechtigkeit. Wenn diese nicht erreicht wird, kann das

---

1 TARIQ RAMADAN, Western Muslims and the future of Islam, Oxford 2005.

Gesetz gar nicht richtig befolgt werden. Also setzte Umar das Gesetz im Namen des „Weges" außer Kraft. Das richtige Verständnis des Gesetzes geschieht also immer im Licht des „Weges". Wer sich an die wörtliche Auslegung des Gesetzes klammert, läuft Gefahr, die wirkliche Bedeutung des Gesetzes zu verraten und so den Geist der Botschaft, in der es immer um Liebe geht, um Freiheit und Gerechtigkeit.

Ich hoffe meine Ausführungen haben ein wenig verdeutlichen können, dass das Konzept der *Šarīʿa* wirklich ein komplexes ist. Die Definition, die manchmal von einigen muslimischen Gelehrten und von Orientalisten vorgetragen wird, die *Šarīʿa* sei identisch mit dem, was wir Recht (*Fiqh*) nennen und dieses käme von Gott, halte ich für sehr problematisch, wenn nicht berücksichtigt wird, dass islamisches Recht immer im Kontext des „Weges" gedacht werden muss.

Sehr früh haben dies auch schon *al Ǧunainī* im 11. Jh. und sein Schüler *abu Hamid al Ġazālī* im 12. Jh. getan und den Fokus auf die Ziele gerichtet, die hinter dem Gesetz stehen. Ihr Konzept war das des *Maqāṣid as-Šarīʿa* (Die Ziele der *Šarīʿa*) und konzentrierte sich auf die Ziele bzw. Prinzipien der *Šarīʿa*, die dann automatisch zu den Einzelgesetzen führten. An erster Stelle standen also die Ziele und diese müssen immer im Zusammenhang des jeweiligen Kontexts gesehen werden. Der Kontext muss in das Verständnis des Gesetzes integriert und mitberücksichtigt werden. Die angesprochenen Gelehrten versuchten die Hauptziele aus dem Qur'ān herauszufiltern. Das Ergebnis, die fünf Hauptprinzipien der *Šarīʿa*, sind auf der ganzen Welt bekannt geworden. Al Qarāī fügte auch noch ein sechstes hinzu. Welche sind nun genau diese fünf bzw. sechs Prinzipien?

Das erste Prinzip ist die Religion, *dīn*, die unbedingt geschützt werden muss, genauer alles aus Qur'ān und Sunna. Das zweite Prinzip ist die Person, *Nafs*, also die eigene Persönlichkeit bzw. persönliche Integrität. Das dritte Prinzip ist der Intellekt, *'Aql*, der von Seiten des Qur'ān geschützt und respektiert wird. Vor diesem Hintergrund ist auch das qur'ānische Alkoholverbot zu verstehen. Denn wenn man betrunken ist, verliert man sich selbst, den eigenen Verstand und zeigt so gegenüber seinem eigenen Dasein keinen Respekt. Das vierte Prinzip beinhaltet den Schutz der Familie und der Beziehung und das fünfte die Güter, *Māl*, die einem zur Verfügung stehen. Al Qarāī fügte nun noch *Arḍ* hinzu, das übersetzt so viel wie „Würde" meint. Es ist ein sehr wichtiges Prinzip, denn alles im Islam hat das Ziel, die Würde zu schützen.

Die Gelehrten stützten sich in ihrer Diskussion nicht auf Aussagen, die eindeutig so im Qur'ān zu finden sind, sondern sie gingen darüber hinaus und bildeten aufgrund rationaler Überlegungen eine Art Rahmen. Dieser Rahmen bewahrte sie davor, die Ziele zu vergessen, die hinter den Gesetzen stehen. Die *Šarīʿa* ist nicht einfach der Wortlaut des Qur'ān, sondern sie berücksichtigt immer die Ziele der Gesetzgebung. Würde sie dies nicht tun, dann bestünde die Gefahr, dem falschen Weg zu folgen und nicht zur Quelle zu gelangen. Bei diesem komplizierten Konzept muss den Erklärungen der muslimischen Gelehrten in der Geschichte große Aufmerksamkeit entgegen gebracht werden. Aus diesen sechs Hauptprinzipien, die ich zuvor vorgestellt habe, lassen sich wichtige Werte wie Freiheit, Gleichheit und die Unantastbarkeit der Menschenwürde ableiten. Wir sehen also schon hier, wie grundlegende Werte der Aufklärung aus den Grundprinzipien der *Šarīʿa* abgeleitet werden können und mit diesen konvergieren.

Es gibt noch einen weiteren wichtigen Einschnitt. Im 14. Jh. lebte ein europäischer muslimischer Gelehrter, *aš-Šatb* – und diesen Namen sollten alle Europäer kennen, nicht nur Kant, Descartes und Nietzsche! –, der wie viele große Gelehrte mit seinen Gedanken die europäische Geschichte stark beeinflusste. Er machte in synthetischer Weise deutlich, wie die soeben erläuterten Ziele der *Šarīʿa* genauerhin gedacht werden können. Er hat der damaligen Diskussion zwischen Juden und Christen wichtige Impulse gegeben und zudem ein vierbändiges, sehr bedeutendes Werk *al muwāfiqāt* (die Übereinstimmungen) geschrieben. Hiermit hat er entschieden dazu beigetragen, dass sich unter Muslimen das Verständnis durchsetzen konnte, dass das Zentrum des richtigen Verstehens der *Šarīʿa* die Einsicht in ihre Ziele ist, also die Frage, um welche Ziele es geht, damit aus ihnen dann Werte abgeleitet werden können. Diese Werte kommen im Grunde aus einem dialektischen Prozess zwischen dem Text, dem Kontext und meinem Verstand. Ich bin mir als Leser bewusst, dass der Qur'ān in einen bestimmten Kontext hinein offenbart wurde. Wenn ich nach den Zielen, den dahinter stehenden Werten bzw. Prinzipien suche, kann ich diese auf meinen heutigen Kontext übertragen. So entsteht eine Art doppelt-dialektischer Prozess. Ausgehend von Qur'ān und Sunna ist die *Šarīʿa* wirklich ein komplexer Vorgang, der keineswegs nur darin besteht, einfach den Qur'ān zu zitieren, sondern die *Šarīʿa* basiert auf dem Verstand jedes Muslim.

Ich betone dies so nachdrücklich, weil muslimische Gelehrte wie al Ġazālī dem europäischen Denken auch wichtige Impulse gegeben haben und auch Schritte in Richtung Aufklärung gegangen sind. Hierzu werde ich später noch ausführlicher kommen. Zunächst möchte ich einen beliebten Irrtum entlarven, und zwar die Vorstellung, dass die *Šarīʿa* dasjenige ist, das von Gott kommt, während die Aufklärung vom Menschen stammt. Diese Einschätzung ist schlichtweg falsch! Es ist meines Erachtens befremdlich, dass im Mittelalter von Seiten des Westens mit Bewunderung auf die kulturell reiche muslimische Welt mit ihren gelehrten Juristen und Philosophen gesehen wurde, heutzutage aber so getan wird, als wäre dies alles Nichts gewesen, ein dunkles Loch voll Nichts. Dies ist kein seriöser Umgang mit Geschichte und Tradition.

Nach diesen Überlegungen zur *Šarīʿa* möchte ich nun zur Aufklärung kommen. Sie ist aus einer sehr speziellen Situation heraus entstanden. Es gab Spannungen zwischen der Kirche und dem Staat, der Kirche und den Wissenschaften, der Kirche und der Philosophie, der Kirche und dem rationalen Denken. Nach Jahrhunderten der aufgezwungenen hierarchischen Herrschaft der Kirche ist die Aufklärung der Prozess der Befreiung bzw. Emanzipation von jeder Art aufgezwungener Wahrheit zugunsten der Fähigkeit der Vernunft, sich der Wahrheit eigenständig zu nähern. Das Wichtige an diesem Emanzipationsprozess ist das Bestreben, allgemein gültige Werte aus der Vernunft zu bestimmen. Die Werte sind aus dem Grund allgemein gültig, weil jeder Mensch sie aus seiner eigenen Vernunft ableiten kann. Der Prozess der Säkularisierung ist dann derjenige, an dem diese Trennung klar ersichtlich wird.

Die Philosophen der Aufklärung, wie *Kant* und *Hume*, betonten genau diesen Aspekt, dass allen Menschen die Vernunft gemein ist und wir aus ihr Werte und Normen ableiten können. Was ich über die *Šarīʿa* und das Bestimmen von Werten anhand der kritischen Vernunft gesagt habe, lässt im Vergleich zur Aufklärung aufhorchen. Warum nur werden diese beiden Traditionen in der Geschichte heute voneinander entkoppelt? Sehen wir uns *Descartes* an, der mit seinem radikalen Zweifel alles in Frage stellte und der so herausfand, dass er als denkender und als zweifelnder Mensch *ist* (*cogito, ergo sum*).[2] Heute wissen wir, dass Descartes das Werk von al Ġazālī, *al munqas min ad-dallal* (Die Defizite in den Beweisen) aus dem 12. Jh., gelesen hat. Al Ġazālī sagt genau das Gleiche wie Descartes. Der große Gelehrte al Ġazālī, der wie bereits ausgeführt, in puncto *Šarīʿa* viel bewegt hat, war am Ende seines Lebens der Philosophie überdrüssig und wandte sich der Mystik zu. Aber an einem Punkt in seinem Leben integrierte er den Begriff des Zweifels in seine Vorstellung von einer Beziehung zu Gott. Für ihn war der Zweifel als ein Teil des Prozesses, Gott näher zu kommen, durchaus denkbar. An dieser wie an vielen anderen Stellen zeigt sich, dass der Islam keinen unüberbrückbaren Gegensatz zwischen Glaube und Vernunft sieht und sich durchaus positiv zu wichtigen Einsichten der Aufklärung stellt, ja ihnen an einigen Stellen sogar ideengeschichtlich Pate steht.

Wenn man die Geschichte genauer untersucht, versteht man, dass die Wurzeln der Aufklärung unterschiedlich sind. All diejenigen, die immer noch der Meinung sind, dass die Aufklärung nur ein Produkt des westlichen Intellekts ist, sollten beim genaueren Betrachten der Tatsachen erkennen, dass alle anderen Einflüsse neben den christlichen, wie die jüdischen, griechischen und mus-

---

[2] Vgl. René Descartes, Meditationes de prima philosophia– Meditationen über die Grundlagen der Philosophie, Hamburg [2]1977 (PhB 250a), II, 3; vgl. Ders., Discours de la méthode pour bien conduire sa raison, et chercher la vérité dans les sciences – Von der Methode des richtigen Vernunftgebrauchs und der wissenschaftlichen Forschung, Hamburg 1990 (PhB 261), IV, 1.

limischen, auch Teil des gesamten Verstehensprozesses sind. An dieser Stelle möchte ich kurz erwähnen, dass der *Aristoteles,* den man im Mittelalter las, nicht der „reine" Aristoteles war, sondern die östliche Version des Aristoteles. Wenn über die Leistung der Araber und Muslime gesagt wird, es sei doch „nur" Übersetzung gewesen, so ist dies falsch. Sie haben vielmehr selbst Philosophie geschrieben!

Aber mir geht es nicht um die Aufrechnung unterschiedlicher Einflüsse auf die Aufklärung. Worauf ich hinaus will, ist, dass wir unterschiedliche Wurzeln haben, die aber alle zu demselben Ort führen: Den universalen Werten. Auf diese universalen Werte kann niemand ein Monopol beanspruchen; wer dies versucht, denkt dogmatisch und ist nicht an der Realität orientiert. Die Realität sieht nämlich so aus, dass es nicht nur meine Wahrheit gibt, sondern auch andere Wahrheiten. Ich muss mich hier positionieren können: Einerseits muss ich meine eigene Wahrheit beanspruchen dürfen, andererseits die der anderen respektieren.[3] Wenn ich andere akzeptiere, ist das kein Anzeichen dafür, dass ich meine Wahrheit anzweifle. Der Punkt ist: Wir haben gemeinsame Werte, die wir teilen.[4] Insbesondere haben wir eine Verantwortung gegenüber der Natur: Die Welt, die Schöpfung wird durch uns zerstört. In der christlichen Tradition gibt es genau wie in der islamischen einen sehr starken Impetus, die Schöpfung zu lieben und zu achten; genauso gibt es den Aufruf, gegen Armut, Ungerechtigkeit und Gewalt zu kämpfen.

Aber immer wieder gibt es Rückschläge und die Umsetzung unserer gemeinsamen Werte gerät ins Wanken, eine beunruhigende und beängstigende Situation. Deshalb müssen wir miteinander über unsere Werte und unser Zusammenleben reden. Auch wenn unsere gemeinsamen Werte unterschiedlicher Herkunft sind, so bleiben es doch gemeinsame Werte!

Ich bin also der Ansicht, dass die wesentlichen Werte der *Šarī'a* und der Aufklärung miteinander übereinstimmen und aus denselben Wurzeln stammen. Mein Leben findet hier in Europa statt, ich bin ein „Westler" und genau wie alle anderen europäischen Mitbewohner bin ich ein Kind der Aufklärung. Es käme mir von daher nie in den Sinn, einen grundsätzlichen Unterschied zwischen den Werten *Šarī'a* und den Werten der Aufklärung anzunehmen. Dennoch gibt es hier einen beachtenswerten Unterschied. Dieser liegt aber nicht in ihren Inhalten, sondern in der Prioritätensetzung, die wir innerhalb der Werte vornehmen.

Werte hängen immer mit einem System zusammen, das die Werte in eine Ordnung bringt. Es kann also sein, dass wir dieselben Werte, aber ein unter-

---

3 Vgl. auch TARIQ RAMADAN, Quest for Meaning: Developing A Philosophy of Pluralism synopsis, London 2010.

4 Eine Synthese der islamischen Ethik habe ich in meinem Buch *Radikale Reform,* München 2009, versucht.

schiedliches System haben; dann haben wir auch unterschiedliche Prioritäten innerhalb unseres Wertesystems. Es könnte z.B. jemand in dieser Gesellschaft, der sich in den Fußstapfen Kants, Rousseaus oder Marx' sieht, seine Wertepriorität auf die Gerechtigkeit legen. Wir werden ihm alle zustimmen, dass Gerechtigkeit essentiell ist. Aber manchmal wird von christlicher Seite gesagt, dass Gerechtigkeit wichtig ist, aber Liebe noch wichtiger, weil sie der einzige Weg zu Gott ist und dazu, sich zu befreien. Denn, so könnte die Argumentation weiter gehen, wenn Du völlig eingenommen bist von Gerechtigkeit, könntest Du die Liebe vergessen. Umgekehrt kann die Liebe sogar über die Gerechtigkeit hinausgehen. In der islamischen Tradition finden sich ähnliche Aussagen. So sagt der Qur'ān, dass Gerechtigkeit wichtig ist, aber Liebe niemals vergessen werden darf.

An dieser Stelle möchte ich kurz auf das eingehen, was ich Papst Benedikt XVI. geantwortet habe, als er sich so kritisch über den Islam geäußert hat[5]. Meine Antwort lautete: Es kann sein, dass Europa wirklich keinen Dialog und keine Diskussion mit anderen Kulturen und Zivilisationen braucht, sondern zuerst mit sich selbst anfangen sollte, mit einer internen Diskussion über seine Identität, über seine Geschichte, über seine Werte.

Erstaunlicherweise fühle ich mich manchmal als Muslim europäischen Christen sehr nah, manchmal europäischen Juden, manchmal verschiedenen Philosophien oder dem Buddhismus, manchmal auch Atheisten. Für mich ist das Gespräch mit anderen über unsere Werte und die Prioritäten innerhalb unseres Wertesystems sehr wichtig. Z.B. ist für mich nicht nur Gerechtigkeit ausschlaggebend, sondern vor allem die Gerechtigkeit mit mir selbst, die die Befreiung von meinem eigenen Ich impliziert. Das ist für mich *das* Lebensthema; denn mein größtes Gefängnis bin ich selbst. Vielleicht mögen einige dies für eine mystische Einstellung halten. Sehr beeindruckt hat mich ein Gespräch mit dem ehemaligen Präsidenten des Roten Kreuzes zum Thema Gerechtigkeit. Er sagte damals zu mir: „Gerechtigkeit ist wichtig, aber vergiss eine Sache nie: Vergebung." Wie Recht er hat! Ohne Vergebung können wir nie an unser Ziel kommen. Wenn man sich die Ereignisse in Ruanda, in Südafrika, in Palästina ansieht, wird deutlich: Ohne gegenseitiges Vergeben geht es nicht. Oder im Fall Deutschlands und seiner Rolle im Zweiten Weltkrieg sieht man meines Erachtens, dass es nicht darum gehen kann, zu strafen und Opfer zu produzieren, sondern anhand unserer Geschichte und der Ereignisse festzustellen, dass wir gemeinsame Werte haben, gegen die nicht noch einmal in diesem Maße verstoßen werden darf. Bei der Aufklärung geht es nicht nur um Rationalität, sondern auch um diese Dinge!

---

[5] Vgl. BENEDIKT XVI., Glaube und Vernunft. Die Regensburger Vorlesung. Komm. von Gesine Schwan, Freiburg 2006.

Die Diskussion über Werte und Ethik muss eine öffentliche werden, davon bin ich wirklich überzeugt. Denn in ethischen Diskussionen geht es auch um mein persönliches Lebenskonzept, das durch die Entscheidungen der Gesellschaft mitbestimmt wird. Also muss ich mich an diesen Diskussionen auch aktiv beteiligen. In der Diskussion wird sich herausstellen, dass wir unterschiedliche Ansichten vertreten und auch die Grenzen unterschiedlich bestimmen. Aber die Hauptsache ist, dass die Debatte überhaupt erst eröffnet wird, sonst werden die Unterschiede auch nie offen zutage treten.

Der letzte Punkt, den ich ansprechen möchte, ist unser Verhältnis zur Verantwortung. Wenn man über Werte und über Rechte spricht, geht es auch um Verantwortung. Ich selbst habe ein Problem an dieser Stelle. Meine Kultur ist die europäische, meine Religion der Islam. Ich finde auch in der buddhistischen, in der jüdischen und der christlichen Tradition Werte, die ich teile und die wir als Beitrag zu unserer gemeinsamen Kultur teilen müssen. Mit der ewigen Diskussion darüber, dass Muslime angeblich die europäischen Werte in ihre Kultur integrieren sollen, habe ich abgeschlossen. Ich spreche nicht über Integration und Anpassung des Islam an Europa und das Projekt Aufklärung. Vielmehr geht es mir um den Beitrag und die Verantwortung des Islam hierfür.

Für mich steht im Zentrum, was jemand beiträgt und nicht der ständige Zwang, sich zu integrieren. Ich frage mich in der Tat: Warum wird von mir verlangt, mich zu integrieren, und was soll ich integrieren? Ich *bin* integriert, ich bin Europäer so wie alle anderen Europäer. Ich spreche Englisch, eine europäische Sprache wie auch Deutsch eine ist. Für mich ist vielmehr der Punkt, was wir zu unserer Gesellschaft beitragen, was wir an sie weitergeben. Deshalb ist es bei den Werten der Aufklärung auch unerlässlich, dass sie mit einem Sinn für Verantwortung einhergehen. Dies nenne ich staatsbürgerliche Ethik. Die ganze Diskussion um Werte hat keinen Sinn, wenn wir nicht zur praktischen Dimension der Ethik und der Werte übergehen. Egal ob Christen, Muslime, Juden, Atheisten oder Agnostiker, wir alle sind Europäer, wir sprechen über Menschenrechte und über unsere Werte.

Ich möchte abschließend noch einen Punkt problematisieren, der mir für das Verhältnis der Muslime zu den Werten der Aufklärung wichtig zu sein scheint. Die Art und Weise, wie wir in Europa Immigranten im Grunde wie Verbrecher behandeln, scheint mir ein besonders erschreckendes Beispiel dafür zu sein, wie wir praktisch mit unseren angeblichen Werten umgehen. Wenn wir uns nicht auch dazu verpflichten, sie in unserer Gesellschaft umzusetzen, drohen die Werte der Aufklärung sinnlos zu werden. Was ist mit all den Menschen, die auf Booten wieder nach Hause geschickt und getötet werden? Was ist das? Ist das Aufklärung? Ist das Christentum, Islam, Judentum oder irgendetwas anderes? Nein! Dies ist der pure Verrat an jedem Wert, den wir zu verteidigen suchen.

Von daher kann es nur darum gehen, aus der Inspiration der verschiedenen religiösen Traditionen und in Treue zu den grundlegenden Werten der Aufklärung zusammenzuarbeiten. Statt völlig zu Unrecht unvereinbare Unterschiede zwischen den Werten der *Šarīʿa* und den Werten der Aufklärung zu behaupten, sollten wir in unserer eigenen, unbeständigen Existenz intellektuell demütig werden und zusammenarbeiten im Namen der Dinge, die wir teilen. Dies würde Europa und der Welt viel mehr nützen, als wenn wir unsere Zeit mit oberflächlichen Streitereien verschwenden.

Aus dem Englischen übersetzt von Anna-Maria Fischer

Replik

Der Text von *Tariq Ramadan* macht in eindrucksvoller Weise deutlich, dass die Werte der *Šarīʿa* und die Werte der Aufklärung weder historisch noch systematisch disparat nebeneinander stehen oder einander entgegengesetzt sind. Vielmehr ist das muslimische Denken historisch gesehen eine der wichtigen Quellen der Denktradition, die im Westen zur Aufklärung geführt hat.[6] Zugleich gilt systematisch, dass die Prinzipien der *Šarīʿa* in hohem Maße mit den Werten der Aufklärung konvergieren. Besonders spannend ist dabei die von Ramadan zu Recht betonte Einsicht, dass die *Šarīʿa* nicht einfach vom Himmel gefallen ist, sondern die Anstrengung menschlicher Vernunft braucht. Denn erst wenn ich die Ziele der *Šarīʿa* erkenne, kann ich aus den Weisungen des Qur'ān Hinweise für meine gegenwärtige Lebensgestaltung gewinnen. Von daher ist die *Šarīʿa* genauso wie die Aufklärung auch Leistung autonomer philosophischer Vernunft. Interessant wäre es in diesem Zusammenhang auch umgekehrt zu fragen, ob dann auch die Aufklärung nicht nur Leistung autonomer Vernunft, sondern auch Resultat göttlicher Offenbarung ist – gewissermaßen der Offenbarung, die in allem Geschöpflichen enthalten ist.

Allerdings wirft diese positive Zuordnung der Werte von *Šarīʿa* und Aufklärung die Frage nach dem Proprium muslimischer Identität auf. Was an den Werten und Prinzipien der *Šarīʿa* ist der Besonderheit der muslimischen Offenbarung geschuldet? An welcher Stelle helfen mir die Weisungen des Qur'ān und der *Šarīʿa* weiter als die Werte der Aufklärung? Nur im religiösen Bereich? Oder auch im Blick auf das zwischenmenschliche Zusammenleben und die Ethik?

Die von Ramadan zitierten Prinzipien der *Šarīʿa* scheinen mir sehr unspezifisch zu sein und dürften von fast allen Menschen sofort akzeptiert werden.

---

[6] Schon im Blick auf die muslimische Aristotelesrezeption muss man dieser Analyse Ramadans zustimmen, auch wenn er an einigen Stellen ein wenig übertreibt. Ob man beispielsweise den methodischen Zweifel eines René Descartes wirklich schon in der Würdigung des doch wohl eher existenziellen Zweifels bei al Ġazālī sehen darf, bin ich unsicher.

Was ist dann aber noch das Besondere an ihnen? Und warum sollte Gott sie uns offenbaren? Wird hier die Offenbarung nicht wie bei *Lessing* auf eine rein katalysatorische Funktion zurückgedrängt? Kann man diese Prinzipien nur aus dem Qur'ān deduzieren oder liegen sie nicht eigentlich jeder großen Kultur und Religion zugrunde? Wie kann ich sicher sein, dass ich nicht meine Werte in die Ursprungszeit des Qur'ān hinein projiziere, wenn ich nach den Zielen suche, die dem mir vorliegenden Text zugrundeliegen?

Ramadans Antwort scheint hier im Unterschied der Prioritätensetzung zu liegen, den er in der *Šarī'a* und in anderen Handlungsanleitungen sieht. Offenbar sieht er hier auch grundlegende Unterschiede zwischen einer säkularen Ethik und der Ethik des Islam. Seine Beispiele der Liebe und Vergebung als Korrektive zur Gerechtigkeit deuten dabei in eine Richtung, die eine hohe Konvergenz mit dem Christentum aufweist. Hier würde mich interessieren, an welchen Stellen er Differenzen markieren würde. Gibt es eine spezifisch muslimische Form der Prioritätensetzung der Grundwerte unserer Zivilisation? Und wenn ja, worin besteht diese, wie unterscheidet sie sich von der christlichen und säkularen und wie kann man sie begründen?

Duplik *(von Mouhanad Khorchide)*

Ramadan erwähnt sechs Ziele als die höchsten der islamischen *Šarī'a* und kommt zu dem Schluss, dass sich daraus wichtige Werte „wie Freiheit, Gleichheit und die Unantastbarkeit der Menschenwürde" ableiten lassen. Er resümiert dann, dass „grundlegende Werte der Aufklärung aus den Grundprinzipien der *Šarī'a* abgeleitet werden können". Liest man allerdings bei *al Ǧuwainī* nach, wie er zu den Zielen kam, auf die sich Ramadan bezieht, dann erkennt man, dass er sie nicht mit der Vernunft begründete. Er suchte im Qur'ān und in der prophetischen Tradition nach Dingen, deren Schutz ein Ziel der islamischen Lehre war, und deren Verletzung im Falle einer Übertretung rechtliche Konsequenzen (körperliche Strafen) nach sich ziehen würde. Durch Induktion kam er auf fünf Verbote, aus denen er fünf Dinge ableitete, die die islamische Lehre schützen sollte. Aus dem Verbot des Religionswechsels leitete er den Schutz der Religion ab, aus dem Verbot des Tötens (eines Muslims) den Schutz des Lebens, aus dem Alkoholverbot den Schutz des Verstandes, aus dem Verbot des Stehlens den Schutz des Eigentums, und aus dem Unzuchtverbot leitete er den Schutz der Familie ab. Die allgemeinen Ziele der islamischen Lehre sind demnach der Schutz dieser fünf Dinge.

Diese Vorgehensweise ist sehr juristisch, und al Ǧuwainīs Überlegungen waren sehr einfach. Denn er vertrat die These, dass Gott den Schutz dieser Dinge wolle und deshalb bei deren Übertretung Körperstrafen anordnete. Und weil in der *Šarīʿa* Körperstrafen nur für die Verletzung dieser Dinge vorgesehen sind, stelle deren Schutz die höchsten Ziele der *Šarīʿa* dar. Hält man sich diesen Hintergrund vor Augen, dann kann man keineswegs der Ansicht zustimmen, dass sich daraus Werte wie Freiheit und Gleichheit ableiten lassen. Al Ǧuwainī betrachtete zum Beispiel, ausgehend von der Todesstrafe für den Abfall vom Islam, den Schutz der Religion als oberstes Ziel der *Šarīʿa*.

Ich habe deshalb mitunter den Eindruck, dass muslimische Reformer Werte der Aufklärung nehmen und dann krampfhaft zu zeigen versuchen, dass diese in der islamischen *Šarīʿa* ohnehin schon vorhanden sind. Auch Ramadan scheint diesen Weg zu gehen. Konstruktiver wäre es, nach der Rolle der Vernunft als Quelle religiöser Normen zu fragen und auf diese Weise eine Versöhnung zwischen Vernunft und Offenbarung herbeizuführen. Müssen Muslime für jeden Wert der Aufklärung einen qur'ānischen Vers finden, um die Vereinbarkeit des Islam mit der Aufklärung zu beweisen? In dieser Frage betrachte ich den muʿtazilitischen Glauben an die Vernunft als eigenständige Instanz, die in der Lage ist, zu bestimmen, was gut und was schlecht ist, als viel hilfreicher, als den juristischen Weg der *fiqh*-Gelehrten (Gelehrte der islamischen Jurisprudenz). Schon der verkrampfte Versuch muslimischer Reformer, moderne Werte qur'ānisch zu begründen, ist ein „unbeabsichtigtes" Eingeständnis in die Rolle der Vernunft als selbstständige Quelle für moderne Werte.

Das Problem besteht meines Erachtens darin, dass man Offenbarung und Vernunft gegeneinander ausspielt und daher bemüht ist, zu beweisen, dass das, was die Vernunft sagt, auch die Offenbarung schon vorher gesagt haben muss. *Ibn Rušd* vertrat die Ansicht, dass die Wahrheit (er meinte damit die Vernunft) der Wahrheit (er meinte damit die Offenbarung) nicht widersprechen kann. Vernunft und Offenbarung – beide nannte er Wahrheit. Beide schöpfen aus derselben Quelle – Gott – und daher können sie sich gar nicht widersprechen. Man kann das auch zuspitzen und sagen, auch die Vernunft ist ein Medium der Offenbarung. Der Qur'ān ist nach muslimischem Glauben zwar das letzte Wort Gottes, Gott offenbart sich aber weiterhin durch die menschliche Vernunft. Demnach sind Errungenschaften der Vernunft, auch die der Aufklärung, ebenfalls als religiöse Normen zu sehen, ohne sie qur'ānisch begründen zu müssen. Es sollte aber legitim sein, auch im Qur'ān nach einer Begründung für die Errungenschaften der Vernunft zu suchen; letztendlich dürfte es zu keinem Widerspruch kommen. Die Aufgabe der Offenbarung wäre dann, die Menschen zur Reflexion aufzufordern, sie an ihre ethische und soziale Verantwortung zu erinnern und ihnen spirituelle Erfahrungen mit Gott zu ermöglichen. Nach diesem Verständnis dürfte es keine spezifisch muslimische Form der Prioritätensetzung der Grundwerte unserer Zivilisation geben.

Ali Dere

Der Stellenwert der *Ḥadīṯe* für den muslimischen Glauben

Untersuchungen zur Verhältnisbestimmung von Schrift, Tradition und Vernunft im Islam

1. Einführung

Als Gesandter stand Muhammad bei der Ausübung seiner Prophetie nicht nur im Zentrum des religiösen Lebens (*ad-dīn*), er stand in allen Bereichen des Lebens im Mittelpunkt. Mit seinen Erklärungen und Auslegungen zu den geoffenbarten Lehren des Qur'ān predigte er ein Grundwertesystem, eine soziale, unverzichtbare Gesellschaftsstruktur und zwischenmenschliche Beziehungen, die sich – befreit von Irr- und Aberglauben – am wahren Glauben ausrichten. Darüber hinaus zeigte er, wie man ein tugendhafter Mensch sein kann, indem man die moralischen Prinzipien des Islam verinnerlicht. Die verständige und weise Haltung und die Barmherzigkeit zu seinen Mitmenschen, die er bei der Vermittlung des Glaubens an den Tag legte, vertieften die Zuneigung seiner Anhänger bis hin zu einer hingebungsvollen Liebe.

Die Rolle des Gesandten als Mittelpunkt des Lebens war auch nach seinem Tode weiterhin erwünscht; seine Autorität und die Wissensquelle, die er selbst für die Gläubigen war, sollte daher nach seinem Tode sichergestellt und fortgeführt werden. Schon zu Lebzeiten des Gesandten wollten die Muslime alle verfügbaren Informationen zusammentragen und aufbewahren, mit dem Ziel, die Aussagen, Ratschläge und Handlungen des Gesandten zu erlernen und sie weiterzugeben. Durch dieses Vorgehen wurde eine wissenschaftliche Autorität geschaffen, die spirituelle Autorität des Propheten.

Mithilfe der Überlieferungen konnte die zentrale Rolle des Propheten für das religiöse Leben, den Glauben und das Gesetz im Islam beibehalten werden. Die Summe dieser Überlieferungen mit ihrem normativen Charakter bildet die *Sunna* (Lebenspraxis) des Propheten und sie ist nach dem Qur'ān die zweite Quelle im Islam.

2. Die gängige Tradition der mündlichen Überlieferung in der Frühzeit des Islam

Die Gesellschaften haben im Laufe der Menschheitsgeschichte verschiedene kulturelle Entwicklungen durchgemacht, um Erkenntnisse zu gewinnen, diese weiterzuentwickeln, aufzubewahren und weiterzugeben. Zu Lebzeiten des Propheten war unter den Arabern die mündliche Tradition sehr verbreitet, was bedeutete, dass die Geschichte der Vorfahren, die Auffassungen und philologischen Errungenschaften eher den Gedächtnissen anvertraut wurden als sie auf beschreibbaren Materialien zu fixieren. Die Bedeutung, die man der mündlichen Lehre und Überlieferung der *Ḥadīṯe* beimaß – wenn man die Nachteile einmal außer Acht lässt, die derlei Überlieferung mit sich bringen kann –, verdeutlicht die Relevanz der mündlichen Überlieferung unter den Arabern. Selbst in der zweiten Hälfte des ersten Jahrhunderts nach der Auswanderung aus Mekka, als man anfing, die *Ḥadīṯe* neu zu ordnen und schriftlich festzuhalten, vertraute man in erster Linie dem menschlichen Verstand.

Schon zu Lebzeiten des Propheten entstand die Notwendigkeit, die Menschen, die nicht oder nur kurze Zeit die Chance gehabt hatten, den Propheten persönlich zu erleben, über die Pflichten in Kenntnis zu setzen. Unter den Bedingungen der damaligen Zeit wurde die Erfüllung des Bedürfnisses der Gläubigen, den Islam und den Propheten kennenzulernen, nur durch die Vermittlung von Menschen aus dem näheren Umfeld des Propheten möglich. Aus diesem Grund pflegte Muhammad seit früher Zeit Gelehrte zu den verschiedenen Stämmen zu entsenden, die weit von Medina entfernt waren. Ihre Aufgabe bestand darin, die Stammesangehörigen über die Inhalte des Islam zu unterrichten und auf ihre Fragen zu antworten. Mit der gleichen Absicht schickten manche Stämme aus ihren Reihen Vertreter nach Medina, die nach ihrer Rückkehr ihren Landsleuten von ihren Erfahrungen berichteten. Aus demselben Grund kamen anlässlich der jährlichen Pilgerfahrt viele Gläubige aus verschiedenen Regionen nach Mekka und Medina und bemühten sich während dieses kurzen Aufenthalts darum, ihr Wissen über die Religion und die Handlungen Muhammads zu festigen und zu vermehren. Diese Wissbegierde trug auch zur Gründung der den Arabern nicht unbekannten Überlieferungskunde in Form der *Ḥadīṯe* bei.[1]

Die frühe Beschäftigung mit der Traditionskritik bildet für diese Tatsache den klarsten Beweis. Hätte man keine Angst vor der Verfälschung oder Verbreitung unglaubwürdiger Berichte gehabt, dann hätte man sich bestimmt nicht der kritischen Methode bedient. Wenn man die Anwendung dieser his-

---

[1] *Caetani* ist hingegen der Meinung, dass die Araber im Gegensatz zu den anderen Kulturkreisen von den Überlieferungstätigkeiten keine Ahnung hatten. L. CAETANI, Annali dell'Islam, trans. HÜSEYIN CAHIT, Islam Tarihi (Geschichte des Islam), Istanbul 1924-25, 1/72-73.

torischen Vorgehensweise berücksichtigt, kann man in keinem Fall verallgemeinernd sagen, dass in allen *Ḥadīṯ*werken unechte *Ḥadīṯe* enthalten sind. An dieser Stelle greift Fücks Erklärung: „Wenn es somit aus inneren und äußeren Gründen den islamischen Kritikern nicht gelang, alle unechten Bestandteile aus der Überlieferung auszuscheiden, so wäre es dennoch eine unberechtigte Verallgemeinerung, wollte man nun alles Zutrauen zu ihr verlieren. Die islamische Tradition enthält einen echten Kern. Die Ansicht, dass sie eine Erfindung der beiden ersten Jahrhunderte sei und nur zeige, wie sich spätere Geschlechter den Propheten und seine Zeitgenossen vorgestellt hätten, verkennt völlig den überragenden Einfluss, den die machtvolle Persönlichkeit Muhammads auf seine Anhänger ausgeübt hat."[2] Freilich soll unterstrichen werden, dass in der ersten Generation mehr Wert auf die Durchführung der vom Propheten beschriebenen Lebensform gelegt wurde, als auf die Übertragung einzelner Nachrichten.[3]

Der größte Teil des Überlieferungsguts wurde in früher Zeit ursprünglich mündlich weitergegeben, ohne dass man deswegen ausschließen muss, dass nicht auch eine Reihe von schriftliche *Ḥadīṯe* aus der Zeit des Propheten vorhanden war.[4] Jedenfalls wurde das schriftliche Festhalten dabei als eine Art Hilfe für das Gedächtnis betrachtet und die mündliche Wiedergabe immer gefordert.[5]

Doch können wir diese Beurteilung der Glaubwürdigkeit eines *Ḥadīṯ* nicht nur auf die erste Generation beschränken. In späteren Generationen begegnen wir einer ähnlichen Einstellung. Ibn al-Qayyim al-Gawziyya weist in seinem Werk, das sich mit glaubwürdigen und unglaubwürdigen *Ḥadīṯen* beschäftigt, darauf hin, dass die Entscheidung über Anerkennung und Anwendung eines *Ḥadīṯ* nicht nur vom *Isnād* (Überliefererkette), sondern vielmehr vom *Matn*

---

2 J. FÜCK, Die Rolle des Traditionalismus im Islam. In: ZDMG 93 (1939) 1-32. „That Hadith from the Prophet must have existed from the very beginning of Islam is a fact which may not reasonably be doubted" (FAZLUR RAHMAN, Islamic Methodology in history, Karachi 1965, 31 ff); denn „How could the Companions, who accepted even the Word of God on me authority of Prophet, reject that very authority of Prophet as a whole?" (ebd. 49). Vgl. auch TILMAN NAGEL, Die Festung des Glaubens, München 1988, 208.

3 Vgl. FAZLUR RAHMAN, a.a.O., 10-11.15. Man muss an dieser Stelle auf den Unterschied und die Beziehung zwischen dem *Ḥadīt* und der Sunna in der Definition Rahmans hinweisen. Obwohl der *Ḥadīt* und die Sunna seit einiger Zeit allgemein als synonym betrachtet werden (TAYYIB OKIÇ, Bazı Hadith Meseleleri Üzerine Tetkikler [Untersuchungen zu einigen Ḥadīt Problemen], 1959, 2; M. MUHAMMED ABU ZAHW, al-Hadīt wa l-Muhadditun (Überlieferung und Überlieferer), Kairo o.j., 9], bekommen diese Begriffe bei Rahman verschiedene Nuancen. Das *Ḥadīt*, so Rahman, „represents the interpreted spirit of the Prophetic teaching - it represents the ‚living Sunnah'"; „the Hadith is nothing but a reflection in a verbal mode of this living Sunnah" (RAHMAN, a.a.O., 74; vgl. ebd. 45.78).

4 Vgl. MUHAMMAD B. ZAKARIYYA AL-KANDAHLAVI, Awgaz al-Masalik ila Muwatta Imam Malik, Kahire 1973, 14.

5 Vgl. AHMAD B. HANBAL, 'Ila lu'l-Hadit va Ma'rifat ar-riğāl, hg. v. I. Cerrahoğlu und Talat Koçyiğit, Istanbul 1987, 1/138.

(Text) abhängig ist.[6] Eine Bestätigung dieser Meinung könnte man bei *as-Sam'ānī* sehen. Gemäß as-Sam'ānī kann man ein vollkommenes *Ḥadīṯ* nicht nur durch die Überlieferung der vertrauenswürdigen Gewährsmänner, sondern vielmehr durch die Auffassungsgabe, die Sachkenntnis und die Häufigkeit des Anhörens erkennen.[7] Deswegen kann ein Rechtsgelehrter von der Echtheit einer Überlieferung – falls deren *Isnād* keinen unglaubwürdigen Tradenten enthält – durch den Einklang mit der islamischen Rechtswissenschaft überzeugt werden.[8]

3. Der formale Aspekt des *Ḥadīṯ* gemäß den Methodologiebüchern[9]

Jedes *Ḥadīṯ* besteht aus einer Überliefererkette (*Isnād*) und aus einem Text (*Matn*). Nicht alle *Ḥadīṯe* werden als gleichwertig betrachtet, sondern je nach der Vollständigkeit ihres *Isnāds*, der Zuverlässigkeit ihrer Gewährsmänner und anderer Kriterien, in verschiedene, mit bestimmten termini technici bezeichnete Kategorien eingeordnet. Die Behandlung des Wesens des vollkommenen *Ḥadīṯ* anhand der dafür erforderlichen Bedingungen stellt den angemessenen Anhaltspunkt für die Darlegung des allgemeinen Gefüges der *Ḥadīṯ*einteilung und ihre Problematik dar, da im Falle der Mangelhaftigkeit dieser Voraussetzungen die anderen, in ihrer Wertigkeit unter dem vollkommenen *Ḥadīṯ* stehenden Überlieferungen eingeordnet werden.

Außerhalb dieser Klassifizierung existiert eine Art von Überlieferungen, die nichts mit den prophetischen Aussprüchen zu tun haben, sondern erfunden, ihm in den Mund gelegt wurden. Des Öfteren trägt diese Erdichtung den Stil und den *Isnād* des Erfinders selbst.[10] Als *'Abdullāh b. al-Mubārak* (gest. 181/797) gefragt wurde, wie man über diese Erfindungen hinwegkommen könne, entgegnete er, dass es einsichtige Gelehrte gebe, deren Verständnis alles enthülle.[11]

Auf der anderen Seite kann es bei der Perzeption und Weitergabe von Ereignissen und Gedanken nicht nur in der mündlichen Tradition, sondern auch in der schriftlichen (heute auch: digitalen) Tradition zu Unterschieden kommen. Analog dazu kam es bei den Überlieferungen von Prophetenaussagen zu Varianten ein und derselben *Ḥadīṯe*, die durch das gleiche Phänomen (Perzeption und Wiedergabe) durch die Prophetengenossen *(aṣḥāb)* verursacht wurden.

---

6 Ibn al-Qayyim al-Gawziyya, Al-Manār al-munīf fī'ṣ-Ṣaḥīḥ wa'ḍ-da'īf, hg. v. Abu Gudda, Ḥalab 1970.

7 Vgl. Muhammad b. Zakariyya al-Kandahlavi, a.a.O., 134.

8 Vgl. ebd.

9 Für folgenden Teil vgl. Ali Dere, Ein Überblick über die Entwicklung des *Ḥadīṯ* und seinen formalen Aspekt. In: Ilahiyat Fakültesi Dergisi 36 (1997) 423-441.

10 Vgl. ebd., 263.

11 Vgl. Galaladdin Suyuti, Tadrib ar-ravi (Ausbildung der Überlieferer), 1972, 1/282.

Ein weiterer wichtiger Unterschied zwischen der mündlichen und schriftlichen Tradition ist, dass für den Wissenserwerb in der schriftlichen Tradition immer auf die Quellen (Bücher und beschriebenes Material) zurückgegriffen werden kann. Bei der mündlichen Überlieferung bedarf der Abruf der Informationen der Zuhilfenahme von so genannten Gedächtnisreizen, die erst durch erinnerungsstützende Ereignisse oder Fragen erregt werden. Denkbar ist daher auch, dass Vieles, was zur Zeit des Propheten gesagt wurde und geschah, von den Gefolgsleuten nicht abgerufen werden konnte, weil es keine Gedächtnisreize dazu gab bzw. weil es nicht abgefragt wurde.

Wie dieser kurzen Ausführung zu entnehmen ist, lösten in der postprophetischen Zeit sehr viele Faktoren politischer, religiöser, wirtschaftlicher und kultureller Natur dynamische Diskussionen aus, was von ihren Protagonisten schlussendlich auf religiöse Quellen und Berichte (*Ḥadīṯe* etc.) zurückgeführt wurde. In einem Umfeld, in dem Wissen und Meinungen in großem Maße mündlich weitergetragen wurden, wäre es nicht verwunderlich, wenn ursprüngliche Aussagen und eigene Ansichten vermischt worden wären und diese fälschlicherweise auf Menschen zurückgeführt wurden, die diese Aussagen nicht gesagt oder nicht so gesagt hätten. Zudem ist es ohne Weiteres denkbar, dass ganz neue Inhalte durch mündliche Weitertradierung entstehen konnten.

In einem dergestalt gearteten Umfeld, in dem die *Ḥadīṯe* zur zweiten Quelle der Jurisprudenz neben dem Qur'ān wurden, mussten zunächst Berichte über die Taten und Worte des Gesandten zusammengetragen werden. Andererseits mussten die *Ḥadīṯe* sorgfältig überprüft und von den nichtauthentischen *Ḥadīṯen* getrennt werden. Diese sehr schwierige Aufgabe übernahm die *Ḥadīṯ*wissenschaft, die sich alsbald zu einer anerkannten wissenschaftlichen Disziplin entwickelte. Es ist kein Zufall, dass sich die *Ḥadīṯ*wissenschaft bei der Durchführung ihrer schweren Arbeit der kritisch-wissenschaftlichen Methode bediente.

4. *Ḥadīṯ*kritik anhand der Überliefererkette

Im Feld der Überlieferungen des Gesandten bedeutet Kritik, dass eine *Bewertung* des vorhandenen Materials, das auf den Propheten zurückgeführt wird, vorgenommen wird, die immer vor Augen führt, wie das Material zustande gekommen ist. Die *Ḥadīṯ*kritik beschäftigt sich vor allem mit der Frage, ob die Worte und Taten, die auf den Gesandten Muhammad zurückgeführt werden, auch wirklich auf ihn zurückgehen. Des Weiteren werden die vorhandenen *Isnād* (Überliefererketten) mit den anderen, die gleiche Nachricht oder das gleiche Wort betreffenden *Isnād* verglichen, wobei entschieden wird, welche

Kette authentischer und somit glaubwürdiger ist. Schließlich geht es auch um die Frage, wie die Überlieferungen zu *verstehen* sein werden. Kurzum bezeichnet die *Ḥadīṯ*kritik die Forschungsstadien zur Erlangung einer Gewissheit (*Ṯubūt)* über die Authentizität einer Überlieferung. Zugleich umfasst sie eine breit angelegte Bewertung der Überlieferung, die auf die gewonnene Erkenntnis über die Gewissheit der Authentizität baut.

Da die *Ḥadīṯ*kritik versucht, die Authentizität einer Überlieferung zu ermitteln und diese auch zu *verstehen*, kann sie nicht nur darauf reduziert werden, ob der Inhalt wirklich auf den Gesandten zurückgeht. Demzufolge muss das Verstehen und die Interpretation der Überlieferungen als ein Teilgebiet der *Ḥadīṯ*kritik verstanden werden.

Beim Weitertradieren geht es in erster Linie um zwei Aspekte: Zum einen soll das Wissen, das der Tradent unmittelbar aus dem Munde des Propheten gehört hat oder von Personen, die selbst dabei waren, von ihm auch aufgenommen, verstanden und sachgemäß weitertradiert werden können, d.h. er muss die erforderliche Auffassungsgabe *(Ḍabt)* haben. Zum anderen muss er eine sachlich neutrale und parteilose Einstellung haben, so dass der Inhalt der Überlieferung im Nachhinein nicht verändert werden kann.

Die *Forschung über die Überlieferer*, die ab dem Ende des ersten Jahrhunderts der islamischen Zeitrechnung intensiviert wurde, ließ mit der Zeit eine beachtliche Sammlung von Überliefererbiographien entstehen, die eine eigene Methodik aufweisen. Mithilfe dieses Materials wurden die Überliefererketten auf ihre Eignung hin überprüft bzw. die Zuverlässigkeit der Überlieferungen bescheinigt. Somit wurde auch der Grundstein für die Wissenschaft der *Ḥadīṯ*methodik gelegt. Jeder Überlieferer wurde auf seine Glaubensfestigkeit und Ehrlichkeit (*ʿAdāla*) und auf seine Eignung hin, eine Überlieferung weitertradieren zu können *(Ḍabt)*, überprüft; überdies sollten diese Kriterien durch alle Überlieferungen hindurch kontinuierlich *(Ittiṣāl)* weiterbestehen, so dass man sich ein Urteil erlauben konnte, ob die besagte Nachricht auf die Person zurückgehen konnte, von der sie ursprünglich gesagt worden sein sollte.

Isnād kann als der Versuch beschrieben werden, ein Wort bzw. eine Tat oder eine Handlung bis zu seinem bzw. ihrem Ursprung zurückzuverfolgen und zu versuchen, mögliche Abweichungen in der Zeitspanne vom Sprechen des Wortes bzw. dem Tun der Tat bis zur schriftlichen Erfassung zu verhindern, zumindest aber zu kontrollieren. Es kann als eine *Mentalität der retrospektiven Rückverfolgung* bezeichnet werden. Diese Rückverfolgung geschieht hauptsächlich über die Überlieferer (*Rāvī*) in der Überliefererkette.

Des Weiteren werden die *Ḥadīṯe* auch dahingehend überprüft, ob ein *Ḥadīṯ*text, der mit einer Überliefererkette ohne Unterbrechung tradiert wurde, wenn vorhanden, mit einer anderen Überliefererkette übereinstimmt. Alle Versionsunterschiede des *Ḥadīṯ*textes werden klassifiziert und bewertet. Die gewonnenen Erkenntnisse und Auffassungen, die in dieser Phase der Bewertungen entstehen, lassen darauf schließen, inwieweit eine Überlieferung und ihr Text sicher und vertrauenswürdig sind.

Wenn man die Entstehungszeit dieser Herangehensweise, die Bedingungen und Bedürfnisse ihrer Zeit berücksichtigt, muss der Rahmen, den die *Ḥadīṯ*kritik bot, als originell, konsequent und funktionell bezeichnet werden.

5. Inhaltsbezogene *Ḥadīṯ*kritik

Der Mensch, der über ein *Wissensnetzwerk* verfügt, gespeist von verschiedenen Wissens- und Erfahrungsquellen, ist fortwährend bestrebt, in seinem Geist eine Bedeutungseinheit zu erlangen. Allerdings kann es natürlich zu Wahrnehmungs- und Bedeutungsunterschieden unter den Menschen kommen, die aus der Wahl der Wissensquellen und der Art und Weise des Wissenserwerbs resultieren. *Ḥadīṯe* und im Allgemeinen alle Nachrichten und Überlieferungen, die eine Wissensquelle darstellen, müssen als Teil einer kontextbezogenen *Bedeutungseinheit* verstanden werden. Das Wissen, das durch diese Wissensquellen an den Menschen herangetragen wird, kann einerseits den Wissensschatz des Menschen bereichern und muss andererseits aber auch mit den vorhandenen Wissensquellen und der eigenen Erfahrung bzw. dem Wissen des Empfängers in Einklang stehen. Analog zu dieser Einstellung haben die Gefährten des Gesandten und die darauf folgenden Generationen auf Geheiß des Gesandten neue Informationen, Daten, Nachrichten und Überlieferungen mit den ihnen verfügbaren Wissensquellen und ihrer eigenen Erfahrung verglichen. Dieser Vergleich beruhte manchmal auf punktuellem Wissen oder punktuellen Beweisen und manchmal auf allgemeinen Prinzipien. In diesem Kontext spielten die grundlegenden Prinzipien, die aus den Wissensquellen gewonnen wurden, sogar eine wichtigere Rolle.

Die *Ḥadīṯe* werden inhaltlich mit dem Qur'ān,[12] der *Sunna* (Lebenspraxis) des Gesandten, mit anderen *Ḥadīṯen*, der Geschichte bzw. Geschichtswissenschaft, der Sprachwissenschaft sowie den Erkenntnissen der Vernunft verglichen. Kriterium hierfür ist, dass der zu vergleichende Text mit den genannten Quellen logische Vergleichsmöglichkeiten bietet.

Eine der genannten Quellen für einen möglichen inhaltlichen Vergleich der *Ḥadīṯe* ist die *Sunna*. Es wird hierbei gefordert, dass eine Nachricht oder eine Überlieferung nicht im Widerspruch zur eindeutigen Praxis des Propheten steht. Die *Sunna* als Verhalten und Lebenspraxis des Gesandten wurde mitun-

---

[12] Wer zum Beispiel behauptet, dass der Prophet weiß, was am nächsten Tag passieren wird, hat gelogen, weil Gott im Qur'ān konstatiert: „Niemand weiß, was er am nächsten Tag verdienen (bekommen) wird." (Qur'ān 42,51)

ter auch durch Überlieferungen weitertradiert. Weil diese Praktiken jedoch von vielen Menschen beobachtet worden waren und gelebt wurden und als solche auch von Generation zu Generation übertragen wurden, wurden sie als vertrauenswürdiger eingestuft als bloße mündliche Überlieferungen.

Die am meisten angewandte Methode in diesem Bereich ist der inhaltliche Vergleich der *Ḥadīṯe* mit anderen *Ḥadīṯen*, weil das Überlieferungsmaterial als Ganzes eine reiche Quelle der muslimischen Geistesgeschichte darstellt und es darf erwartet werden, dass dieses Material in sich kongruent ist.[13]

Wenn *Ḥadīṯe* auch der Geschichtswissenschaft eine Quelle bieten können, so gibt es doch andere Werke und Handhabungen, um den Verlauf der geschichtlichen Ereignisse zu überliefern und diese zu analysieren. Ein Ereignis aus dem Inhalt eines *Ḥadīṯ* kann auch Gegenstand einer geschichtlichen Studie sein. Aus diesem Grunde kann man konstatieren, dass das Feld des Vergleichs der *Ḥadīṯe* mit den Daten der Geschichtswissenschaft, das Feld ist, in dem die *Ḥadīṯ*kritiker in Bezug auf ihre Bewertung der *Ḥadīṯ*inhalte am erfolgreichsten sind, insbesondere bei *Ḥadīṯe*, in denen Raum- und Zeitangaben vorhanden sind.[14]

Eine weitere Art zur inhaltlichen Bewertung von Überlieferungen ist der Einsatz des gesunden Menschenverstands, der geistigen Erfahrung und der konsequenten Überlegungen. In diesem Rahmen sollte man bei der Bewertung von *Ḥadīṯen* anstelle von subjektiven Einschätzungen objektive Maßstäbe anwenden und dadurch auch Anderen ermöglichen, mit ihrer Kritik und ihren Bewertungen zum Diskurs beitragen zu können. Die *Ḥadīṯ*wissenschaftler sehen den Widerspruch eines *Ḥadīṯ* zum Verstand als Zeichen der Schwäche der Überlieferung. Dabei meinen sie mit Verstand ein ganzheitliches Denken und nicht methodisch von der Ganzheit abstrahierenden, gelenkten Verstand.

---

13 Im *al-awsat* von Tabarānī (gest. 360/970) finden wir folgenden Bericht: „Als Aischa von ibn Umar den vermeintlichen Prophetenspruch vernahm, dass der urplötzliche Tod des Gläubigen den Zorn Gottes gegenüber dem Toten darstelle, antwortete sie darauf: ‚Gott möge ibn Umar Barmherzigkeit zuteil werden lassen! Der Prophet hat nur gesagt, dass der urplötzliche Tod einem Gläubigen ein Segen sei, jedoch für den Ungläubigen eine Strafe Gottes.'" „Wer an einem Freitag stirbt, bekommt den Gotteslohn eines Märtyrers und er wird vor der Grabstrafe bewahrt", ist eine Überlieferung, die der verstandesmäßigen Kritik offen steht, wenn wir einmal die vielen qur'ānischen Prinzipien außer Acht lassen, die ebenso im Widerspruch zu dieser Überlieferung stehen. Es liegt nicht im Ermessen des Menschen, an einem bestimmten Tag zu sterben, und Gott allein weiß, wann der Tod den Menschen ereilen wird.

14 „Wer in einem Gebetsraum eine Öllampe aufstellt, dem werden von 70.000 Engeln Segen für seine Vergebung (*Istiġfār*) ausgesprochen; wer ein Strohgeflecht auf der Moschee ausbreitet, dem werden so und so viele Gotteslöhne zuteil werden." Solche und gleich lautende Überlieferungen können nicht vom Propheten stammen, sagt Imam Zhahabī (gest. 748/1348): „Wir stufen diesen *Ḥadīṯ* als falsch ein, da zur Zeit des Propheten in der Prophetenmoschee keine Öllampen aufgestellt und keine Strohmatten ausgebreitet wurden. Hätte der Prophet seinen *ṣaḥāba* (Gefolgsleute) dies so gesagt, so hätten die Gefolgsleute und die darauffolgenden Generationen darin wettgeeifert, die Moscheen mit Öllampen und Strohmatten zu schmücken."

Aus dieser Betrachtung heraus ist es nicht zulässig, Überlieferungen, deren Inhalt die Vorstellungskraft des Verstandes und der Erfahrungen sprengen, nur in einem subjektiven Rahmen zu bewerten.[15]

Bis jetzt wurden über die Sprache und Stile von *Ḥadīṯen* keine hinreichenden sprachwissenschaftlichen Untersuchungen durchgeführt, auch fehlen entsprechende Kriterien für eine Bewertung. Dessen ungeachtet wäre es allzu einfach, die Unstetigkeit und Unausgewogenheit in einem *Ḥadīṯ*text als ein Indiz für die Schwäche eines *Ḥadīṯ* anzusehen.

6. Feldbasierte *Ḥadīṯ*kritik

Die islamische Wissenschaftstradition entwickelte ab der zweiten Hälfte des ersten Jahrhunderts der islamischen Zeitrechnung unterschiedliche Gedanken- und Wissensfelder. Selbstredend waren diese Felder am Anfang nicht völlig voneinander unabhängig, sie hatten auch nicht die systematische Tiefe, die sie gegen Ende des zweiten Jahrhunderts erlangten. Dennoch vermochte es die islamische Wissenschaftstradition binnen zwei bis drei Jahrhunderten wissenschaftliche Felder, wie Exegese, Rechtsprechung, Dogmatik, Geschichte und Literatur zu entwickeln sowie eine Vielzahl von Ideen- und Methodenreichtum innerhalb dieser Wissensfelder zuzulassen. Die Geschichte der erwähnten Wissenschaftsfelder erschließt uns die Details ihrer Entwicklung. Die Überlieferungen werden mit den Prinzipien und Methoden der verschiedenen Denkschulen ausgewertet. Kurzum können wir konstatieren, dass hier die *Ḥadīṯe* in der Gesamtheit der verschiedenen Disziplinen untersucht und bewertet werden.

Eines der wissenschaftlichen Felder, in dem es durch die Geschichte hindurch intensive Kritik an der *Ḥadīṯ*literatur gab, ist die spekulative Dogmatik (*Kalām*). Genauer gesagt kamen durch die Betrachtung der *Ḥadīṯe* aus der Sicht der Dogmatik gewisse kritische Einwände auf.

Die Rechtsprechung (*Fiqh*) ist eines der Felder, in dem *Ḥadīṯe* zahlreich eingesetzt werden. Denn die Rechtswissenschaft, die sich mit religiösen Bestimmungen befasst, gehört zu den ausführlichsten Wissenschaftsfeldern der islamischen Kultur.

Obgleich die verschiedenen Denkschulen unterschiedliche Prinzipien und Behandlungen in der *Ḥadīṯ*kritik aufwiesen, hat der šāfiʿītische Gelehrte des 5. Jhs., *abû Isḥāk a š–Šīrāzī* (gest. 476/1083), in seinem Werk *el-Lumaʿ fi usūli'l-*

[15] Imam Suyūṭī lehnt die Überlieferung, dass das Schiff des Propheten Noah die Ka'ba sieben Mal umschritten habe und danach zwei Gebetseinheiten verrichtet habe, als für den Verstand abwegig ab.

fiqh (Kritik der Grundlagen der Jurisprudenz) die folgenden Prinzipien niedergeschrieben, die allgemein akzeptiert wurden:

- Wenn ein *Ḥadīṯ* den Forderungen des Verstands zuwiderläuft, ist es falsch.
- Wenn ein *Ḥadīṯ* mit dem Qur'ān oder der übereinstimmenden *Sunna* in Widerspruch steht, ist es ohne Relevanz oder *Mansūḫ* (abrogiert).
- Wenn ein *Ḥadīṯ* mit dem Konsens der Gelehrten in Konkurrenz steht, ist es entweder nicht richtig oder es ist *Mansūḫ*.
- Wenn ein *Ḥadīṯ*, das Vielen bekannt sein müsste, nur von einer Person überliefert wird, ist es falsch.
- Wenn ein *Ḥadīṯ* zahlenmäßig von Vielen überliefert werden müsste, aber nur von einer Person überliefert wird, ist es falsch.

In den ersten Jahrhunderten des Islam entwickelten sich die Überlieferungswissenschaften des *Ḥadīṯ*, die Exegese und die Geschichtswissenschaft (Prophetengeschichte) sowie die Rechtswissenschaft (*Fıqh*, arabisch wörtl.: Wissenschaft der Auffassungskraft) parallel; die Basis dieser Wissenschaften war die arabische Sprache, die sich gleichfalls fortentwickelte. Die Systematisierung und die Fortentwicklung der Sprache waren unerlässlich geworden, um den Qur'ān und die anderen Überlieferungstexte zu verstehen.

7. Die zeitgenössische *Ḥadīṯ*kritik

Es ist nicht denkbar, die heutige Zeit unabhängig von der Vergangenheit zu betrachten. Die sehr umfangreichen Buchseiten der Vergangenheit bergen nicht nur die *Ḥadīṯe*, sondern sie bewahren zugleich die Methoden und Auffassungen hinsichtlich der Geschichte, des Inhalts, der Bewertung und des Verstehens des Forschungsgegenstands. Die zeitgenössischen *Ḥadīṯ*studien, die sich die Erfahrungen und Methoden der Vergangenheit zunutze machen, unterteilen sich dergestalt, dass einige nur im Rahmen einer Wiederholung bereits errungener Erkenntnisse betrieben werden können, wobei es auch Bestrebungen hinsichtlich neuer Methoden und Analysen gibt. Daher können die *Ḥadīṯ*kritik und *Ḥadīṯ*studien hinsichtlich ihrer Auffassung, Methode und des geographischen Raums klassifiziert werden. Anstelle einer detaillierten Klassifizierung sollen hier die verschiedenen Ansätze von zwei verschiedenen islamischen Regionen bezüglich *Ḥadīṯ*kritik und *Ḥadīṯ*bewertung vorgestellt und die grundlegenden Eigenschaften der westlichen *Ḥadīṯ*forschungen dargestellt werden.

Ḥadīṯkritik in der islamischen Welt

Wenn man sich vor Augen führt, dass die *Ḥadīṯe* die Quellen des Islam darstellen, die die Tradition (Traditionalisten) am stärksten unterstützen, ist es nicht verwunderlich, dass die *Ḥadīṯ*forscher unserer Tage als Grundeinstellung von der klassischen Methode und der Erfahrung der Vergangenheit profitieren und zugleich die Meinung vertreten, dass die wesentlichen Bewertungen schon von den führenden Gelehrten vergangener Zeiten gemacht wurden.

Die in den arabischsprachigen muslimischen Ländern durchgeführten *Ḥadīṯ*forschungen befassen sich vornehmlich mit den Themen der kritischen Edition von handschriftlich vorliegenden Texten, mit dem *Taḫrīǧ* der *Ḥadīṯe* und mit der Methodik von bestimmten *Ḥadīṯ*werken und ihren Autoren. Selten kommt es zu einer Neubewertung der *Ḥadīṯe* und der Neubewertung der historischen Entwicklung der *Ḥadīṯ*literatur.

Von Zeit zu Zeit tritt die Notwendigkeit auf, dass die Überlieferungen einer Neubewertung unterzogen werden müssen, und zwar aufgrund von Veränderungen der Wahrnehmungen, Vorstellungen und Erfahrungen der jetzigen Zeit. Diesbezügliche *Ḥadīṯ*bewertungen begegnen uns entweder als unabhängige *Ḥadīṯ*studien oder als Studien innerhalb eines Themas.

Verglichen mit den anderen islamischen Ländern entwickeln sich diese Arbeiten in der Türkei in eine Richtung, in der sich schon eine reichhaltige Literatur gebildet hat. Der berühmte *Fuat Sezgin* hatte schon in den 50er Jahren einen wichtigen Ansatz bei der Quellenforschung der *Ḥadīṯ*literatur unternommen.

Mehmet Said Hatiboğlus 1962 verfasste Schrift mit dem Titel *Tenkid Zihniyeti ve Hadith Tenkidinin Doğuşu* (Die Einstellung zur Kritik und die Entwicklung der *Ḥadīṯ*kritik) legt die Geschichte und das Wesen der islamischen Kritik, sowie eine bleibende Darstellung der *Ḥadīṯ*kritik und der Beziehung zwischen *Ḥadīṯ* und Gesellschaft dar. Ihm verdanken wir auch die wichtigsten Bücher und Artikel zu diesem Thema. Sein Werk *Hilafetin Kureyşliliği* zeigt, wie eine alte Fiktion im politischen Leben einer Gesellschaft wiederaufleben und zu einem *Ḥadīṯ* werden konnte und was die Konsequenzen dieser Entwicklung waren. Indem er diese mit den Hauptprinzipien des Islam vergleichend behandelt, erklärt er, wie, warum und auf welchen Wegen diese Fiktion zu einem *Ḥadīṯ* geworden ist:

> „[...] wie wir in Grundzügen anhand der Quraiš-Monarchie versucht haben darzustellen, hat der Rückfall auf die Stammesmentalität verdeutlicht, dass der Islam dieser nur ein neues Gesicht verpasst hat. Obwohl in Qur'ān und Sunna zu den besagten Kabylen und Sippen überhaupt keine Bestimmungen vorhanden sind, haben die unnötige Demut, der Verzicht und die Nachsicht der Muslime in einer Zeit des Islam einer unislamischen Vorstellung Tür und Tor geöffnet. Dieser Sach-

> verhalt fing damit an, dass die Staatsleitung zuerst ausschließlich auf den Prophetenstamm begrenzt wurde. Später führte dies zur Heiligsprechung eines Volkes, dem auch der Prophetenstamm angehörte."[16]

Wenn in der Türkei in wissenschaftlichen Studien eine Überlieferung oder eine Gruppe von Überlieferungen einer kritischen Untersuchung unterzogen werden, wird in einem Teil dieser Studien die Überliefererkette behandelt. In einem weiteren Teil werden die verschiedenen Versionen der *Ḥadīṯe* aus unterschiedlichen Überliefererketten miteinander verglichen. Und schließlich wird mit der Inhaltsvergleichsmethode eine inhaltliche Bewertung der *Ḥadīṯe* vorgenommen.

Wenn es um das Feld der Überlieferung geht, kann trotz all dieser Bemühungen nicht konstatiert werden, dass alle etwaigen Fragestellungen und Probleme schon beantwortet wurden und dass jedes Detail bereits erhellt wurde. Allerdings bezeugt die Geschichte diesbezüglich eine enorme Kraftanstrengung, so dass eine sehr umfangreiche Literatur zustande kommen konnte. Wir müssen Wege und Methoden finden, aus jenem Material, welches diese Literatur sichergestellt hat, einen noch größeren Nutzen zu ziehen; auch müssen wir zugleich Wege und Methoden zur Erhellung der Vergangenheit finden. Allerdings vermochten diesbezügliche Bemühungen in der islamischen Welt bis dato nicht, diese Erkenntnisse in eine ganzheitliche, alle drei Ebenen der *Ḥadīṯ*kritik (*Ḥadīṯ*kritik anhand der Überliefererkette, Inhaltsvergleichsmethode, feldbezogene *Ḥadīṯ*kritik) umfassende, in Beziehung setzende Methode umzuwandeln. Wenn die zeitgenössische moderne *Ḥadīṯ*forschung eine Überlieferung abhandelt, sehen wir, wie zuerst die Überliefererkette und die Überlieferer genauer unter die Lupe genommen werden. Ferner beobachten wir, wie der Inhalt der Überlieferung – unabhängig von den hier vorgestellten Methoden und Bewertungen – anhand von verschiedenen Kriterien analysiert wird. Dagegen sollte die Fortentwicklung der die drei Ebenen einschließenden Herangehensweise, die sich auch der Forschungsmethoden der Geschichtswissenschaft und der Sozialwissenschaften bedienen sollte, in Richtung einer detaillierteren und zugleich umso ganzheitlicheren Methode vorangebracht werden. In diesem Zusammenhang erscheint es sinnvoll, Methoden der Textauslegung westlicher Forscher sowie Ergebnisse ihrer Anwendung auf *Ḥadīṯe* zu nutzen.

8. Das *Ḥadīṯ*projekt des Präsidiums für Religiöse Angelegenheiten

Wir haben über die Arbeiten zum *Ḥadīṯ* in der Türkei nach den 50er Jahren gesprochen. Ab den 80er Jahren wurden vermehrt theologische Fakultäten

[16] Mehmed Said Hatiboğlu, Hilafetin Kureyşliliği (Das Quraišitische Ḫalifat). Ankara Üniversitesi Ilahiyat Fakültesi Dergisi, c. XXIII, 117, Ankara 1978, 539-553.

eingerichtet, so dass es erforderlich war, Abschlussarbeiten und Promotionen zu schreiben, um als akademisches Personal aufgenommen zu werden. Zweifelsohne boten solche Arbeiten in verschiedenen Bereichen der *Ḥadīṯ*wissenschaften sowie das Angehen von Einzelbereichen wichtige Impulse auch für die Gesamtqualität der *Ḥadīṯ*forschung. Wissenschaftler in der Türkei hatten die Möglichkeit, sowohl auf die arabische Fachliteratur als auch auf die Fachliteratur im Westen in der jeweiligen Originalsprache zurückzugreifen. Das hier kumulierte Wissen sollte auch Auswirkungen auf die Lektüre für den *allgemeinen Leser* haben. Das Präsidium für Religionsangelegenheiten übernahm die Aufgabe, die *Ḥadīṯ*wissenschaften nicht nur als einen akademischen Diskurs zu betreiben, sondern ihre Ergebnisse zu nutzen und die Inhalte der *Ḥadīṯe* aus einem möglichst weiten Blickwinkel für den allgemeinen Leser nutzbar zu machen. Das Projekt läuft nunmehr seit zwei Jahren, die inländische und ausländische Presse berichtet darüber oft ohne den Inhalt der Arbeit zu kennen, so dass die Berichterstattung selbst zu einem Problem für das Projekt und die daran Beteiligten wird. Diesbezüglich ist die Presseerklärung des Präsidiums aufschlussreich:[17]

> „In den letzten Tagen sind in westlichen - allen voran im BBC - und in unseren einheimischen Medien Berichte zum ‚Thematischen *Ḥadīṯ*-Projekt' erschienen. Dieses Projekt wird vom *Amt für religiöse Angelegenheiten* und der *Stiftung Türkiye Diyanet Vakfi* unterstützt. Aufgrund dieser Nachrichten, sehen wir uns dazu veranlasst, eine Erklärung abzugeben.
> Der Bedarf an einem umfassenden Standardwerk, das die von unserem ehrenwerten Propheten zu vermitteln beabsichtigte Botschaft in einer klaren und verständlichen Sprache wiedergibt, wurde aus Kreisen unseres Landes laut, die Dienste zur religiösen Bildung und Erziehung erteilen. In diesem Rahmen haben das Amt für Religiöse Angelegenheiten und der Publikationsausschuss der Stiftung Türkiye Diyanet Vakfi einen konkreten und umfassenden Schritt unternommen und eine eigenständige Studie unter dem Titel ‚Thematisches *Ḥadīṯ*-Projekt' angefangen.
> Als Autoren arbeiten an dem *Ḥadīṯ*-Projekt sieben Mitglieder des Wissenschaftsausschusses, zehn Beauftragte für die Datenvorbereitung und Kontrolle und 85 Akademiker, die im Fachbereich *Ḥadīṯ* an verschiedenen Theologischen Fakultäten tätig sind, mit.
> Von den Akademikern, die im Fachbereich *Ḥadīṯ* spezialisiert sind, werden Kommentare berücksichtigt, die zu den Überlieferungen während des historischen Prozesses erstellt wurden. Eventuell vorhandene Missverständnisse werden berichtigt. Allerdings werden Themen und Kommentare, die keine aktuelle Relevanz haben, außer Acht gelassen. Diese Arbeit zielt darauf ab, dass die Botschaft des Propheten in einer dem heutigen Menschen zugänglichen Sprache angeboten wird. Bei der Bearbeitung des Themas werden die Überlieferungen im Korpus der Qur'ānverse und der *Ḥadīṯe* erörtert; in der Bewertung der *Ḥadīṯe* werden der

[17] siehe http://www.hikem.net/

> Zusammenhang der autoritativen Texte und die innere Einheit dieser Texte mitberücksichtigt und ganz besonders wird die Gemeinsamkeit des Qur'ān und der *Ḥadīṯe* mit dem Text in Verbindung gebracht. Bei der Auslegung der *Ḥadīṯe* wird neben den klassischen *Ḥadīṯ*quellen die in der islamischen Kultur entstandene Literatur wie Kommentare, frühe Qur'ānauslegungen, Rechtslehre, Theologie, Prophetenbiographien und Feldzugsberichte u. ä. zu Rate gezogen.
> In der Studie, der die eigenständige Methodologie der islamischen Tradition von Verstehen und Interpretieren zugrunde liegt, wird die Beziehung der Überlieferungen zum aktuellen Denken und den wissenschaftlichen Befunden hergestellt. Es wird aber auch davon Abstand genommen, mit den heutigen Vorstellungen die Geschichte zu rekonstruieren und zu übertriebenen Interpretationen zu neigen. Es ist ein Fehler, die mit den dargestellten Zwecken und Methoden durchgeführte Studie, als eine ‚Reform', ‚Revision' oder gar ‚Revolution' zu bezeichnen. Dieser Fehler speist sich vermutlich aus der Bestimmung, den Islam und die wissenschaftliche Dynamik in der islamischen Welt aus dem Gedächtnis der christlichen Geschichte und Kultur zu definieren. Aus diesem Grund sind unhaltbare und unbegründete Behauptungen wie ‚Selektion der *Ḥadīṯe*', ‚die Auslegung der *Ḥadīṯe* im Rahmen eines moderaten Islam', ‚Die Studie als Folge der Politik zu betrachten', ‚Die Vorstellung eines Fremden als Berater', ‚eine Reform in puncto *Ḥadīṯe*', ‚Anpassung der *Ḥadīṯe* an das 21. Jahrhundert' oder ‚in den theologischen Grundlagen des Islam Änderungen vorzunehmen', die in türkischen und ausländischen Medien bezüglich des Projektes Erwähnung fanden, von unserem Amt mit Betrübnis aufgenommen worden.
> Das Amt für Religiöse Angelegenheiten zielt, wie es in der Geschichte mehrmals vorgekommen ist, darauf ab, die Botschaft des Propheten wieder ins Leben zu rufen und diese gesegnete Botschaft, welcher die Menschheit jeden Tag mehr bedarf, den Menschen in richtigster Weise zukommen zu lassen. Die mit dieser Intention und diesen Gedanken begonnene Studie, Thematisches *Ḥadīṯ*-Projekt' wird von Akademikern, die an verschiedenen Theologischen Fakultäten arbeiten, weiterhin fortgesetzt. Es wurden bisher große Fortschritte gemacht. Dieses *Ḥadīṯ*-Projekt, welches in Gänze eigenständig, akademisch und wissenschaftlich ist und von unserem Amt unabhängig von der inneren und äußeren Politik geführt wird, wird – so glauben wir – im Transfer der universellen Botschaft des Propheten in das 21. Jahrhundert ein wichtiger Schritt sein."

Rein formal betrachtet, führt diese Arbeit vorerst keine rein akademischen Diskussionen über die betreffenden *Ḥadīṯe*. Umgekehrt geht es darum, Bezug nehmend auf die Forschungsergebnisse der *Ḥadīṯ*wissenschaften, die *Ḥadīṯe* verständlicher und in leicht erschließbarer Form einem breiten Leserkreis zugänglich zu machen.

Zu diesem Zweck wurde eine Datenbank der anerkannten *Ḥadīṯ*werke angelegt. Diese wurde erweitert mit den Primär- und Sekundärquellen, zugehörige Inhalte und Versionen wurden zusammengetragen. Die somit entstandene Datenbank umfasst ein Überlieferungsmaterial von 210.000 Texten von jeweils unterschiedlicher Länge.

Anschließend wurde das *Ḥadīṯ*material inhaltlich nach Themen in Kapitel eingeordnet und archiviert. Anfangs ergaben sich damit ca. 2000 Themenbereiche, diese wurden später auf 400 reduziert. Die einzelnen Themen werden *Ḥadīṯ*wissenschaftlern mit einer entsprechenden Spezialisierung zugeschickt, welche dann einen Text zusammenstellen, der das entsprechende Material nutzt und aufarbeitet. Anschließend erfolgt die redaktionelle Arbeit. Wir hoffen das Werk Ende 2010 zu veröffentlichen.

Replik

Der Text von Ali Dere macht in sehr instruktiver und hilfreicher Weise deutlich, mit welchen wissenschaftlichen Methoden und Forschungsbemühungen in der gegenwärtigen islamischen Theologie eine historisch-kritische Edition der *Ḥadīṯe* versucht wird. Dabei fällt seine Offenheit auch gegenüber westlichen Forschungsansätzen auf, ohne dass man ihm eine mangelnde Wertschätzung für das Erbe der islamischen *Ḥadīṯ*wissenschaft vorwerfen könnte, so dass insgesamt die Konturen eines ausgewogenen und zukunftsträchtigen Projektes vor Augen treten. Wenn ich mir trotzdem einige kritische Nachfragen erlaube, soll dies die Leistungen des Projekts in keiner Weise in Frage stellen, sondern lediglich Präzisierungen ermöglichen und Grenzlinien markieren.

Zunächst einmal möchte ich sehr grundsätzlich danach fragen, auf welcher Grundlage man im islamischen Denken dem authentisch rekonstruierten Wortlaut des Propheten Muhammad eigentlich normative Autorität zubilligt.[18] Dere macht ja sehr aufwendig deutlich, wie mit allen möglichen Mitteln versucht wird, möglichst genau herauszufinden, was Muhammad eigentlich gesagt hat. Da der Prophet aber auch aus islamischer Sicht nicht infallibel ist, fragt sich, wie man die Autorität des von ihm Gesagten eigentlich begründet bzw. ob diese Autorität nicht noch einmal kritisch zu prüfen wäre. Wenn Dere beispielsweise daran erinnert, dass auch nach der traditionellen islamischen *Ḥadīṯ*wissenschaft immer der gesunde Menschenverstand zur Bewertung der *Ḥadīṯe* herangezogen wird, so frage ich mich, ob die Vernunftförmigkeit der *Ḥadīṯe* wirklich ein überzeugendes Kriterium für ihre historische Authentizität darstellt. Ist es wirklich undenkbar, dass der Prophet Muhammad etwas gesagt hat, das uns heute als unvernünftig

[18] Völlig unklar ist mir in diesem Zusammenhang, was Dere damit meint, dass durch die spirituelle Autorität Muhammads zugleich eine wissenschaftliche Autorität geschaffen wurde. Ich sehe ein, dass man einem Propheten spirituelle Autorität zubilligen kann. Meinetwegen kann es auch vernünftig sein, diesem Propheten diese Autorität zuzubilligen und auch im Treiben der Wissenschaft, diese spirituelle Autorität zu berücksichtigen. Dennoch bleibt die Autorität des Propheten eine spirituelle, und ich sehe nicht, in welcher Hinsicht man sie als wissenschaftliche Autorität ansehen könnte.

erscheint? Müsste das Kriterium nicht vielmehr so lauten, dass die normative Geltung der *Ḥadīṯe* von ihrer Vernunftgemäßheit abhängt, nicht aber ihre historische Authentizität?

In diesem Zusammenhang stellt sich ein noch viel brisanteres Problem: Wenn Muhammad tatsächlich ein Grundwertesystem mit normativen Implikationen aufgestellt hat, das für Muslime auch heute noch verbindlich ist, fragt sich, wie bei diesen normativen Implikationen das Verhältnis von Offenbarung und Vernunft gedacht wird. Wenn ich Dere richtig verstehe, will er sagen, dass die normativen Implikationen an keiner Stelle der Vernunft widersprechen. Vielleicht wäre er sogar bereit wie Schabestari zu sagen, dass die Anforderungen des Propheten für das zwischenmenschliche Zusammenleben auch mit der autonomen philosophischen Vernunft aus dem säkularen Prinzip der Gerechtigkeit abzuleiten sind. Wenn er das tatsächlich akzeptieren würde, stellt sich sofort die (beispielsweise auch an Lessing zu stellende) Rückfrage, welche epistemische Funktion Offenbarung dann noch hat. Haben die *Ḥadīṯe* dann nicht eine rein didaktische Bedeutung, die den Menschen helfen soll, etwas leichter einzusehen, was sie eigentlich auch ohne sie erkennen könnten? Wird Offenbarung hier nicht zum bloßen Katalysator von Vorgängen, die eigentlich auch allein mit Mitteln der Vernunft verständlich sind?

Billigt Dere dagegen den *Ḥadīṯen* die Rolle einer eigenen, über der Vernunft stehenden Erkenntnisquelle zu, fragt sich, mit welchem Recht er sie noch mit dem gesunden Menschenverstand prüft. Es besteht dann die Gefahr, dass die *Ḥadīṯe* eine unantastbare Autorität erhalten, die letztlich zu einer gefährlichen Heteronomie in der sittlichen Selbstbestimmung des Menschen führt. Eine solche Heteronomie mag in religiösen Zusammenhängen noch hinnehmbar sein. Sobald sie in der Sphäre des Sozialen und Politischen zugelassen wird, wird sie gefährlich und anfällig für fundamentalistische Kurzschlüsse. Von daher ist eine Klärung der Frage nach der Autorität der *Ḥadīṯe* gegenüber den autonomen Werten und Orientierungen der Vernunft alles andere als trivial, und es wäre schön, wenn Ali Dere hierzu Stellung nehmen könnte.

Darüber hinaus wäre es hilfreich, wenn Dere mehr Klarheit in der Frage schaffen könnte, wie sich moderne westliche Wissenschaften zur traditionellen *Ḥadīṯ*wissenschaft verhalten. Mich freut Deres Offenheit für den westlichen Wissenschaftstyp. Und natürlich habe ich großen Respekt vor seiner Hochachtung gegenüber der traditionellen *Ḥadīṯ*wissenschaft. Es ist auch klar, dass es apologetisch überzeugend ist, wenn man zeigen kann, dass das in der eigenen Tradition immer schon Gesagte sich auch mit den Methoden moderner Wissenschaft bewähren lässt. Aber was passiert im Konfliktfall? Welche Methoden haben mehr Gewicht, wenn die Ergebnisse westlicher Geschichtswissenschaft von den Ergebnissen der traditionellen *Ḥadīṯ*forschung abweichen? Im Zuge der historisch kritischen Erforschung der Bibel mussten fast alle vorher gängigen Hypothesen über die Entstehung und die Verlässlichkeit der christlichen Überlieferungen revidiert werden. Es wäre sehr überraschend, wenn eine kritische Prüfung der *Ḥadīṯe* tatsächlich die traditionellen Anschauungen immer bestätigen würde. Sicher ist das nicht unmöglich. Trotzdem wüsste ich gerne, wem er in Streitfragen mehr vertrauen würde: Der methodisch am modernen Wissenschaftsbetrieb geschulten Vernunft oder den Erkenntnissen der Tradition.

In diesen Zusammenhang gehört eine ganze Reihe von Rückfragen an die von Dere vorgetragenen Kriterien der *Ḥadīṯ*forschung. Ich will hier nur einige nennen: Wieso sollte es ein Zeichen historischer Zuverlässigkeit sein, dass die *Ḥadīṯe* in sich kongruent und stimmig sind? Muss man nicht eher damit rechnen, dass Muhammad sehr unterschiedliche Lebensphasen durchlebt hat und die verschiedenen Zeugen aus ihrer jeweiligen Perspektive unterschiedliche Facetten seiner Erfahrungen und Worte betonen, so dass gerade in der Polyphonie und Widersprüchlichkeit ein Zeichen von Authentizität liegen könnte? Muss nicht gerade eine starke Harmonie aus historischer Sicht Verdacht wecken – zumindest dann, wenn sie erkennbar späteren Interessen der *Umma* dient?

Oder ein anderer, ähnlich anzusiedelnder Punkt: Wieso sollte die Glaubensfestigkeit des Überlieferers ein Kriterium für die Authentizität seines Zeugnisses sein? Kann nicht gerade die eigene Sicherheit im Glauben dazu führen, die nicht verstandenen Aspekte von Offenbarung, also die mir unzugänglichen Seiten Gottes zu glätten? Warum sollte nicht gerade der religiöse Außenseiter etwas historisch Zuverlässiges berichten? Muss man nicht viel mehr auf die pragmatische Dimension der Überlieferungen achten, wenn man ihre Authentizität überprüfen will, d.h. muss man nicht viel mehr fragen, wer welche Vorteile davon hatte, wenn bestimmte *Ḥadīṯe* als authentisch galten und wenn bestimmte Überlieferer als besonders ehrlich und zuverlässig dargestellt werden? Könnte die in der Überlieferung behauptete Ehrlichkeit nicht eher ein Zeichen des Angepasstseins an das damalige politische System darstellen denn ein Zeichen für echte Vertrauenswürdigkeit und wahrhaft islamische Einstellung?

Auch diese Fragen sind sich bewusst, dass sie keineswegs der Weisheit letzter Schluss sind. Sie sind eher heuristisch gestellt, um anzudeuten, dass mir in der Vorgehensweise Deres eine Sensibilität für das fehlt, das man als Hermeneutik des Verdachts bezeichnen könnte. Anders gewendet: Mir kommt die wissenschaftliche Bearbeitung der *Ḥadīṯe* noch zu wenig vorurteilsfrei vor, und ich frage mich, ob ihr eine gehörige Portion westlichen Kritizismus nicht gut tun könnte. Vielleicht irre ich mich aber auch, und all meine Nachfragen sollen meine zu Anfang betonte Hochachtung für die Überlegungen Deres und für das von ihm skizzierte Projekt in keiner Weise schmälern.

Duplik

Ich habe für die konstruktive Kritik an meinem Artikel zu danken. Es liegt in der Natur der Sache, dass immer wieder Aspekte zu kurz ausfallen, wenn ein solch breites Feld in einem recht knappen Rahmen behandelt werden soll. Ich erlaube mir an dieser Stelle, nicht auf alle Fragen einzugehen, da dies erneut den Rahmen sprengen würde und einen eigenen zusätzlichen Artikel bedeuten würde. Vielmehr möchte ich mich auf das Hauptaugenmerk der Kritik konzentrieren. Die Kritik zielt zum einen darauf ab, die kritische Vernunft im Kontext der *Ḥadīṯe* und *Ḥadīṯ*wissenschaften zu verorten und, damit zusammenhängend, zum anderen darauf, wie autoritativ die *Ḥadīṯ*inhalte für die Gegenwart sind. Wie sich also *Ḥadīṯ*lehre und kritische Vernunft zueinander positionieren – das scheint mir die Grundidee der angeführten Kritik zu sein.

Die Entscheidung dieser Frage liegt zunächst in der Tatsache begründet, dass wir es bei der *Ḥadīṯ*lehre mit einer Wissenschaft zu tun haben. Die *Ḥadīṯ*wissenschaften folgen also rational erschließbaren, intersubjektiven Methoden und die Entscheidung darüber, ob einem *Ḥadīṯ* Authentizität und Autorität zukommt, wird rational und bei genauerer Betrachtung mehr als kritisch gefällt. Dass in diesem Selektionsprozess die kritische Vernunft maßgebend mitwirkt und dass bei der Urteilsfindung auch neue Erkenntnisse und Methoden etwa der Geschichtswissenschaften herangezogen werden, sollte einleuchten.

Die Kritik umfasst aber eine zweite Ebene. Sie bezieht sich auch auf den Umgang mit *Ḥadīṯen*, die bereits als authentisch ausgewiesen sind. In Bezug auf diese Frage ist vorauszuschicken, dass die überwältigende Mehrheit der Überlieferungen für die Gegenwart und das alltägliche Leben der Muslime nicht problematisch ist, ja ihnen gar eine gute Anleitung zum ethischen Handeln und Leben gibt. Dies soll aber weder über die sonst problematisch erscheinenden *Ḥadīṯe* hinwegtäuschen, noch darüber, dass der Gegenstand letztendlich eine Sammlung von Überlieferungen ist und damit stets der geschichtlich-kritischen Betrachtung offen gegenüberstehen muss. Normativ ist dann auch nicht die Überlieferung selbst, als vielmehr die Sunna, die in den *Ḥadīṯen* jeweils stets partikulär widergespiegelt ist.

Die Verortung von kritischer Vernunft und Überlieferung ergibt sich fast von selbst, da stets ein wissenschaftlicher Zugang zu einer historischen Quelle gefordert ist. Die Normativität ist erst das Resultat einer methodisch gültigen Erschließung des Überlieferten. Eine nähere Betrachtung der Methoden klassischer und zeitgenössischer Methoden der *Ḥadīṯ*wissenschaft wäre sicher hilfreich, um die weiteren kritischen Punkte zu erhellen. Eine solche Betrachtung kann ein solcher Artikel jedoch kaum bieten.

Enes Karić

Islam und Säkularismus

1. Einleitung

In meinem nachfolgenden Beitrag will ich versuchen das Konzept des Säkularismus bzw. des säkularen Staates aus muslimischer Sicht zu würdigen. Das mir gestellte Thema „Islam und Säkularismus" ist sehr allgemein, so dass ich mein Vorhaben durch einige einleitende Bemerkungen präzisieren möchte.

Erstens denke ich nicht, dass es zielführend ist, über den Islam im Allgemeinen zu diskutieren, ohne dabei seine unterschiedlichen historischen Erscheinungsformen angemessen in den Blick zu nehmen. Nicht alles war dauerhaft und unveränderbar im frühen Islam. Das Einzige, das die Kontinuität im Islam bewahrt hat, ist seine religiöse und ethische Dimension. Der Islam als ein soziales System, der Islam als eine Form von Theokratie, der Islam als Kalifat, als Sultanat, als Emirat usw. – all diese historischen Erscheinungsformen haben viele Veränderungen in der Geschichte durchgemacht.[1]

Kurz gesagt variierten die sozialen Erscheinungsformen des Islam von einem Zeitalter zum anderen und von einem kulturellen und sprachlichen Gebiet zum anderen. *Edward Said* zeigte genau dieses Faktum auf, indem er betonte, dass es falsch sei, beim Studium des Islam bei einem Wesen des Islam Zuflucht zu suchen,[2] einem Islam, der aus der Geschichte und aus einem konkreten sozialen Milieu herausgeschnitten wird.

Zweitens kannte die traditionelle Welt des Islam den Säkularismus nicht – so wie auch traditionelle christliche Gemeinschaften oder christliche Staaten in Europa während des Mittelalters den Säkularismus als genau definierte soziale Ideologie nicht kannten. Genauso wenig kannten sie ihn als konzeptionelles System, das die *staatliche Macht* herausgreift und sie von dem Einfluss der so genannten *religiösen Macht* trennt. Es ist nicht nötig, eigens zu erwähnen, dass der Einfluss, der von verschiedenen Päpsten über mehrere Jahrhunderte hinweg ausgeübt wurde, *de facto* einer der mächtigsten politischen Einflüsse in

---

1 Von der Binnensicht der islamischen Kultur aus wurde die beste Erklärung für das Phänomen des Wandels im historischen Islam von Ibn Khaldum in seinem berühmten Buch *al-muqaddima* (Die Einführung) gegeben, das in viele europäische Sprachen übersetzt wurde. Vgl. Ibn Khaldum, Buch der Beispiele. Die Einführung al-muqaddima, Leipzig 1997.

2 Vgl. Edward Said, Orientalism, London 1978; vgl. auch Edward Said, Covering Islam, London 1981.

der europäischen Geschichte war. Religiöse Hierarchien haben sowohl unter Muslimen als auch unter Christen wiederholt darin versagt, den Versuchungen der Macht zu widerstehen. Rufen wir uns also in Erinnerung, dass der Terminus *Säkularismus* erst sehr jung ist; er wurde erstmals von einem englischen Philosophen verwandt.[3] Erst viel später erschien der Säkularismus des modernen Typs auf der Weltbühne.

Drittens ist es für den traditionellen Islam, genauso wie für die traditionelle Christenheit, sehr wichtig zu erkennen, dass sich ihre Gesellschaft(en) und gesellschaftlichen Bedingungen in der Moderne erheblich verändert haben. Wir sollten also bei allen noch anzustellenden Überlegungen in Erinnerung behalten, dass es noch vor zweieinhalb Jahrhunderten unmöglich war, in Europa über ein Thema wie das hier gestellte, Islam und Säkularismus, zu diskutieren, weil es zu dieser Zeit noch gar keinen Säkularismus als allgemein anerkanntes, soziales System gab, über das man hätte sprechen können. Der Säkularismus als elaboriertes, soziales Konzept tritt erst nach 1789 als Kind der Französischen Revolution in Erscheinung. Seitdem hat sich der Säkularismus in sehr unterschiedlichen Weisen konkretisiert, die auch Religionen vor je unterschiedliche Herausforderungen stellen.

Beispielsweise existierte und existiert immer noch an einigen Orten ein kommunistischer Säkularismus, der alle traditionellen Religionen verfolgte und sogar zu Staatsfeinden erklärte. Auf der anderen Seite gab bzw. gibt es immer noch eine Theokratie, die auf einer bestimmten Interpretation des Islam basiert.[4]

Dies ist nicht der Ort, um in aller Ausführlichkeit die Geschichte des Islam oder des Säkularismus zu erörtern, und es wäre ein von vornherein zum Scheitern verurteiltes Unternehmen in diesem knappen Beitrag alles, was man über die Beziehung von Islam und Säkularismus sagen könnte, auszuführen. Aber die Vielfalt der vorhandenen und denkbaren Verhältnisbestimmungen beider Größen sollte bei der von mir getroffenen Auswahl immer als kritische Hintergrundfolie im Bewusstsein bleiben.

2. Der Islam und gegenwärtige säkulare Wandlungsprozesse

Eines der bemerkenswertesten Merkmale der neueren Geschichte des Islam ist der Kontakt zwischen der traditionellen Welt des Islam und dem modernen

---

[3] George Jacob Holyoake prägte den Terminus *Säkularismus* 1846. Vgl. George Jacob Holyoake, Christianity and Secularism: Report of a Public Discussion between the Rev. Brewin and George Jacob Holyoake, Whitefish 2006.

[4] Seyyed Hossein Nasr führt in seinem Buch *Ideals and Realities of Islam* aus, dass der Islam tatsächlich eine Nomokratie, keine Theokratie befürwortet. Vgl. hierzu das Kapitel mit dem Titel *The Shari'ah Divine Law – Social and Human Norm*. In: Seyyed Hossein Nasr, Ideals and Realities of Islam, London 1985, 115f.

Westen. Manche beschreiben diesen Kontakt auch als einen Zusammenprall.[5] Vom Jahr 1789 an, als Napoleon Ägypten und die Al-Azhar-Universität erobert hatte, war die traditionelle islamische Welt Zeugin eines ökonomischen, militärischen und technologischen Aufstiegs des Westens, der diesen in eine Situation der Überlegenheit gegenüber der traditionellen muslimischen Welt brachte. Während des 18. und 19. Jhs. dominierte der Westen durch die Kolonisation praktisch die gesamte islamische Welt.

Von daher ist die traditionelle Welt des Islam seit mehr als zwei Jahrhunderten mit den Lehren und dem Denken im Westen in Berührung gekommen: Der Säkularismus ist ihr ebenso vertraut wie Evolutionismus, Kapitalismus, Sozialismus, Kommunismus und Liberalismus. Man könnte sagen, dass für die traditionelle Welt des Islam die moderne Geschichte des Westens mit dem Auftreten von weltlichen Lehren, Philosophien und Weltanschauungen zusammenfällt. Der Säkularismus ist nur eine dieser westlichen Lehren.

Seit Ende des 18. Jhs. begannen die Muslime, unter dem Einfluss des modernen Westens, selbst mit einigen Unternehmungen, um ihre Institutionen zu modernisieren bzw. dem Projekt der Modernisierung zu öffnen. Unter der Osmanischen Herrschaft wurden Modernisierungsprozesse sozialer Institutionen nach europäischen Vorbildern seit dem Ende des 18. Jahrhunderts umgesetzt. Besonders waren es Sultan Selim III. und Mahmud II., die wichtige Reformen in Gang setzten.[6]

All dies beeinflusste die traditionelle Welt des Islam, die im Ergebnis tiefgreifende Veränderungen erfuhr. Das Osmanische Imperium, das letzte in der langen Reihe der großen islamischen Kalifate, ging unter. Es folgte die Entstehung verschiedener muslimischer Nationalstaaten. Der Islam als ideologischer Zusammenhalt des Staatssystems wurde durch die Ideologien des Nationalismus abgelöst, beispielsweise in arabischer, persischer oder türkischer Spielart.

Während der zweiten Hälfte des 20. Jhs. erlebten viele muslimische Länder, besonders im arabischen Mittleren Osten, verschiedene Formen des so genannten Arabischen Sozialismus und Kommunismus und, damit einhergehend, starre Formen des Säkularismus.

---

[5] In seinem Buch *The Muslim Discovery of Europe* betitelte Bernard Lewis ein Kapitel mit *Contact and Impact*. Bernard Lewis liest die gesamte Geschichte des Islam und des Westen durch die zweifache Matrix von *contact und impact*. Vgl. Bernard Lewis, The Muslim Discovery of Europe, New York 2001.

[6] In Bezug auf den Widerstand oder die Unterstützung der Reformen durch die *'ulamā* (die religiösen Gelehrten im Islam) vgl. Uriel Heyd, The Ottoman Ulema and Westernization in the Time of Selim III and Mahmud II. In: Studies In Islamic History and Civilization 11 (1961) 63-96.

3. Der Säkularismus liberaler Demokratien ist nicht anti-religiös

All diese Vorbemerkungen waren erforderlich, um jetzt zu der brisanten Frage kommen zu können, wie genauerhin die Beziehung zwischen dem Islam und dem Säkularismus zu beschreiben ist, wie er sich als soziale Doktrin in den liberalen westlichen Demokratien heute darstellt. Interessanterweise schauen viele muslimische Denker durchaus positiv auf diesen Typ von Säkularismus, der in vielen Ländern Westeuropas und in den USA begründet wurde.[7] Für diese Denker ist insbesondere die Form des Säkularismus, die sich nach 1945 in Westeuropa entwickelt hat und die beispielsweise die Verfassungsordnungen von Deutschland, Großbritannien, Österreich und der Schweiz prägt, sehr positiv zu bewerten.

Eine ähnliche Form des Säkularismus war in bestimmten Perioden der modernen Republik Türkei anzutreffen. Wenn wir von der Türkei als einem säkularen Staat reden, dann meinen wir das in Bezug auf ihre staatlichen Institutionen. Die Sachverhalte stellen sich natürlich anders dar, wenn man sich die türkische Gesellschaft ansieht. Sie ist keine säkulare Gesellschaft, sondern sie beinhaltet im Gegenteil eine Reihe von Phänomenen, die in der einen oder anderen Weise mit Religion, besonders mit der Volksreligion verbunden sind. Unserer Meinung nach sollte die Republik Türkei den Standards einiger europäischer Länder folgen, wenn es um die Rechte der Frauen geht, wie z.B. das Recht, das zu tragen, was auch immer sie an Universitäten und in staatlichen Institutionen tragen möchten.

Die westlich-europäische Form des Säkularismus bietet die Chance für ein Leben in Wohlstand und Freiheit für alle Gläubigen, insofern sie Bürger sind. Dies gilt auch uneingeschränkt für Muslime. Dieses vorgestellte Konzept des Säkularismus wurde von westlichen Gelehrten und Philosophen analysiert und gerechtfertigt. Nach *Jürgen Habermas* beispielsweise sollte der Säkularismus als „eine weltanschauliche Neutralität der Staatsgewalt, die gleiche ethische Freiheiten für jeden Bürger garantiert [...]“[8], verstanden werden.

Ich möchte in diesem Beitrag gerne betonen, dass dieses Konzept der Staatsbürgerschaft zunehmend an Akzeptanz in muslimischen Ländern gewinnt. In Ägypten beispielsweise hat *Fahmi Huwaydi* mehrere Texte geschrieben, in denen er das Argument vorbringt, dass das moderne europäische Konzept der Staatsbürgerschaft dem Islam nicht widerspricht. Seiner Ansicht nach sind

---

[7] *Hišam Djait, Tarik Ali, Fahmi Huwaydi, Muhammad Arkoun, Abdalwahab Bouhdiba, Fikret Karčić* sind zum Beispiel einige der prominenten muslimischen Intellektuellen, die den Islam als Glaube und als ein System moralischer und ethischer Normen ansehen, die mit dem Säkularismus der liberalen Demokratien des Westens koexistieren können.

[8] JÜRGEN HABERMAS/ JOSEF RATZINGER, Dialektik der Säkularisierung – Über Vernunft und Religion, Freiburg 2005, 36.

Christen in Ländern mit muslimischer Bevölkerungsmehrheit nicht Schutzbefohlene *(Dimmiyyun)*, sondern Bürger *(Muwatinun)*.[9]

Eine weitere bedenkenswerte Überlegung von Jürgen Habermas besagt Folgendes: „Säkularisierte Bürger dürfen, soweit sie in ihrer Rolle als Staatsbürger auftreten, weder religiösen Weltbildern grundsätzlich ein Wahrheitspotential absprechen, noch den gläubigen Mitbürgern das Recht bestreiten, in religiöser Sprache Beiträge zu öffentlichen Diskussionen zu machen."[10]

Es ist klar, dass Habermas seine Sichtweisen über den heutigen positiven Säkularismus im Kontext liberaler politischer Kultur und Demokratie entwickelt. An gleicher Stelle sagt er auch: „Eine liberale politische Kultur kann sogar von den säkularisierten Bürgern erwarten, dass sie sich an Anstrengungen beteiligen, relevante Beiträge aus der religiösen in eine öffentlich zugängliche Sprache zu übersetzen."[11]

Wenn man Habermas' Worte im Hinterkopf behält, können wir auch würdigen, dass Tausende wertvoller Bücher über den Islam als Glaube, Kultur, Geschichte und Zivilisation in westlichen liberalen Demokratien veröffentlicht werden. Heute ist Englisch die Hauptsprache des Islam. Mit ihrem Diskurs über den Islam als Glaube, Kultur und Zivilisation leisten Muslime aus Europa und dem Westen einen Beitrag zu den pluralen Formen des Diskurses, der in Westeuropa begründet wurde.

John D. Carlson, ein vorzüglicher Kenner der Geschichte und Entwicklung des Säkularismus, bringt den Begriff Säkularismus mit dem Terminus *saeculum* in Verbindung. „Was ist dieses *saeculum*? Auf einer Ebene ist es ein eschatologisches Konzept, das die Zwischenzeit beschreibt, die der Endzeit vorausgeht: Für Christen ist es das Interregnum zwischen dem ersten und zweiten Kommen von Jesus Christus; für alle Menschen gehört es zum Leben in dieser Welt."[12] Carlson beteuert ferner, dass „diese zeitliche Idee eines *saeculum* auch eine räumliche Vorstellung mit sich bringt, die vielleicht am besten als soziokulturell-politischer Bereich beschrieben werden könnte, der staatsbürgerliche Raum, in dem beide, Gläubige und Ungläubige, wohnen. Der Begriff *saeculum* beeinflusst unsere moderne Idee des Säkularen, obwohl hier, säkular' nicht das meint, was es heute oft für uns bedeutet: antireligiös oder areligiös, gründlich

---

9 Das berühmte Motto von Fahmi Huwaydi ist: *Muwatinun, la Dimiyyun* (Bürger und keine Schutzbefohlene!). Vgl. FAHMI AL-HUWAYDI, Muwatinun la Dhimmiyyun: ghayr al-Muslimin fi mujtama'a l-Muslimin, Beirut 1985. Zu einigen neueren Wahrnehmungen der Christen aus muslimischer Sicht vgl. HUGH GODDARD, Perceptions of Christians and Christianity. In: SUHA TAJI-FAROUKI/ BESHEER M. NAFI (Hg.), Islamic Thought in the Twentieth Century, London 2004, 296-317.

10 HABERMAS/ RATZINGER, Dialektik der Säkularisierung, 36.

11 Ebd., S. 36.

12 JOHN D. CARLSON, God, War and the Secular: Varieties of Religious and Ethical Traditions. In: Barry Law Review 7 (2006), 3. (Eig. Übers.)

gesäubert von religiösen Spuren."[13] Nach Carlson ist in säkularen liberalen Gesellschaften das Heilige frei, es übt keine Macht aus, aber es wird auch nicht von säkularer Gewalt unterdrückt; das Heilige wird nicht aus dem öffentlichen Leben verbannt. In westlichen demokratischen Gesellschaften ist der Begriff des Säkularen also weiterentwickelt und in seinem Bedeutungsspektrum erweitert worden, so dass er jetzt über den Begriff des Profanen hinausgeht.

Carlson erläutert die hier verwendete Abgrenzung des Begriffs des Säkularen von dem des Profanen folgendermaßen: „Während das Profane als abweisend gegenüber dem Heiligen oder dem Religiösen definiert wird, wird das Säkulare ohne Bezugnahme auf Religion verstanden, so dass es Ungläubige einbezieht."[14] Carlson fügt jedoch sofort hinzu, dass das so verstandene Säkulare (im Sinne liberaler Demokratien) „offen bleibt auch für Gläubige, da dieser Bereich nicht das Profane ist, das mit religiösem Glauben inkompatibel wäre."[15]

Auf der Basis der Dinge, die bisher gesagt wurden, können wir sehen, dass in den demokratischen Ländern des Westens das *saeculum* „die gemeinsame Schnittmenge zwischen der Gruppe der Insider und der Outsider ist, die Sphäre, in der sie ein gemeinsames Interesse haben können."[16] An diesem Punkt würde ich gerne betonen, dass bei dieser Art von Säkularismus Muslime in Europa und im Westen im Allgemeinen sowohl ihre speziellen als auch ihre gemeinsamen Interessen mit anderen in die Tat umsetzen können, mit anderen Gläubigen und Nichtgläubigen, eben gemeinsam mit den Mitbürgerinnen und Mitbürgern liberaler Demokratien.

4. Der Säkularismus liberaler Demokratien und die Frage der Macht

Natürlich stellen sich in Bezug auf den Säkularismus in Westeuropa und den USA viele Fragen. Aber die wichtigste Frage ist diejenige nach der Macht und der Entscheidungsfindung in einer so organisierten Gesellschaft. Die Regierung in säkularen Ländern mit freiheitlich-demokratischer Grundordnung wird weder von religiösen Instanzen kontrolliert noch werden Staatsentscheidungen durch die Religion, die Kirche, Moschee, Synagoge oder andere religiöse Autoritäten gefällt. In säkularen Systemen mit freiheitlich-demokratischer Grundordnung wird die Macht durch ein säkulares Parlament und eine säkulare Regierung ausgeübt und kontrolliert. Die Regierung wird in säkularen, staatsbürgerlichen Wahlen gewählt und ist von daher unabhängig von religiöser Machtausübung.

13 Ebd. (Eig. Übers.)
14 John D. Carlson, God, War and the Secular, 3. (Eig. Übers.)
15 Ebd. (Eig. Übers.)
16 Ebd. (Eig. Übers.)

Dennoch läuft das Konzept des Säkularen, wie es in Westeuropa nach 1945 entwickelt wurde, nicht automatisch auf *Atheismus* und *Gottlosigkeit* hinaus und erst Recht nicht auf eine *agressive Gottlosigkeit*. In den Ländern liberaler westlicher Demokratien sind Glaube und Religion frei; diese Freiheit wird nicht nur negativ als Freiheit von Zwang verstanden, sondern auch positiv als Aufforderung dazu, sich mündig zur Religion verhalten zu können, so dass Religionen in diesen Ländern sogar gefördert werden. Schon die erwähnte negative Religionsfreiheit bedeutet selbstverständlich, dass Religionen nicht vom Staat beaufsichtigt und auch nicht an den Rand des Lebens und der Gesellschaft gedrängt werden. In einem solchen politischen Kontext sind Glaube oder Unglaube auch idealerweise weder ein Vorteil noch ein Nachteil, um Teil der Regierung sein zu können.

Mir scheint es in diesem Zusammenhang außerordentlich wichtig zu sein, dass muslimische Bürger in westeuropäischen Ländern und den USA ihre Interpretation des Islam so modifizieren, dass der *Islam als Glaube* und das vorherrschende demokratische System miteinander in Einklang gebracht werden können. Im System liberaler Demokratie wird der Islam genau wie jeder andere Glaube zu einer Sache der Freiheit und der persönlichen Wahl; die Möglichkeit der freien Entscheidung für ihn gehört mit in den weiten Bereich der Menschenrechte. Zur Verdeutlichung dieses Zusammenhangs sind auch viele bemerkenswerte Studien in Europa über den Islam erschienen, und ich würdige hier besonders das Werk *Tariq Ramadans*.[17]

Der Islam hat in säkularen Ländern mit freiheitlich-demokratischer Grundordnung als Glaube eine Chance. Auf diese Weise wird er in seiner Eigenart als religiöser Glaube in das ihm zustehende Recht gesetzt. Er hört auf, eine Staatsideologie zu sein und wird mehr als Glaube und in seiner ethischen Kraft wahrgenommen.

5. Islamische Gemeinschaft und säkulare Gesellschaften in Europa auf dem Weg zur Zusammenarbeit

Wenn ich von einer *islamischen Gemeinschaft* in säkularen europäischen Gesellschaften spreche, beziehe ich mich auf traditionelle, religiöse, muslimische Gemeinschaften, wie sie während des 20. Jhs. vielerorts in Westeuropa entstan-

[17] Vgl. z.B. folgende Bücher: TARIQ RAMADAN, Western Muslims and the Future of Islam, New York 2003. und TARIQ RAMADAN, Islam, the West and the Challenges of Modernity. Which Project for which Modernity?, Leicester 2000. Auch sehr interessant ist TARIQ RAMADAN, Radikale Reform, Die Botschaft des Islam für die moderne Gesellschaft, München 2009. Ebenfalls erwähnt werden sollte TARIQ RAMADAN, Muslimsein in Europa. Untersuchungen der islamischen Quellen im Kontext, Marburg 2001.

den sind. Sie werden durch unterschiedliche Formen religiöser Hierarchien geleitet und sind in institutioneller Form organisiert. Dank der (staats-)bürgerlichen Freiheiten und der Menschenrechte sind diese islamischen Gemeinschaften in den säkularen Gesellschaften Westeuropas sichtbar und transparent.

Westlich-säkulare Gesellschaften mit freiheitlich-demokratischer Grundordnung ermöglichen und fördern viele Formen der Koexistenz und Kooperation zwischen Staat und religiösen Gemeinschaften. Die heutigen säkularen Staaten Westeuropas sehen ihre Bevölkerung in erster Linie als Bürger und das Feld des Säkularen steht allen zur Kooperation offen.

Der säkulare Staat heutiger liberaler Demokratien ist selbst inklusiv, nicht exklusiv.[18] Somit schließt ein solcher säkularer Staat bzw. eine solche säkulare Gesellschaft Muslime in das gesellschaftliche Leben mit ein und schließt sie nicht aus. Solch ein Staat versucht, die religiösen Gemeinschaften und die säkulare bzw. bürgerliche Gesellschaft in eine friedliche Koexistenz miteinander in einer pluralen Welt zu bringen.

Der säkulare Staat bzw. die säkulare Gesellschaft betrifft die Räume und das Gebiet der generellen, bürgerlichen Bedürfnisse aller Menschen. Dabei geht es beispielsweise um Wirtschaft, Kommunikation, den Markt, das Gesundheitswesen und die Bildung. Der säkulare Staat kümmert sich um diese Themen und regelt sie gleichsam von außen, um ihr reibungsloses Funktionieren sicherstellen zu können. Er hat in Westeuropa heutzutage das exklusive Recht zu regieren, Recht zu sprechen und zu sanktionieren. Das Gesetz bzw. die Gesetze, an die sich die säkulare Gesellschaft hält, berücksichtigen dabei die Grundsätze der Gerechtigkeit, aber häufig sind diese Gesetze nicht durch die Religion inspiriert – und müssen es auch nicht sein.

Deshalb nehmen alle Menschen an den Bereichen des sozialen Lebens teil, die den säkularen Staat betreffen, ungeachtet, welche religiöse oder ideologische Identität sie haben bzw. welches Weltbild sie vertreten. In diesem idealen Konzept diskriminiert (oder privilegiert) der weltanschaulich neutrale Staat niemanden wegen seiner Zugehörigkeit zu einer bestimmten Religion, Ethnie, Rasse, Klasse, politischen Meinung, einem bestimmten Geschlecht usw.

Glaubensgemeinschaften und religiöse Gemeinschaften können in säkularen Gesellschaften (und dem weltanschaulich neutralen Staat) viele Phänomene in den *säkularen Bereichen des Seins* kritisieren. Sie sind frei, sich des Alkohol-

---

[18] Das Säkulare, von dem wir an dieser Stelle sprechen, das Säkulare als Begriff, das Säkulare in der heutigen öffentlichen Kommunikation in Europa, bezeichnet das soziale und das staatliche System in der Praxis, das weltliche, nicht-kirchliche, nicht-religiöse! Daher ist das Säkulare eine Sphäre, ein Gebiet solcher Angelegenheiten in der Gesellschaft und im Staat, die in keiner Weise durch die Religion, religiöse Gemeinschaften, die Kirche, religiöse Hierarchie, religiöses Gesetz oder *fatwas* regiert und geregelt werden.

konsums zu enthalten, Abtreibung zu verurteilen und Drogenmissbrauch anzuprangern. Sie können auch die öffentliche Nachgiebigkeit gegenüber Pädophilie kritisieren und die öffentliche Unterstützung von Homosexualität und Ehescheidungen ablehnen. Aber dadurch, dass religiöse Gemeinschaften in einer säkularen Gesellschaft tätig sind, hat ihre Haltung *nur eine moralische Bedeutung* und nicht eine rechtliche. Sie wirken als Verlautbarung der Stimme des gläubigen Gewissens.

Ideal konzipiert und konsequent umgesetzt gibt die Praxis der säkularen Gesellschaft, die nicht diskriminiert, sondern insgesamt die Freiheit des Menschen, einschließlich der Glaubensfreiheit, bejaht, religiösen Gemeinschaften die Chance, sogar *noch religiöser* zu werden. Die heutigen säkularen Gesellschaften des hochentwickelten Westens haben es religiösen Gemeinschaften ermöglicht, ihre Arbeit und Aktivitäten in vielen Gebieten auszudifferenzieren und zu vertiefen. Ich selbst habe eine Vielzahl religiöser Universitäten, Fakultäten, Krankenhäuser, medizinischer Zentren, Zusammenschlüsse unterschiedlicher Art, Medien, Hotels, Restaurants, Agenturen usw. besucht. Sie alle sind Beispiele der positiven und nützlichen Zusammenarbeit und Koexistenz zwischen der säkularen Gesellschaft und religiösen Gemeinschaften.

Aus diesem Grund bin ich der Meinung, dass Muslime keine Angst vor und keine Aversion gegen die säkulare Gesellschaft haben sollten – jedenfalls nicht gegen die säkulare und bürgerliche Gesellschaft, wie sie in den (hochentwickelten) Ländern Westeuropas in den letzten 50 Jahren (oder mehr) konzipiert und behutsam, aber energisch in die Praxis umgesetzt wurde! In diesen Ländern meint *säkulare Gesellschaft* und *säkularer Staat* nichts Anti-Religiöses und nichts gegen Gott Gerichtetes, sondern vor allem staatliche und soziale Unparteilichkeit gegenüber den Bürgerinnen und Bürgern, d.h. gleiche Rechte mit der Möglichkeit zur Zusammenarbeit und die Offenheit des Staates und der Gesellschaft gegenüber allen Religionen, Gläubigen und Weltanschauungen, solange die Gläubigen ihre Religion in Übereinstimmung mit dem Gesetz ausüben.

Die säkulare Gesellschaft wird (zumindest während der letzten 50 Jahre in Europa) nicht anti-religiös interpretiert und gelebt und auch nicht vorsätzlich oder aktiv areligiös; sie ist ebenfalls nicht gegen Gott oder gegen Gläubige! Im Gegenteil haben sich säkulare Gesellschaften in Westeuropa nach dem Zweiten Weltkrieg als positive Errungenschaft erwiesen, als eine offene, kooperative und inklusive Wirklichkeit angesichts der Pluralität der religiösen Bereiche und Gebilde, aber auch angesichts der religiösen Herausforderungen und Anfragen der modernen europäischen politischen Szene.[19]

---

[19] Man sollte die Frage nicht umgehen, um wessen *Säkularismus* es sich eigentlich handelt. Da säkulare Gesellschaften keine selbstgeschaffenen Phänomene sind (im Gegenteil, sie sind in Ländern entstanden, die ihre eigene, lange religiöse Tradition haben) ist das Phänomen des Sä-

Muslime können als Bürger westlich-europäischer Länder fünf Werte kultivieren und entwickeln, die klassisch-islamische, theologische Schulen als den Zweck des islamischen Lebens beschreiben. Diese fünf wesentlichen Werte sind der Schutz und die Zustimmung zu:

a) Leben *(Nafs)*, b) Religion *(Dīn)*, c) Vernunft *(ʻAql)*, d) Besitz *(Māl)* und e) Würde *(Arḍ)*.

Der Säkularismus liberaler Demokratien in Westeuropa und den USA ermöglicht Muslimen diese fünf Werte zu kultivieren und zu respektieren. Dabei muss es Muslimen darum gehen, sie in Bezug auf sich selbst zu respektieren, aber auch dasselbe Recht Nichtmuslimen zuzugestehen und so diese fünf Werte auch zu respektieren, wenn andere betroffen sind – unabhängig davon, ob sie gläubig oder ungläubig sind.

Das Zusammenwirken vom Islam als Glaube und den säkularen Systemen liberaler Demokratien in Westeuropa und den USA ist bereits seit 50 Jahren Wirklichkeit. Dieses Zusammenwirken sollte gefördert werden. Es ist eine besondere Pflicht für muslimische Intellektuelle in Europa und dem Westen, die theoretische Basis für das Zusammenwirken von Islam und dieser Form von Säkularismus zu bereiten.

Aus dem Englischen übersetzt von Anna-Maria Fischer.

Replik

Ich möchte in meiner Stellungnahme drei Punkte der Überlegungen von Enes Karić herausgreifen und dazu Nachfragen formulieren.

1. Der Text von Enes Karić zeigt in überzeugender Art und Weise, dass es eine große Vielfalt an politischen Konzepten im Islam gibt und dass man nicht eine bestimmte Regierungsform als die vom Islam her vorgegebene ansehen kann. Überzeugend macht er deutlich, dass es keinen fundamentalen Widerspruch zwischen säkularen, liberalen Demokratien westlichen Zuschnitts und dem Islam gibt. Dies ist gerade deswegen bemerkenswert, weil die Trennung von Religion und Staat, die im Säkularismus westlicher Demokratien verankert ist, oft als mit dem Wesen des Islam unvereinbar hingestellt wird. Karić argumentiert hier gerade vor dem Hintergrund seiner Erfahrungen in Bosnien eindeutig für die Vereinbarkeit von einer liberalen, säkularen Verfassung west-

kularismus – nicht nur heute, sondern immer schon – in einem kulturellen und zivilisatorisch genau bestimmten Kontext und Milieu aufgetreten. Ein *Westler* könnte den Säkularismus der Republik Türkei als eine Art Manifestation des *staatsbürgerlichen Islam* sehen, so wie auch gleichermaßen ein traditioneller Muslim den Säkularismus in Frankreich als eine Art Manifestation des *staatsbürgerlichen Katholizismus* sehen könnte. Diese Tatsache sollte bedacht werden.

lichen Zuschnitts mit dem Islam, ja er zeigt sogar Chancen auf, die für den Islam im Säkularismus liegen können.

Theologisch interessant ist dabei nicht zuletzt seine klare Absage an jeden Versuch, in politischen Zusammenhängen nach dem Wesen des Islam zu suchen. Trotz dieser Absage scheint Karić den Anspruch zu erheben, dass es so etwas wie das Wesen des Islam gibt – allerdings nicht in der politischen, sondern in einer religiösen und ethischen Dimension. Wenn er dafür plädiert, dass der Säkularismus dem Islam helfen kann, sich auf seine ethischen und spirituellen Kräfte zu konzentrieren, scheint er davon auszugehen, dass es einen (ethischen und religiösen) Kern des Islam gibt, der während der Geschichte unverändert bleibt. Diese Aussage ist für einen christlichen Hörer gerade vor dem Hintergrund spannend, dass es in der deutschen Theologie eine lange Tradition der Suche nach dem Wesen des Christentums gibt. Von daher möchte ich gerne nachfragen, ob Karić es für möglich hält, das Wesen des Islam zu definieren und in welchen Dimensionen er dieses Wesen zu beschreiben versuchen würde.

2. Ich stimme völlig mit Karić überein, dass „Gesetz und Gesetze, an die sich die säkulare Gesellschaft hält, Gerechtigkeit berücksichtigen, aber solche Gesetze oft nicht durch Religion inspiriert sind und es auch nicht sein müssen". Meine Frage ist, ob dies wirklich eine neue Entwicklung ist. Schabestari erhebt in einigen seiner Beiträge den Anspruch, dass der Begriff der Gerechtigkeit im Qur'ān mit einer säkularen, rein philosophischen Herangehensweise verstanden und definiert werden kann. Seiner Meinung nach sind die Regelungen der *Šarīʿa* , die sich auf politische Gerechtigkeit beziehen, nicht Teil der Offenbarung, sondern Ergebnisse einer Vernunftanstrengung, die nicht explizit religiös ist. Zumindest ist es in seinen Augen möglich, die materialen Gehalte politischer Gerechtigkeit, die im Qur'ān formuliert sind, aus der autonomen philosophischen Vernunft abzuleiten. Können wir also sagen, dass der Qur'ān ethische Werte und religiöse Wahrheiten offenbart, aber nicht Regeln, wie Gerechtigkeit in einer Gesellschaft umgesetzt werden soll? Könnte man mit Schabestari übereinstimmen, dass der Begriff der Gerechtigkeit im Qur'ān auch von einer säkularen, rein philosophischen Vernunftanstrengung erreicht werden kann?

3. Schließlich möchte ich noch eine kleine Nachfrage zum politischen System in der Türkei stellen. In der westlichen Debatte über die politische Situation in der Türkei werden meistens zwei Punkte betont, die das Verhältnis zwischen Staat und Religion in der Türkei nicht gerade als vorbildlich erscheinen lassen. Auf der einen Seite wird immer wieder auf Formen der Diskriminierung von Nicht-Muslimen hingewiesen, besonders von Christen. Auf der anderen Seite werden selbst Muslime von Kemalisten und ihrer Ideologie einer völligen Trennung der Religion vom öffentlichen Leben diskriminiert. Aus diesem Grund frage ich mich, ob das türkische politische System ein gutes Beispiel für

eine säkulare Gesellschaft ist, in dem es auch eine Form der Partnerschaft und Zusammenarbeit zwischen den Religionen und der Regierung (wie z.B. in Deutschland) gibt. Das türkische System scheint mir eher dem französischen zu ähneln, so dass ich mich über die positive Würdigung der Türkei im Text von Karić wundere.

Duplik

Ich möchte die gestellten Fragen eine nach der anderen behandeln.

1. Um Missverständnissen vorzubeugen, möchte ich zunächst einmal betonen, dass ich als traditioneller Muslim nicht jede Form des Säkularismus, der in der Geschichte aufgetreten ist, gutheißen kann. Dennoch betone ich gerne noch einmal, dass der Säkularismus liberaler Demokratien, wie er in einigen europäischen Ländern und den USA praktiziert wird, eine Form von Säkularismus ist, der – besonders in seinen Wirtschaftspraktiken und seinem Interesse an einer Pluralität der religiösen und weltanschaulichen Überzeugungen – für die Muslime in ihren modernen Interpretationen des Islams heute eine positive Herausforderung darstellt.

Im Übrigen beanspruche ich in der Tat, dass es ein unveränderliches Wesen des Islam gibt, und dieses ist genauerhin der Islam als Frömmigkeitsform und Gebetspraxis, der Islam als Glaube und Moral, der Islam als eine kontinuierliche Tradition ritueller und sakraler Praxis. Dieser Islam der Gebetspraxis, des Glaubens und des Rituals, dieser Islam der individual- und sozialethisch bestimmten Normen ist etwas, das über einzelne politische Formen, die der Islam in der Geschichte hervorbrachte, hinausgeht und diese überlebt. Dieser Islam ist etwas, das die politischen Formen und Gebilde überleben wird, die von Sozialisten, Kapitalisten oder dem liberalen Westen erdacht worden sind. Für mich ist das Wesen des Islam also die islamische Glaubenspraxis, die ebenso die zentralen Glaubensgehalte des Islam mit einschließt wie die Praxis des islamischen Gebetes, des Fastens und der Pilgerfahrt. Darüber hinaus gehört zu diesem Kern muslimischer Identität eine besondere Tradition moralischer Werte, die – bei aller Spezifität ihrer islamischen Ausformung – ein Erbe der Zehn Gebote sind. Ich denke, dass diese drei Dinge, der Islam als Frömmigkeitsform, der Islam als Glaube und der Islam als Moralität, den unveränderlichen Kern des Islam bilden. Kalifate sind gekommen und gegangen, aber der Islam existiert; Sultanate sind gekommen und gegangen, aber der Islam existiert immer noch.

2. Ich stimme mit der in der Replik formulierten These Schabestaris nicht überein. Als Muslim bin ich dazu verpflichtet zu glauben, dass mir ein heiliges Gesetz als solches in der Offenbarung des Qur'ān offenbart wurde. Das heili-

ge Gesetz ist ein integraler Bestandteil der Offenbarung. Allerdings sind uns viele Dinge in dem heiligen Gesetz des Qur'ān und der *Ḥadīṯe* so gegeben, dass Alternativmöglichkeiten und eine hohe Flexibilität in ihrer Anwendung gegeben sind. So ist beispielsweise das Gebot des Fastens nicht verhandelbar, aber aus einem wichtigen Grund kann man später fasten; genauso steht fest, dass man in einer festgelegten Zeitspanne beten sollte, aber wenn man beschäftigt ist, kann man zwei Gebete zusammenfassen. Aus diesem Grund sehe ich die verschiedenen Rechtsschulen (*Maḏāhib*) im Islam als zahlreiche Pfade der islamischen Flexibilität an. Diese Schulen haben das heilige Gesetz jeweils in großer Harmonie mit den Bedürfnissen und Denkbewegungen der jeweils aktuellen Zeiten und Orten interpretiert. Sie haben die Anwendung des heiligen Gesetzes je neu kontextualisiert.

Schließlich möchte ich noch folgenden Punkt betonen: Wenn säkulare Gesetze für Gerechtigkeit in der Gesellschaft eintreten, wenn sie das Leben und die Freiheit der Menschen auf gerechte Art und Weise schützen wollen, dann meine ich, dass säkulare Gesetze auf diesem Weg dieselbe Gerechtigkeit und Freiheit schützen, die auch durch das heilige Gesetz geschützt werden. Die Werte säkularen und religiösen Denkens und Handelns sind dann die gleichen, unabhängig von den letzten Zielen des Schutzes. Dennoch darf man diese letzten Ziele nicht ganz aus den Augen verlieren: Säkulare Gesetze sind nur ein entferntes Echo der heiligen oder religiösen Gesetze. Wir sollten nie vergessen, dass die Wärme, die Felder und Berge während der Nacht ausstrahlen, von der Sonne kommen, die bereits untergegangen ist.

3. Als letzten Punkt möchte ich noch meine Würdigung der neueren Entwicklung in der Türkei erläutern. Meiner Meinung nach haben mehrere türkische Regierungen, besonders Regierungen in neuerer Zeit, eine Bereitschaft gezeigt, für Religion und religiöse Freiheiten einzutreten, wie wir sie auch in den besten liberalen Demokratien in der EU sehen können. In dieser Weise schlägt die Türkei nicht zuletzt in der Praxis eine andere Richtung ein als das französische Modell der *laicité*. Gewöhnliche Muslime, also die Muslime, die fromm sind und ihre Frömmigkeit nicht an politische Moden oder Regierungs- und Staatsformen anpassen, freuen sich über die Regierung von Recep Tayip Erdoğan. Diese Regierung arbeitet sowohl auf einen ökonomischen Wohlstand hin und eine Wiederentdeckung des Individuums und der Gesellschaft, als auch auf eine Förderung der bürgerlichen Freiheit und der Freiheit des religiösen Glaubens und der religiösen Praxis. Aus diesem Grund habe ich die heutige Republik Türkei als positives Modell erwähnt.

Aus dem Englischen übersetzt von Anna-Maria Fischer.

Hamideh Mohagheghi

Der Mensch und seine Verantwortung

Überlegungen aus der Perspektive muslimischer Frauen

Menschenbild im Islam

Welches Bild vom Menschen vermittelt der Islam? Ist der Mensch in seinem Wesen gut oder schlecht? Ist er in seiner Denk- und Handlungsweise frei oder unterliegt er den Zwängen der Macht und Autorität Gottes? Aus dem Qur'ān als Primärquelle kann man ein Menschenbild rekonstruieren; auch in der Tradition gibt es zahlreiche Überlieferungen, die sich mit menschlichen Handlungen und Konsequenzen ihrer Taten beschäftigen und zu diesem Thema herangezogen werden können. Die muslimischen Theologen und Philosophen befassten sich ausführlich mit dem Thema Mensch und erzielten ein vielschichtiges Menschenbild.

Der Mensch im Qur'ān und in der Überlieferung

In der qur'ānischen Schöpfungsgeschichte offenbart Gott den Engeln, dass er ein Wesen aus Materie erschaffen und ihm seinen Geist einhauchen will: „Und als dein Erhalter zu den Engeln sprach: Ich werde einen Menschen aus einer Trockenmasse, aus einem gestaltbaren schwarzen Schlamm erschaffen. Wenn Ich ihn geformt und ihm von meinem Geist eingehaucht habe, dann fallt und werft euch vor ihm nieder!" (Sure 15,29-30) Die Aufforderung Gottes an die Engel, sich vor Adam niederzuwerfen, sorgte bei ihnen offensichtlich für Irritationen und später bei der islamischen Philosophie und Theologie für kontroverse Diskussionen. Die Engel sind überrascht, dass Gott die Erschaffung eines Wesens ankündigt und erstaunt, dass Gott etwas erschaffen will, das den Hang zu destruktiven Handlungen hat; sie stellen die Frage: „Willst Du auf ihr [der Erde] einen einsetzen, der auf ihr Unheil stiftet und Blut vergießt, während wir dein Lob singen und deine Heiligkeit rühmen?" (Sure 2,30) Diese Frage kann rhetorisch weitergedacht werden: Was denkt Gott sich dabei und was fehlt der Schöpfung, wenn Gott als Schöpfer auf ihr ein derartiges Geschöpf einsetzen will? In einigen Kommentaren wird das Gespräch zwischen Gott und den Engeln bezüglich der Erschaffung des Menschen als Anspruch der Engel kommentiert, den Menschen als Statthalter Gottes nicht anzuerkennen.[1] Die Antwort Gottes jedoch ließ sie wissen, dass Er mit dieser Schöpfung etwas Besonderes vorhat: „Ich weiß etwas, von dem ihr keine Kenntnis habt." (Sure 2,30) Die weitere Abfolge der Schöpfungsgeschichte lässt erkennen, dass das Ziel der Schöpfung nicht ausschließlich darin liegt, Gott zu heiligen, sich vor Ihm niederzuwerfen und sich Gottes Bestimmungen widerstandslos zu unterwerfen, wie die Engel es taten.

In der Schöpfung des Menschen liegen vielschichtige Geheimnisse und in seinem Wesen vielfältige Eigenschaften, die die Engel nicht kennen und erfassen konnten. Ein erstes Geheimnis offenbarte Gott ihnen bereits, als die Erschaffung Adams erfolgte. Gott lehrte ihn die „Namen der Dinge" und stellte ihn den Engeln gegenüber, um zu demonstrieren, über welche Fähigkeit der Mensch verfüge: „Und Er [Gott] lehrte Adam die Namen aller Dinge; dann führte Er sie den Engeln vor und sprach: Tut mir die Namen dieser kund, so ihr die Wahrheit sagt. Sie sagten: Preis sei Dir! Wir haben kein Wissen außer dem, was Du uns gelehrt hast. Du bist der, der alles weiß und weise ist. Er sprach: O Adam, tu ihnen ihre Namen kund. Als er ihre Namen kundgetan hatte, sprach Er [Gott]: Habe Ich euch nicht gesagt: Ich weiß das Unsichtbare der Himmel und der Erde, und Ich weiß, was ihr offenlegt und was ihr verschweigt?" (Sure 2,31-33) Hier geht es nicht darum, dass der Mensch die Namen von Dingen oder Tieren gelernt hat, die qur'ānische Aussage bezieht sich vielmehr auf die Fähigkeit des Menschen, sich das Wissen und die Wissenschaften aneignen zu können. Es wird an dieser Stelle auf die Möglichkeit des Lernens hingewiesen. Die bevorzugte Stellung des Menschen in der Schöpfung ist u.a. in seinem Potenzial begründet, zu lernen, zu forschen, mittels seines Denkvermögens und seiner Vernunft abzuwägen und zu entscheiden. Die Masse Erde, Staub, Lehm, also die Materie, wird Statthalter Gottes dadurch, dass sie den Geist Gottes in sich trägt, das einzige Wesen ist, das Fragen nach dem Sinn und Zweck seines Daseins stellt, das Universum erkundet, über Vernunft verfügt, denken und unterscheiden kann.

Nach der qur'ānischen Auffassung nahm der Mensch bewusst die Verantwortung auf sich, die Schöpfung zu verwalten, als die mächtigen Geschöpfe wie Himmel, Erde und Berge sich dieser Verantwortung entzogen, wie in Sure 33,72 dargestellt wird: „Wir haben den Himmeln, der Erde und den Bergen das anvertraute Gut (*Amāna*) angeboten, sie weigerten sich, es zu tragen und fürchteten sich davor. Und der Mensch nahm es auf sich, er ist ungerecht, unwis-

---

[1] Vgl. Seyyed Muhammad Husein Tabatabai, Tafsir al Mizan (Ausgewogene Interpretation), Bd. 1, Teheran 1987, 147-164.

send." Der Begriff *Amāna* stammt aus der gleichen Wurzel wie die Begriffe *Īmān* (der Glaube, sich anvertrauen), *Amn* (Sicherheit) und *Amān* (Zustand des Friedens). In der arabischen Sprache ist es wichtig, auf die Bedeutung der Wortwurzel und der verwandten Begriffe zu achten und sie mit einzubeziehen, um einen Begriff in seiner gesamten Beziehung zu diesen zu verstehen. Wendet man dieses Prinzip für den Begriff *Īmān* (der Glaube) an, ist der Glaube die Überzeugung und das aus innerer Sicherheit stammende Vertrauen in Gott, der dem Menschen Gewissheit und Bewusstsein verleiht und ihn befähigt, aus diesem Zustand heraus sein Dasein als Chance zum Entfalten und Entwickeln zu erfassen. Der Glaube manifestiert sich in einem Leben nach Prinzipien, die den Menschen befähigen, seine gottgegebenen Potenziale zu entfalten, also zu lernen, das Gelernte weiterzuentwickeln und das Wissen im Dienste der Bewahrung der Schöpfung einzusetzen.

Der Mensch wird geehrt, ihm wird eine unveräußerliche, von Gott gegebenen Würde erteilt: „Wir haben den Kindern Adams Würde verliehen und sie auf dem Festland und auf dem Meer getragen und ihnen von den guten Dingen beschert und sie vor vielen von denen, die Wir erschaffen haben, sichtlich ausgezeichnet." (Sure 17,70)

Der Mensch ist ein denkendes, freies und verantwortungsbewusstes Wesen. „Der verbotene Baum im Paradies war nach islamischer Auffassung ein Mittel zur Verdeutlichung der Freiheit, sich zu entscheiden sowie das Erkennen, dass die menschlichen Begehren, die Willenskraft und Fähigkeit des Menschen, verzichten zu können, stets herausfordern. Das Vergehen bzw. die Sünde setzt die Möglichkeit der Entscheidungsfreiheit voraus. Die Ausweisung aus dem Paradies war ein einführender Schritt zur Selbsterkenntnis wie Selbstversorgung und die Möglichkeit, sich zu entfalten und durch eigene Fähigkeiten und Begabungen die ewige Glückseligkeit zu erlangen. Der Niederfall war zwar die Folge der Übertretung, die Adam und Eva gleichermaßen begangen haben, er führte aber nicht zur ewigen Verbannung und Entfremdung von Gott. Gott nahm die Reue Adams an und wandte sich mit Barmherzigkeit und Fürsorge ihm zu."[2] (vgl. Sure 2,31f.)

Trotz seiner besonderen Stellung ist der Mensch jedoch Diener Gottes, *'Abd* Gottes. Wenn auch der Begriff *'Abd* üblicherweise für Sklaven verwendet wird, ist im Zusammenhang mit der Beziehung des Menschen zu Gott nicht damit gemeint, dass der Mensch willenlos Gott unterwürfig ist und keine Handlungsmöglichkeit hat. Der Glaube an die Gerechtigkeit Gottes gehört zu den Prinzipien des Glaubens; es wäre demnach ein großes Unrecht, wenn der Mensch sich für etwas verantworten müsste, was er durch Zwang

---

2 Vgl. Hamideh Mohagheghi, Menschenrechte im Islam. In: Sven Bernhard Gareis/Gunter Geiger (Hg.), Internationaler Schutz der Menschenrechte – Stand und Perspektiven im 21. Jahrhundert, Olpladen u.a. 2009, 163.

oder Vorherbestimmung tut, ohne sich dafür oder dagegen entscheiden zu können.

„Der Mensch ist *'Abd*, Diener und *Ḫalifa*, Statthalter Gottes zugleich, von Ihm abhängig, jedoch frei, sich Ihm vertrauensvoll hinzugeben oder auch Ihn zu verleugnen."[3] In seiner innersten Natur, in seiner *fitra* ist der Mensch Gottsuchender, obgleich er selbst diese Ausrichtung wahrnimmt oder sie leugnet. Der Mensch bezeugte in der Urewigkeit, Gott als Schöpfer und Erhalter anzuerkennen, und dieses Zeugnis wird ihm als natürliche Anlage mit auf dem Weg gegeben: „Bin Ich nicht euer Schöpfer und Erhalter?" fragte Gott, die Antwort des Menschen „Ja, ich bezeuge es" (Sure 7,172), wird als das tiefe, innere „auf Gott Ausgerichtet–Sein" gedeutet. Das Erkennen der inneren Veranlagung und das bewusste Bezeugen der Hingabe an Gott ist die Befreiung von allen anderen vergänglichen Mächten und Autoritäten. Diener Gottes zu sein bedeutet frei und in Sicherheit zu sein.

Die Frage der Freiheit war bereits im 8. Jahrhundert eines der wesentlichen Themen der Disputationen unter muslimischen Theologen und Philosophen und führte zur Entstehung der islamischen Denkschulen. Die Vertreter der unterschiedlichen Auffassungen über die Spannung zwischen göttlicher Autorität und Vorherbestimmung und menschlicher Willensfreiheit suchten die Begründung ihrer Thesen primär im Qur'ān, in der Tradition (*Sunna*) und nicht zuletzt in der griechischen Philosophie, zuerst beeinflusst von der aristotelischen und später der platonischen und neuplatonischen Philosophie von Mensch und Freiheit.

Aus den kontroversen Debatten und bezogen auf das Prinzip der Gerechtigkeit und dem Glauben an das Gericht Gottes kann erschlossen werden, dass der Wille Gottes zwar die Ursache für das Sein ist, die Handlungen der Menschen jedoch nicht vorherbestimmt und in allen Einzelheiten vorprogrammiert sein können. Da der Mensch keinen Einfluss auf seinen Geburtsort und Geburtszeitpunkt sowie auf seine Todeszeit hat, ist er gewissen vorgegebenen Randbedingungen (Zwängen) unterworfen: „Er [Gott] ist es, der euch ins Leben bringt, dann lässt Er euch sterben, dann wird Er euch ins Leben bringen. Gewiss ist der Mensch undankbar." (Sure 22,66) Durch das unfreiwillige Hineingeborenwerden erfährt er bereits eine entsprechende Sozialisation und Identitätsentwicklung; tatsächlich ist dieser Bereich seines Lebens „vorherbestimmt", ohne dass er daran etwas ändern könnte. Dadurch, dass er in sich die Fähigkeit trägt, zwischen Gut und Schlecht unterscheiden zu können, ist er gänzlich für seine Taten, die er bewusst vollbringt, verantwortlich.

Im Qur'ān werden die edlen Tugenden, guten Eigenschaften und heilbringenden Handlungen des Menschen gewürdigt, ihm wird die ewige Glückselig-

3 Ebd., 164.

keit in Aussicht gestellt, wenn er entsprechend lebt und handelt: „Ihr Schöpfer und Erhalter gibt ihnen die frohe Botschaft der Barmherzigkeit und des Wohlgefallens von Sich und Gärten, worin der fortwährende Segen ihnen gehören wird". (Sure 9,21) Der Mensch ist nach qur'ānischer Darstellung ein multivalentes Wesen: Er ist in bester Form erschaffen (Sure 40,64), trägt den Geist Gottes in sich (Sure 15,29), kann lernen und denken (Sure 2,31; 3,191), verfügt über Vernunft (Sure 2,44), er ist aber auch streitsüchtig (Sure 16,4), voreilig und hastig (Sure 17,11), geizig und engherzig (Sure 17,100), töricht (Sure 33,72) und ein undankbarer Leugner (Sure 17,67). Der Mensch lebt in diesen Dimensionen und wird in die Pflicht genommen, aus dieser Situation heraus der Verantwortung gerecht zu werden, für die er durch die Gnade und Zuwendung Gottes eine gewisse Zeit leben darf.

Annemarie Schimmel schreibt über den Menschen im Islam: „Das Mysterium des Menschen zu erklären, ist unmöglich; der Mensch ist, wie Rumi [...] sagt ‚ein gewaltiges Buch'; die äußeren Worte gehören zu dieser Welt, der Sinn zur geistigen Welt. Denn der Mensch, aus Staub geschaffen und zum Staube zurückkehrend (Sure 30,20; 37,53), erhält seinen Wert nur durch das göttliche Licht, das durch den Staub leuchtet, durch den göttlichen Odem, der die Lehmform bewegt."[4]

Was der Mensch in seinem Wesen auch sein mag, er ist eigenverantwortlich für sein Tun und Lassen. Der Islam versteht die Botschaft aller Gesandten Gottes als Mahnung und Erinnerung, damit der Mensch sich selbst nicht vergisst, sein Dasein als Geschenk und Gabe dankbar annimmt und sich bemüht, seine diesseitige Zeit zu nutzen, um sich zur Vervollkommnung hinzubewegen und die Schöpfung treuhändig zu verwalten. Auf diesem Lebensweg steht er in Beziehungen zu anderen Geschöpfen. Den zwischenmenschlichen Beziehungen wird eine bedeutende Rolle zugemessen. Ein beachtlicher Teil der rechtlichen und ethischen Empfehlungen und Vorschriften in der islamischen Literatur behandelt die Beziehung der Geschlechter und die Stellung der Frau. Mit der „islamischen Literatur" sind primär der Qur'ān und sekundär die Lebensweise des Propheten Muhammad (*Sunna*), Überlieferungen, sowie die *fiqh*bücher[5] und Bücher über die Morallehre gemeint.

Der Qur'ān ist Mitteilung und Erinnerung, bietet Orientierung an. Er ist in einem historischen Kontext entstanden, beruht bezüglich der Glaubenspraxis auf Fragen der Menschen und beinhaltet Antworten, die zuerst an die ersten Adressaten, die Menschen in Mekka und Medina, gerichtet waren. Den auf Gesellschaft und Recht bezogenen Aussagen liegen die Bedürfnisse und Fragen der Menschen der Offenbarungszeit zugrunde, die im Geflecht der Gesetze

---

[4] ANNEMARIE SCHIMMEL, Die Zeichen Gottes – die religiöse Welt des Islams, München 1995, 225.

[5] Fiqhbücher sind Bücher, in denen die Regeln zur Glaubenspraxis sowie Rechtsnormen von Rechtsgelehrten dargelegt werden.

und Sitten der Stämme lebten. Der Islam hat nicht radikal und prompt alle bestehenden Bräuche abgeschafft, sondern den Menschen schrittweise zum Umdenken bewegen wollen. Gerade in den gesellschaftlichen Angelegenheiten begegnete der Islam den bestehenden Regeln pragmatisch und änderte sie dann, wenn sie eindeutig gegen die islamischen Prinzipien waren. Gewohnheiten und kulturelle Praktiken wurden von Menschen weiter getragen; nicht selten wurden sie mit dem Adjektiv „islamisch“ verziert, um die eigene Handlungsweise durch religiöse Normen zu legitimieren.

Die Frau in Qur'ān und Überlieferung

Wie bereits erwähnt ist der Qur'ān unter Beachtung seines historischen Kontextes zu lesen, wird dies nicht beachtet und die Qur'ānverse mit den Frauenfragen mit der Brille der Emanzipation und der Selbstverständlichkeit des Gleichberechtigungsgedankens des 21. Jahrhunderts betrachtet, kann der Qur'ān als Offenbarung durch eine entsprechende Interpretation als ein Hindernis für die Bejahung der Gleichberechtigung zwischen Männern und Frauen gesehen werden. Zusätzlich bestärken einige Überlieferungen sowie die Verhaltens- und Lebensweise mancher Muslime dieses Islamverständnis.

Auf das heutige Verständnis bezogen weist der Qur'ān patriarchale Züge auf, die zum einen im Spezifikum der arabischen Sprache begründet sind, die für das Allgemeine und Abstrakte die männliche Form verwendet. Zum anderen ist der Qur'ān – wie erwähnt – ein historisches Buch und reflektiert zuerst die Lebenswirklichkeit seiner Offenbarungszeit, die von den patriarchalen Strukturen der arabischen Stammesgesellschaft geprägt war.

An dieser Stelle sind einige Textstellen im Qur'ān zu erwähnen, die zu strittigen Deutungen sowie tendenziösen Auslegungen geführt haben.

Der Qur'ān spricht alle Menschen an, in den religiösen Überzeugungen, Prinzipien und Ritualen macht er keinen Unterschied zwischen den Geschlechtern. Die Gleichwertigkeit der Geschlechter – die Gleichberechtigung war im 7. Jahrhundert kein Thema – wird aus dem Vers 1 in Sure 4 abgeleitet: „O ihr Menschen, nehmt euch in Acht vor eurem Schöpfer und Erhalter, der euch aus einem einzigen Wesen und seinem Partnerwesen aus derselben (Art) schuf und aus diesen beiden viele Männer und Frauen hervorbrachte.“ Der Ursprung aller Menschen wird in diesem Vers als aus „dem einen und dem selben Wesen (*Nafsi wāḥida*)“ benannt. Der gleiche Ursprung bedeutet, dass alle Menschen – biologisch betrachtet – *einer einzigen Art* angehören. Obwohl die Menschen – physisch und seelisch – unterschiedlich sind, unterschiedliche Fähigkeiten und Möglichkeiten haben, sind sie in ihrem Menschsein von gleicher Abstammung, haben ähnliche Gewohnheiten und Verhaltensweisen sowie gemeinsame

Interessen. Jeder Mensch ist ein individuelles Wesen mit körperlichen und geistigen Begabungen, Stärken und Schwächen, Überzeugungen und Erfahrungen; die Vielfalt bildet eine Einheit, die für gemeinsame menschliche Interessen und Bedürfnisse eintreten kann. Alle Menschen sind gleichwertig unabhängig von ihren Begabungen, von ihrem Geschlecht und ihrer Hautfarbe: „O ihr Menschen, gewiss haben Wir euch aus einem Mann und einer Frau erschaffen und euch zu Stämmen und Völkern gemacht, damit ihr einander kennenlernt. Gewiss ist der Edelste von euch bei Gott, der am meisten Ehrfurcht vor Gott hat. Gewiss ist Gott wissend, kundig.“ (Sure 49,13) In diesem Vers liegt am Ende eine „Einstufung“ der Menschen vor, die jedoch nicht als Privileg für das diesseitige Leben zu verstehen ist. Sie ist eine Beschreibung, wie der Mensch am jüngsten Tag vor Gott steht, wenn er entsprechend der göttlichen Weisungen lebt. Das Urteil darüber, wer der „edelste ist“, liegt nur bei Gott; es ist ein Ansporn für den Einsatz für das Gute und für das, was den Menschen und der Schöpfung dient.

In den menschlich-weltlichen Angelegenheiten und zwischenmenschlichen Beziehungen gilt der unaufhebbare Grundsatz, dass alle Menschen gleichwertig sind. Die Frage ist, ob der Islam – basierend auf diesem Prinzip – die Gleichberechtigung aller Menschen bejahen kann, die infolge von desaströsen Erfahrungen der Menschen im europäischen Kontext des 20. Jahrhunderts entstanden ist.

Die Vielfältigkeit und Unterschiede werden als „Plan“ Gottes für die Schöpfung gesehen: Der Sinn dieses Plans wird im Vers 13, Sure 49, das „einander kennen lernen“, benannt. Um sich gegenseitig kennenzulernen, muss man interessiert und achtsam aufeinander zugehen und sich bedacht und respektvoll in Würde annähern. In Begegnung mit Menschen sind die Vorkenntnisse und Bilder entscheidend. Bestimmte Frauenbilder, die in den „religiösen“ und kulturellen Traditionen begründet sind, geben besondere Verhaltensweisen gegenüber Frauen vor, die zum Teil auch in heutigen muslimisch geprägten Gesellschaften bestehen. Mittels einiger Beispiele aus dem Qur'ān sowie der *Ḥadīṯ*literatur soll die „religiöse“ Rechtfertigung dieser Frauenbilder dargelegt werden.

In der qur'ānischen Schöpfungsgeschichte ist Eva nicht namentlich genannt. Die Erzählung ihrer Erschaffung aus der Rippe Adams ist keine qur'ānische Darstellung, findet jedoch in den Kommentaren einen gewichtigen Platz, um zu verdeutlichen, dass die Frau nicht dem Mann gleichzustellen ist. Dem Mann wird nahegebracht, die Frau – ein krummes Teil von ihm – besonders zu behandeln, damit er selbst ganz und heil bleibt: „[D]ie Frauen sollen mit Nachsicht behandelt werden, weil sie aus der krummen Rippe des Mannes erschaffen sind. Wenn man sie biegen will, werden sie brechen, lässt man sie in Ruhe, werden sie noch krummer. Der Mann soll sie gut behandeln, weil es nicht gut ist, dass ihm eine Rippe bricht.“[6] Diese Überlieferung ist auf den ersten Blick ein positiver Ansporn, die Frauen gut zu behandeln. Eine Geringschätzung der Frau wird davon abgeleitet, weil sie Teil des Mannes ist, von Natur aus ungestaltet und krumm, und des Mannes bedarf, der sie pflegt und dafür sorgt, dass sie nicht bricht.

Ebenso wird im Qur'ān nicht die Frau mittels ihrer Verführungsmacht für den Übertretungsfall verantwortlich gemacht. Die beiden ersten Menschen[7] im Paradies lassen sich gleichzeitig durch Satan verführen und sind *gleichermaßen* verantwortlich für die Nichtbeachtung der göttlichen Aufforderung, sich dem verbotenen Baum nicht zu nähern.

In den Überlieferungen jedoch gibt es zahlreiche Aussagen, die die Frau als Verführung schlechthin darstellen: *Imran ibn Husain* berichtetet, dass der Prophet sagte: „Ich warf einen Blick auf das Innere des Paradieses und sah, dass die meisten seiner Bewohner die Armen sind, und ich warf einen Blick auf das Innere des Höllenfeuers und sah, dass die meisten seiner Bewohner die Frauen sind.“[8] Diese Aussage soll vom Propheten Muhammad stammen und wurde in die authentische *Ḥadīṯ*sammlung al Buḫārī aufgenommen, eine Sammlung, die für die Mehrheit der Muslime als „Anweisungsbuch“ für die Lebensführung gilt, obwohl diese Überlieferung in einem Widerspruch zu Berichten aus dem Leben des Propheten Muhammad und zu seinem Umgang mit den Frauen steht. Im Qur'ān ist die Rede von „gläubigen, rechtschaffenen, wahrheitsliebenden, wohltätigen“ Frauen, die „ihren Lohn sowohl in Diesseits als auch im Jenseits haben werden.“ (Sure 33,35; 4,32; 16,97) Die Überlieferungen sind zuerst mündlich weitertradiert, erst 150 Jahre nach Ableben des Propheten Muhammad wurden sie schriftlich verfasst und spiegeln die Denkweise der Überlieferer und die herrschenden Frauenbilder ihrer Zeit wieder.

Eine rechtliche Ungleichheit der Geschlechter ist im Qur'ān in Zusammenhang mit der Überlegenheit des Mannes, der Erbschaft, der Zeugenaussage und Polygamie festzustellen.[9]

Zur Legitimation der Überlegenheit des Mannes wird der Vers 34 in Sure 4 herangezogen: „Männer sind verantwortlich für die Frauen [meistens übersetzt: die Männer stehen über den Frauen; [H.M.], weil Gott die einen vor den anderen bevorzugt hat und weil sie von ihrem Vermögen ausgeben. Die rechtschaffenen Frauen sind demütig ergeben, indem sie das Verborgene beschützen. Ermahnt diejenigen, von denen ihr Widerspenstigkeit befürchtet, und entfernt euch von

---

6 MUHAMMAD IBN AHMAD IBN RASSOUL, Auszüge aus ṣaḥīḥ al Buḫārī, Köln 1989, *Ḥadīṯ*-Nr. 3331, 368.

7 Im arabischen Text wird die Dualform des Konjuktivs verwendet.

8 MUHAMMAD IBN AHMAD IBN RASSOUL, Auszüge aus ṣaḥīḥ al Buḫārī, Köln 1989, *Ḥadīṯ*-Nr. 3241, 358.

9 Siehe den Aufsatz „Auf dem Weg zu einer humanistischen Qur'ānhermeneutik“ von Mouhanad Khorchide in diesem Band.

ihnen in den Schlafgemächern und weist sie zurecht. Wenn sie euch gehorchen, dann wendet nichts Weiteres gegen sie an. Gott ist erhaben und groß." (Sure 4,34) Es ist ein Vers, der dem Mann eine besondere Stellung gibt und gleichzeitig ihm eine Verpflichtung auferlegt: Die Versorgung der Frau. Dennoch ist nicht von der Hand zu weisen, dass gerade dieser Vers die tendenziöse Auslegung anbietet, und dies geschieht zumeist in der Definition des Wortes *Qawwāmun.* Dieses Wort wird meistens übersetzt mit „über etwas stehen" oder „überlegen sein". Aus diesem Vers erschließen zahlreiche Kommentatoren eine Beziehung zwischen Mann und Frau in der Familie, in der der Mann die Funktion des Oberhauptes hat, weil er „von Natur aus vernunftbegabter und stärker ist und mehr ertragen kann. Die Frau dagegen ist sensibel und empfindsam, mehr emotional als vernünftig und ‚schutzbedürftig', aus diesen Gründen ist sie besser für die Aufgabe des Haushaltsführens und Mutterseins geeignet."[10] In diesem Zusammenhang wird die Frau überwiegend in ihrer Rolle als Ehefrau und Mutter wahrgenommen und weniger als eigenständiger Mensch mit gleichen Rechten. Der Mann in seiner Rolle als Beschützer der Familie kann Maßnahmen bis hin zur Züchtigung ergreifen – und zwar legitimiert durch eine entsprechende Übersetzung dieses Verses –, wenn die Familienmitglieder durch ihre Verhaltensweise das harmonische Familienleben beeinträchtigen. Der Begriff *Nušūz* – im Vers als „widerspenstig" übersetzt – ist ein Verhalten, das Chaos und Anarchie verursacht, im Kontext der Familie ist sie das Verhalten, das die Harmonie und den Frieden in der Familie zerstört. Obwohl der Begriff im Qur'ān zwei Mal – einmal für die Verhaltensweise des Mannes (Sure 4,125), und einmal für die der Frau (4,34) – verwendet wird, ist er oft bekannt als „Widerspenstigkeit der Frau" und wird als qur'ānisch belegtes Argument betrachtet, dass die Frau grundsätzlich zur Widerspenstigkeit neigt, weil die Frauen von Natur aus schwächer sind und den Hang zum „widerspenstigen" Verhalten haben. Aus diesem Grund brauchen sie die „schützende" Hand des Mannes, die im Falle eines regelwidrigen Verhaltens auch Härte zeigen kann.

Das dreistufige Modell im Vers 34 Sure 4 für die Konfliktbewältigung wird im Falle der Instrumentalisierung der qur'ānischen Normen für die menschlichen Unzulänglichkeiten und männlichen Machtausübung auf die eine und letzte Stufe, das „Bestrafen" reduziert. Dass dieser Vers als qur'ānische Legitimation einer Sonderstellung des Mannes in der Familie und Gesellschaft verstanden wird, ist eine verbreitete Meinung in vielen muslimisch geprägten Gesellschaften.

Die Forderung nach einem kritischen Qur'ānverständnis, das die geoffenbarten Worte Gottes in ihrem historischen Kontext liest und entsprechend

---

[10] Vgl. SEYYED MUHAMMAD HUSEIN TABATABAI, Tafsir al Mizan (Ausgewogene Interpretation), Bd. 4, Teheran 1987, 508-509.

deutet und interpretiert, ist nicht neu, sondern bereits in den Versen des Qur'ān selbst enthalten, die immer wieder die Notwendigkeit des Denkens, Suchens, Sehens, Forschens, Wissens und der Vernunft hervorheben, damit oberflächliche und beschränkte Interpretationen verhindert und, wie beispielhaft anhand der genannten Verse gezeigt, nicht für die Legitimation von Gewalttaten gegenüber Frauen instrumentalisiert werden. Das Gesamtkonzept des Qur'ān fordert eine Hermeneutik, die eine Überarbeitung und Neudarstellung der Schlussfolgerungen aus den Rechtleitungen Gottes im Qur'ān ermöglicht, in Abhängigkeit von Ort und Zeit, ohne dabei die Worte Gottes in ihrer Wahrheit und Vollkommenheit in Frage zu stellen, gleichzeitig aber die Interpretation entsprechend der Lebensrealität und den erworbenen Werten zuzulassen.

Neben den wenigen problematischen Textstellen lässt der Qur'ān keinen Zweifel daran, dass die Frauen die gleiche Verantwortung für die Schöpfung tragen und sie allein für ihre Taten verantwortlich sind: „Die gläubigen Männer und die gläubigen Frauen sind einer des anderen Freunde. Sie gebieten das Rechte und verbieten das Verwerfliche, verrichten das Gebet und zahlen die Bedürftigensteuer und gehorchen Gott und Seinem Gesandten. Siehe, Gott wird sich ihrer erbarmen. Gott ist mächtig und weise. Gott hat den gläubigen Männern und Frauen Gärten versprochen, unter denen Bäche fließen und in denen sie ewig verweilen werden, und gute Wohnstätten in den Gärten von Eden. Ein Wohlgefallen Gottes ist aber größer. Das ist die größte Glückseligkeit." (Sure 9,71)

Aus der Zeit der Offenbarung des Qur'ān ist wenig bekannt wie die Frauen tatsächlich gelebt haben. Die Mehrheitsmeinung geht von einer Situation der absoluten Rechtslosigkeit der Frau aus, die unter der Willkür des Mannes viel Leid ertragen musste.

Dass die erste Frau Muhammads Ḫadīǧa eine wohlhabende Frau, erheblich älter als er, war und die Initiative ergriff, ihn, ihren Angestellten zu heiraten, zeigt, dass es zu seiner Zeit auch freie und starke Frauen gegeben hat. Der Prophet Muhammad war umgeben von Frauen, die mit ihm diskutiert haben und durchaus auch ihre Rechte einforderten: „Eine junge Frau kam zum Propheten Muhammad und beschwerte sich, dass ihr Vater sie ihrem Cousin zur Frau geben will. Der Prophet unterrichtete sie, dass der Vater sie nicht zur Heirat mit einem Mann zwingen kann, den sie nicht liebt. Daraufhin lachte sie und sagte: ‚Ich liebe meinen Cousin und will ihn heiraten, ich wollte nur diese Worte aus deinem Mund hören, damit kein Mädchen ohne ihre Zustimmung verheiratet werden kann.'"[11] Derartige Erzählungen sind Paradigmen, wie die Frauen in der Gemeinschaft präsent waren. Sie stellten Fragen, diskutierten,

[11] MUHAMMAD ÇAZAI, Bāqir Mūsawī, Hoqūqe bašar – moqāyese ta'ālīme Islam ba Manšūre melale muttaled (Menschenrechte – Vergleich zwischen islamischer Lehre und Erklärung der Menschenrechte), Teheran 1967, 182-183.

stellten Anforderungen und bemühten sich, aus dem Glauben heraus die Legitimierung ihrer Rechte verstehen zu können, und dies in einer Form, die ihre zeitliche und räumliche Realität hatte und nur in diesem Rahmen geschehen konnte.

Die qur'ānischen Verse wie in der o.e. Sure 9 Vers 71 können und sollen Grundlage sein für Fragen und Anforderungen von heute. Aus diesen Aussagen im Qur'ān sowie aus Erzählungen und Tätigkeiten muslimischer Frauenpersönlichkeiten heraus bemühen sich zahlreiche muslimische Frauen heute wieder, mit religiöser Argumentation die Rechte zu bekommen, die ihnen als Mensch bedingungslos zustehen.

Emanzipatorische Ideen der muslimischen Frauen

Die Emanzipation als Inbegriff der Befreiungsbewegungen der westlichen Frauen seit dem 18. Jahrhundert hat bedeutende Ziele erreicht und dauert noch an, wenn als Ziel die Gleichheit der Geschlechter auf allen Ebenen angezielt ist. Die Emanzipation hat zwar bewirkt, dass die Frauen weitgehend eigenständig ihr Leben gestalten können, das gleiche Recht auf Bildung, Ausbildung und Arbeit haben, doch die Realität lässt auch hier noch Wünsche offen. Bei gleicher Arbeit ist z.B. ihr Gehalt nicht immer gleich wie bei ihren männlichen Kollegen. Im Geflecht des Familienlebens wird von Frauen weiterhin erwartet, neben der Berufstätigkeit auch den gesamten Haushalt zu führen und die Erziehung der Kinder zu übernehmen. Viele Frauen müssen sich für Karriere *oder* Familie entscheiden oder auf Mutterglück verzichten, wenn sie beruflichen Erfolg anstreben. Entscheiden sie sich für Familie und Kind, werden sie nicht selten als „Taugenichtse“ oder „Hausmütterchen“ abgestempelt, weil sie nichts anderes tun als Haushalt und Kindererziehung!

Die Entwicklung und Folge der westlichen Emanzipationsbewegungen werden in den islamischen Gesellschaften beobachtet und in ihrer Vorbildfunktion kritisch hinterfragt. Die muslimischen Frauenbewegungen distanzieren sich zumeist von den westlichen Vorbildern und bemühen sich, eigene Wege und Auswege zu finden, die ihrer Lebensrealität entsprechen.

Diese Bewegungen mit religiösem Hintergrund können in zwei Gruppen unterteilt werden:

1. Die Frauenbewegungen, die ihre Befreiung in den islamischen Quellen eingebettet sehen, die im Laufe der Geschichte durch Fehldeutungen und patriarchale Züge völlig in Vergessenheit geraten sind. Sie versuchen, in den neuen Interpretationen der Quellen und an Beispielen der muslimischen Frauenvorbilder und Berücksichtigung der aktuellen Lebensrealitäten ihre Freiheit und Rechte zu gewinnen.

2. Die zweite Gruppe pflegt zwar das Bild von der „gehorsamen Ehefrau und guten Mutter", sieht jedoch darin das Recht, sich frei entscheiden zu können, sich gesellschaftlich zu engagieren, stets aber die eigentliche Aufgabe, „Ehefrau und Mutter" zu sein, nicht aus den Augen zu verlieren. Für sie hat die Familie einen hohen Wert und darf nicht relativiert werden.

Beide Gruppen beziehen sich auf Frauenvorbilder in der islamischen Tradition, beginnend mit Frauen und Töchtern des Propheten Muhammad. Weder der Qur'ān noch der Prophet Muhammad schließen die Frauen in irgendeiner Weise von der Gesellschaft aus, seine Frauen und Töchter waren Beispiele, wie die Frauen eigenständig und aktiv die Gestaltung der Gemeinschaft mitgetragen haben. Die Frauen waren maßgeblich an der Weitergabe des Glaubens beteiligt. Ohne Ḫadīǧa, die erste Frau des Propheten Muhammad und ihre finanzielle und ideelle Unterstützung wäre sein Erfolg kaum möglich gewesen. Der Qur'ān erwähnt vier Frauen exemplarisch und ehrt sie für ihren Glauben und ihre Lebensweise: Asia, die Frau des Pharao, die im Vertrauen auf Gott an der Seite ihres tyrannischen Mannes versuchte, das Gute zu bewirken. Die Mutter von Mose lässt infolge von einer direkten Inspiration (*Waḥy*) durch Gott ihren Sohn – in Vertrauen auf Gott – auf das offene Meer treiben, weil sie sicher war, dass Gott ihm und ihr helfen wird. Die Königin von Sa'aba wird für ihre Weisheit und Friedfertigkeit gewürdigt. Maria gilt als auserwählte Frau, die in einer intensiven und unmittelbaren Beziehung zu Gott stand. Aus der islamischen Tradition werden außer Ḫadīǧa, die weiteren Ehefrauen, die Tochter Fatima und die Enkelin Zainab als herausragende Frauen genannt, die basierend auf ihrem Glauben sich aktiv und öffentlich gegen Ungerechtigkeiten und Missstände in der Gesellschaft aufgelehnt haben. Es gibt keine authentischen Berichte, die von einer strikten Geschlechtertrennung und Verdrängung der Frauen in die geschlossenen Räumen zu Lebzeiten des Propheten Muhammad berichten.

Die qur'ānischen Verse, die für uns heute problematisch erscheinen, weil wir unter Freiheit und Gleichheit etwas anderes verstehen als die Menschen im 7. Jahrhundert, waren zur Offenbarungszeit innovativ und gewährten Frauen Rechte, die ihnen bis dahin nicht gewährt waren.

Das Beharren auf den äußeren Wortlaut bedeutet die Reduzierung des Wortes Gottes auf Buchstaben ohne Beachtung der inhaltlichen Botschaft, die den Anspruch hat, für alle Zeiten und an allen Orten den Menschen zur Bewegung und Entwicklung aufzurufen: „Gott ändert nicht den Zustand eines Volks, bis es seinen eigenen Zustand ändert." (Sure 13,11)

Betrachtet man die Überlieferungen, die für ihre Zeit den revolutionären Umgang der Frauen mit dem Propheten bezeugen, fragt man sich, warum sie nicht bekannter sind als die problematischen Überlieferungen. So könnte die o.e. Überlieferung bezüglich des Gespräches zwischen dem jungen Mädchen und dem Propheten über die Heirat bei entsprechender Publizierung und Realisierung ein wirkungsvolles Instrument gegen die Zwangsverheiratung sein. Derartige Überlieferungen können aktuell intensiv Aufklärung bewirken und die Menschen auf ihre inkorrekte und unislamische Verhaltensweise aufmerksam machen, wenn sie meinen, über die Zukunft ihrer Töchter bestimmen zu müssen, ohne ihnen die Freiheit der Entscheidung zu belassen, nur weil sie diese als „schwach und zart" betrachten!

Ebenso ist die Überlieferung, die die gute Behandlung der Frauen zur religiösen Pflicht erhebt und den Glauben des Mannes davon abhängig macht, wie er mit seiner Frau und seiner Familie umgeht, zu beachten: „Wer die Frauen ehrt, ist selbst ehrenwert. Wer sie beleidigt, ist von niederer Gesinnung und gemein." (berichtet von *ibn Maǧa* und *al-Darāmī*) „Je höflicher und je gütiger ein Muslim zu seiner Frau ist, desto besser im Glauben ist er." (berichtet von *Tirmiḏi, abu Dawud, ibn Hanbal* und *Darāmī*) Diese Aussagen sind zu Zeiten entstanden, als die Frauen als Ware und Erbgut wenig Möglichkeit zu Selbstbestimmung hatten und ihr Zustand beliebig von Männern bestimmt wurde.

Im Jahr 2003 äußerte sich Ma'sume Ebtekar, die Leiterin der Frauen-NGOs und die Beraterin des zu dieser Zeit amtierenden iranischen Staatspräsidenten Khatami, in einem Interview über das Thema „Die Frauen im Aufbruch Die Erfahrungen in der Vergangenheit und Visionen von morgen" folgendermaßen: „Heute gibt es zahlreiche gebildete muslimische Frauen und Akademikerinnen, die sich der Tradition verbunden fühlen, sich aber von strengen und engen Sichtweisen distanzieren. Es ist nicht mehr möglich, dass die Frauen sich mit den jahrhundertealten Traditionen zufrieden geben, die auf ihre Wünsche und Bedürfnisse entsprechend der Realitäten der Zeit keine Rücksicht nehmen.

Iǧtihād (selbstständige Interpretation der Quellen durch menschlichen Intellekt) in der schiitischen Tradition ist die Vereinbarung der göttlichen Weisungen mit einem Leben geprägt von Vernunft, Entfaltung und Entwicklung; *Iǧtihād* kann den Glauben mit den aktuellen Lebensrealitäten in Einklang bringen, aus diesem Grund ist er ein wichtiger Bestandteil des Glaubens insbesondere im Zusammenhang mit den Frauenfragen.

„Unsere Frauen haben einen langen Weg hinter und vor sich. Heute sind und müssen Frauen in allen Bereichen der Gesellschaft präsent sein, auch in den Führungspositionen. Sie haben bewiesen, dass sie verlässliche und kompetente Kräfte sind, auf die die Gesellschaft nicht verzichten kann."[12]

Diese Denkweise ist die Grundlage der so genannten „feministischen" Bewegungen, obwohl die Mehrheit der Frauen den Begriff des Feminismus nicht

[12] Ma'sume Ebtekar, In: Zeitschrift *„payame zan"* (Die Botschaft der Frau), Sonderausgabe 11 (2004) 69 ff.

verwendet, weil sie darin westliche Vorstellungen von Freiheit sieht, mit denen sie sich nicht identifizieren möchte. Sie sehen ihre Freiheit in einem Glauben, der befreit von rückständigen und archaischen Vorstellungen ist und die Gleichwertigkeit und Gleichberechtigung als unaufgebbares Gut versteht. Sie sehen ihre Freiheit darin, das eigene Leben mit Selbstvertrauen und Eigenständigkeit zu gestalten und das Recht auf Teilhabe und konstruktive Mitarbeit in der Gesellschaft als von Gott gegebenes Recht, das zu achten und anzuerkennen ist. Die Religiosität sehen sie nicht als Hindernis, sondern als eine treibende Kraft, mit Vertrauen auf Gott und Bewahrung der ethischen Werte aktive Mitglieder der Gemeinschaft zu sein.[13]

Solange die Frauen schweigend akzeptieren, dass Gott sie als schwaches und unterlegenes Geschöpf erschaffen hat und selbst die Diskriminierungen und hegemonialen Strukturen weitertragen, wird sich an ihrer Situation nichts ändern. Frieden oder Harmonie hängt nicht allein von der formalen Gleichstellung der Menschen ab. Es bedarf auch nicht der Auflösung aller Eigenmerkmale und die Gleichwerdung im Denken und Aussehen. Das Problem, das sich uns heute stellt, ist die Wahrnehmung der Frauen in den Köpfen. Sie wird eher als Objekt betrachtet anstatt als eigenständige Persönlichkeit, die nicht nur durch ihren Körper Begeisterung hervorbringen kann. Emanzipation ist für mich die Befreiung von Bevormundung jeglicher Form und das Vertrauen, dass jeder Mensch – Mann und Frau – das Potenzial besitzt, das eigene Leben zu gestalten. Den Auftrag, Statthalter Gottes zu sein, erteilte Gott allen Menschen und erwartet von allen, diesen Auftrag nach bestem Wissen und Gewissen durchzuführen. Die Eigenverantwortlichkeit ist das Grundprinzip im Islam, und kein Mensch wird die Last eines anderen Menschen tragen. Die Menschen sind jedoch aufeinander angewiesen und können ihrer Verantwortung in wechselseitiger Zusammenarbeit und begleitet von der Gnade und Zuwendung Gottes gerecht werden.

Das Umdenken und Umstrukturieren in den muslimisch geprägten Gesellschaften setzt die Beteiligung der Frauen in theologischen Diskursen voraus – Diskurs nicht im Sinne der Wiederholung der seit Jahrhunderten bestehenden Meinungen und Vorschriften, sondern als eine Dialektik ohne vorgefertigte Lösungen.

In Erinnerung an die o.e. erwähnten Worte von Ma'sume Ebtekar möchte ich meine Ausführungen mit einer Ergänzung beenden: Der Mensch als Geschöpf und Statthalter Gottes hat Verantwortung übernommen, die Frauen können und dürfen sich dieser Verantwortung aus islamischer Sicht nicht entziehen, sie sind Bestandteil der Gesellschaft und müssen aktiv und wirkungs-

[13] Hamideh Mohagheghi, Fatima und Zainab: Vorbilder für Frauen im Aufbruch. In: Janbernd Oebbecke, Muhammad Sven Kalisch (Hg.), Die Stellung der Frau im islamischen Religionsunterricht, Frankfurt am Main 2007, 92-93.

voll präsent sein. Am jüngsten Tag werden alle Menschen vor Gott Rede und Antwort stehen, Männer und Frauen!

Replik

Der Text von Hamideh Mohagheghi ist für mich auf der ganzen Linie überzeugend. Es ist beeindruckend, wie sie aus einer entschiedenen Bejahung des Freiheitsgedankens als Ruf zur Verantwortung Wege zu einem Denken aufzeigt, das auch Frauen Mut macht, ihrer Verantwortung gerecht zu werden und diese Gesellschaft zu gestalten. Mich überzeugt, wie sie im Blick auf den Qur'ān aufzeigt, dass die Vorschriften der islamischen Tradition im Blick auf die historische Situation der Frauen des 7. Jahrhunderts durchaus emanzipatorischen Charakter hatten. Auch von meinem christlichen Gottesbild kann ich mir gut vorstellen, dass Gott die Menschen langsam in Bewegung bringen und die menschliche Entwicklung befördern will. Von daher kann ich mich gut mit einer Deutung anfreunden, die vor allem die Bewegungsrichtung der islamischen Tradition anschaut und diese weiterdenkt, statt sich auf den Wortlaut bestimmter Qur'ānstellen und *Ḥadīṯe* zu versteifen.

Was die exegetischen Passagen des Textes angeht, so macht Mohagheghi überzeugend deutlich, dass die Gleichwertigkeit von Mann und Frau klar im Qur'ān verankert ist. Gleichwohl widersteht Mohagheghi der Versuchung, den modernen Gedanken der Gleichberechtigung von Mann und Frau bereits in die islamischen Quellen hineinlesen zu wollen. Viel vorsichtiger formuliert sie nur die Frage, ob der Islam so interpretiert werden kann, dass man aus seiner Sicht das moderne Prinzip der Gleichberechtigung bejahen kann. Durch viele überzeugende Argumente kommt sie zu einem positiven Ergebnis, ohne dieses aufdringlich andemonstrieren zu wollen.

Klar ist, dass ihr diese Lösung nur durch ihre historisch informierte, kritische Hermeneutik der Heiligen Schriften gelingt, die in der Tat gerade für emanzipatorische Themen alternativenlos ist, will man die Traditionen der großen monotheistischen Religionen adäquat würdigen und von ihren patriarchalen Überformungen befreien. Bei aller Zustimmung zu den grundlegenden Aussagen von Mohagheghi sind mir dennoch einige Details ihrer Überlegungen nicht ganz klar geworden.

Zum ersten möchte ich gerne nachfragen, wie das Verhältnis von Offenbarung und Vernunft bzw. von Qur'ān und emanzipatorischer Hermeneutik von ihr gedacht wird. Wie entgeht sie dem Verdacht, dass die religiöse Tradition nur bestätigendes Beiwerk emanzipatorischen Denkens ist? Was hat die islamische Tradition dem feministischen Projekt an positiven Impulsen zu bieten? Worin genau besteht ihre korrektivische Kraft gegenüber der westlichen Emanzipationsidee? Und wie gelingt es, diese Kritik so zu artikulieren, dass die wesentlichen Gehalte und Elemente der Aufklärung angenommen werden? Oder anders gewendet: Wie kann es gelingen, die normative und epistemisch bedeutsame Rolle religiöser Tradition zu bejahen und gleichzeitig Werte wie die Gleichberechtigung von Mann und Frau bedingungslos einzufordern?

Schließlich habe ich noch eine kleinere Nachfrage zu den sonst sehr überzeugenden Ausführungen zur Freiheitsproblematik: Wie kann man die Freiheit des Menschen im Letzten ernst nehmen, wenn man davon ausgeht, dass der Todeszeitpunkt eines Menschen von Gott festgesetzt wird? Ist der Mörder in seinem Tun frei, wenn er vollzieht, was von Gott vorherbestimmt ist? Kann es also wirklich Freiheit geben, wenn Gott nicht nur die Ausgangsbedingungen von Freiheit festsetzt, sondern auch ihr Ende?

Duplik

Die positive Replik von Klaus von Stosch ermutigt, auch andere als die traditionellen Lesarten des Qur'ān als eine Chance zu sehen, aus der Enge der ‚Offenbarungsmissverständnisse' herauszukommen, die Chance, im Geist der Freiheit und Verantwortung die Offenbarung zu lesen und zu verstehen. Für mich ist der Glaube eine Befreiung von allen Zwängen, die durch die Umwelt und Menschen auferlegt werden. Ein befreiender Glaube ist mehr als Gebote und Verbote, Regeln und Rituale, er ist eine innere Überzeugung und Haltung eines Menschen, der bereit ist, die Zuwendung Gottes dankbar anzunehmen und aus der inneren Erkenntnis heraus sich Gott hinzugeben. Eine Hingabe, die nicht zu Fatalismus und Passivität führt, sondern Kraft schenkt, Verantwortung zu übernehmen.

Um dieser Verantwortung gerecht zu werden, ist der Mensch – Mann und Frau – mit der Gabe der Vernunft und den Fähigkeiten des Lernens und Entfaltens beschenkt. Seine Verpflichtung ist es, diese in Dankbarkeit und bewusst zu nutzen. Das ist der Glaube, der bewegen und verändern kann.

Die erste Voraussetzung für die Veränderungen ist das Bewusstsein, dass etwas nicht in Ordnung ist und nicht weiterbestehen kann, weil es den Menschen und der Schöpfung schadet, sie ausbeutet und nicht gut für sie ist. Die Errungenschaften der Menschen sind Folge dieses Bewusstseins und des Willens, bessere Lebensumstände zu schaffen. Den emanzipatorischen Bewegungen ging die Erkenntnis voraus, dass die Situation der Frauen Veränderungen und Verbesserung benötigen. Die Hälfte der Weltbevölkerung als ‚Ursache des Übels, schwach und dumm' zu bezeichnen und mit diesem Bild ihr die Teilnahme und aktive Mitgestaltung vorzuenthalten, war unvernünftig und widersinnig. Die Menschheit hat lange Zeit gebraucht, dies zu erkennen und für ein Umdenken zu sorgen.

Erst im Laufe des 18. Jahrhunderts wurde der Ruf nach gleichen Rechten für die Frauen laut, und dieser war *nicht* in der emanzipatorischen Hermeneutik der Offenbarung eingebettet. Der Glaube hat im Laufe der Geschichte unzähligen Frauen die Kraft gegeben, die Repressalien, Ungerechtigkeiten und die Angst vor dem Scheiterhaufen zu überleben. Auch für ihre emanzipatorischen Bewegungen haben die religiösen Frauen aus dieser Quelle Kraft geschöpft, sie aber nicht immer mit dem Glauben begründet. Die gesellschaftlichen und politischen Umwälzungen in Folge der Aufklärung ermöglichten neue Denkansätze für die Wahrnehmung der Rolle der Geschlechter und das Familienverständnis und sie brachten rechtliche, gesellschaftliche und politische Freiheit. Die Gleichberechtigung der Geschlechter wurde gegen großen Widerstand – auch seitens der religiösen Institutionen und religiösen Menschen – in die allgemeine Erklärung der Menschenrechte aufgenommen. An diesem Prozess waren die Religionen nicht primär beteiligt.

Ich bezeichne diese Entwicklung als ‚Erwachen der Vernunft', die auch einen vernünftigen Umgang mit der Offenbarung forderte. Der vernünftige Umgang besagt, dass die Aussagen in den Offenbarungen, die die Frauen als, Krumme Rippe des Mannes', als ‚untergeordnet' und ‚gehorsam' bezeichnen, im Lichte der Offenbarungszeit zu lesen sind und nicht als übergeordnetes und überzeitliches Wissen über das Wesen der Frauen verstanden werden können. Nur durch diese Hermeneutik kann es gelingen, die patriarchalen Aussagen als historische Erzählungen zu lesen, die für unsere heutige Lebensgestaltung keine Bedeutung haben.

Die Vernunft ermöglicht, im Kontext der aktuellen Lebensumstände positive Aussagen im Qur'ān über die Menschen neu zu entdecken und aus ihnen ein würdiges Menschenbild zu entwickeln, das Männer und Frauen umfasst. Diese ‚Entdeckungsreise' ist, aufbauend auf der Vernunft, ein nie endender Prozess, da sich die Lebensumstände stets in Abhängigkeit von Ort und Zeit verändern. Die qur'ānischen positiven Impulse für diese Anthropologie sind, dass der Mensch – Mann und Frau – in bester Form erschaffen ist (95,4-6), den Geist Gottes in sich trägt (38,71-72), über eine unveräußerliche Würde verfügt (17,70) und dass die Männer und Frauen die gleiche Verantwortung tragen (16,97). Ich bin der Meinung, dass der Qur'ān die Gleichberechtigung zwischen Mann und Frau bejahen kann, wenn auch diese nicht wörtlich in ihm zu finden ist. Er steht einer vernünftigen und notwendigen Entwicklung, die die Befreiung von Tyrannei und Ungerechtigkeit zur Folge hat, nicht im Wege.

Für die gläubigen Frauen ist es besonders wichtig, ihre emanzipatorische Bewegung auch religiös begründen zu können. Mein Bemühen ist es, mittels der Hermeneutik den einschlägigen Weg dahin zu ergründen. Die qur'ānischen

Aussagen sind Samen, die durch vernünftige Pflege und Fürsorge Früchte der Weisheit und Erkenntnis hervorbringen. In diesem Zusammenhang kann die folgende Erzählung uns helfen, zu erkennen, was wir mit der Hermeneutik erreichen können: „Ein junger Mann betrat im Traum einen Laden. Hinter der Theke stand eine ältere Frau. Hastig fragte er sie: ‚Was verkaufen Sie?' Die Weise antwortete freundlich: ‚Alles, was Sie wollen.' Der junge Mann begann aufzuzählen: ‚Dann hätte ich gerne die Welteinheit und den Weltfrieden, die Abschaffung von Vorurteilen, Beseitigung der Armut, mehr Einheit und Liebe zwischen den Menschen aus verschiedenen Religionen, gleiche Rechte für Frau und Mann und...und..' Da fiel ihm die Weise ins Wort: ‚Entschuldigen Sie, junger Mann, Sie haben mich falsch verstanden. Wir verkaufen keine Früchte, wir verkaufen nur den Samen.'"[14] Der Qur'ān bietet die Samen, die wir mit Erkenntnis und Zuwendung zu Früchten entfalten können.

Zu den weiteren Fragen von Klaus von Stosch über den Todeszeitpunkt und die Freiheit der Menschen kann ich an dieser Stelle einige Gedanken ausführen, die eine weitere Vertiefung benötigen.

Die Freiheit des Menschen ist nicht grenzenlos. Der Mensch kann frei denken und über seine Handlungen entscheiden. Die Durchführung ist nur im Rahmen der Gesetzmäßigkeiten möglich, die Gott durch seine Schöpfung in die Natur gelegt hat. Der Mensch kann denken, dass er fliegen will, er hat die Freiheit zu fliegen, kann aber diesen Willen nicht in beliebiger Form durchführen, dafür benötigt er Mittel, die ihm das Fliegen im Rahmen der Naturgesetze ermöglichen. Hierzu wiederum ist die Kenntnis der Naturgesetze notwendig, die vom Einsatz der Vernunft und des Denkvermögens der Menschen abhängt. „Das Wissen über die Stunde liegt bei Gott" heißt es im Qur'ān (43,85). In der Volksfrömmigkeit ist der Begriff *Qadar* bekannt als Vorherbestimmung. Er wird in dem Sinne verstanden, dass alles, was dem Menschen im Laufe seines Lebens widerfährt, vor seiner Geburt in einem Buch – dem Buch seines Lebens – festgeschrieben ist. Dieses Verständnis führt im Extremfall zu einem Fatalismus, der den Menschen als ‚Werkzeug' Gottes sieht, das nur funktionieren kann, wenn Gott es will. Im qur'ānischen Kontext steht *Qadar* für das ‚Können, die Fähigkeiten und die Macht Gottes', die seine Gerechtigkeit impliziert.[15] Der Todeszeitpunkt eines Menschen ist von vielfältigen Umständen abhängig, die in Gesetzmäßigkeiten der Natur begründet sind. Gott hat über diese Gesetzmäßigkeiten das absolute Wissen, er kennt die Zusammenhänge und weiß, was am Ende geschieht. Wenn ein Mensch mit einer Tat beginnt, weiß Gott, was die Folge dieser Tat ist. Gott stellt den Menschen einen Teil Seines Wissens zur Verfügung, durch Seine Propheten, Zeichen und Na-

[14] Ulrike Bechmann/ Sevda Demir, Frauenkulturen – Christliche und muslimische Frauen. In: Begegnung und Gespräch, Düsseldorf 2000, 9.

[15] Einige Verse zum Begriff „Qadar": 3,189; 22,74; 22,6; 42,9; 60,70.

turgesetze, und gibt ihnen zum Erkennen und Verwenden dieses Wissens die Vernunft und das Denkvermögen, er greift jedoch mit Seinem Wissen nicht stets in das Weltgeschehen ein. Die Menschen entscheiden und handeln entsprechend ihres eigenen Wissens und ihrer eigenen Erfahrung und tragen somit die Verantwortung für ihre Taten selbst. Der Mörder ist nicht der Beauftragte Gottes und sein Werkzeug, er handelt aus eigenen Motiven und begeht eine Sünde bzw. ein Verbrechen.

„Ob der Mensch selbst für seine Taten verantwortlich ist oder alles – auch die Taten – von Gott direkt gesteuert werden, kann aus drei Perspektiven betrachtet werden:

a) Alle Taten gehen auf Gott und seinen Willen zurück; der Mensch ist nicht verantwortlich und kann nicht belohnt oder getadelt werden, diese Meinung vertraten die *ǧabriyūn.*
b) Für die Taten ist sowohl der Mensch als auch Gott verantwortlich, die guten Taten kommen von Gott; der Mensch vollbringt sowohl gute als auch schlechte Taten. Er kann bedingt für seine Taten belohnt oder getadelt werden, war die Meinung der *Aš'arīten.*
c) Bei den *Mu'tazalīten* trägt der Menschen die volle Verantwortung für seine Taten, weil alle seine Handlungen von ihm ausgehen.“[16]

Für mich ist die Auffassung der *Mu'tazalīten* eher mit der Vernunft zu vereinbaren: Der Mensch kann sich nur für die Taten verantworten, für die er sich frei entscheidet und die er auch frei ausüben kann. Wenn es ein Gericht Gottes am Jüngsten Tag gibt, in dem die Gerechtigkeit und Barmherzigkeit Gottes die Entscheidungsinstanzen sind, kann die Entlohnung nur für die Taten erteilt werden, die ein Mensch in vollem Bewusstsein und frei durchgeführt hat. Ein Mörder führt nicht den Willen Gottes aus, weil Gott den Endzeitpunkt eines Lebens durch ein Verbrechen vorgesehen hat. Der Mörder handelt aus eigener Motivation – wenn er vorsätzlich tötet – oder er handelt fahrlässig, wenn andere Ursachen und Umstände ihn ungewollt dazu bewegen. Er kann die Verantwortung für seine eigenen Taten nicht auf andere oder gar auf Gott abwälzen.

16 ŠEIḪ BU 'AMRAN, übersetzt in Persisch v. Isamil S'ādat, masale eḫtīār dar tafakkore islami wa pāsoḫe *Mu'tazila be ān* (Die Problematik der Entscheidungs- und Handlungsfreiheit im islamischen Denken und die Antwort der Mu'tazila darauf), Teheran 2003, 265.

Verwendete Literatur in Auswahl

AMIRPUR, KATAJUN, Unterwegs zu einem anderen Islam – Texte iranischer Denker, Freiburg 2009.

ABŪ-ZAID, NAṢR ḤĀMID, Gottes Menschenwort. Für ein humanistisches Verständnis des Koran, Freiburg im Breisgau [u.a.] 2008.

AL-JABRI, MOHAMMED ABED, Kritik der arabischen Vernunft. Naqd al-ʻagl al-ʻarabi. Die Einführung, Berlin 2009.

ARMSTRONG, KAREN, Im Kampf für Gott – Fundamentalismus in Christentum, Judentum und Islam, München 2004.

BALIC, SMAIL, Islam für Europa – Neue Perspektiven einer alten Religion, Köln 2001.

BECHMANN, ULRIKE / DEMIR, SEVDA, Frauenkulturen – Christliche und muslimische Frauen in Begegnung und Gespräch, Düsseldorf 2000.

BETTENWORTH, ANJA u.a., Herausforderung Islam. Autorität, Religion und Konflikt in Europa, Paderborn u.a. 2010 (im Druck).

BLACK, ANTONY, The History of Islamic political Thought – from the Prophet to the Present, New York 2001.

EL-BAHNASSAWI, SALIM, Die Stellung der Frau zwischen Islam und weltlicher Gesetzgebung, München 1993.

ESS, JOSEF VAN, Zwischen Hadith und Theologie – Studien zum Entstehen prädestinatianischer Überlieferung, Bd. 7, 1974.

HABERMAS, JÜRGEN / RATZINGER, JOSEF, Dialektik der Säkularisierung – Über Vernunft und Religion, Freiburg 2005.

Kepel, GILLES, Jihad – The Trail of Political Islam, USA 2003.

KÖRNER, FELIX, Revisionist Koran Hermeneutics in Contemporary Turkish University Theology, Würzburg 2004.

DERS. (Hg.), Alter Text – neuer Kontext. Koranhermeneutik in der Türkei heute, Freiburg u. a. 2006.

LEWIS, BERNARD, The Muslim Discovery of Europe, New York 2001.

LOHLKER, RÜDIGER, Schari'a und Moderne. Diskussionen über Schwangerschaftsabbruch, Versicherung und Zinsen, Stuttgart 1996.

LOMBARD, MAURICE, The Golden Age of Islam, Princeton 2004.

MARITAIN, JACQUES, Humanisme intégral. Problèmes temporels et spirituels d'une nouvelle chrétienté, Paris 1936; dt.: Christlicher Humanismus. Politische und geistige Fragen einer neuen Christenheit, Heidelberg 1950.

MOTAHARI, AYATOLLAH MORTEZA, Stellung der Frau im Islam, Hamburg 1982.

Mumīsa, MICHAEL, Islamic Law. Theory & Interpretation, Maryland 2002.

NAGEL, TILMAN, Die Festung des Glaubens, München 1988.

NASR, SEYYED HOSSEIN, Ideals and Realities of Islam, London 1985.

RAHMAN, FAZLUR, Islam and Modernity, Chicago 1982.

RAMADAN, TARIQ, Radikale Reform. Die Botschaft des Islam für die moderne Welt, München 2009.

RENZ, ANDREAS/ LEIMGRUBER, STEPHAN, Christen und Muslime. Was sie verbindet, was sie unterscheidet, München 2004.

ROHE, MATHIAS, Das islamische Recht. Geschichte und Gegenwart, München 2009.

SADRI, MAHMOUD, Ahmad Sadri, Reason, Freedom, and Democracy in Islam – Essential Writings of Abdolkarim Soroush, Oxford 2000.

SAID, EDWARD, Orientalism, London 1978.

SCHIMMEL, ANNEMARIE, Die Zeichen Gottes. Die religiöse Welt des Islams, München 1995.

DIES., Meine Seele ist eine Frau. Das Weibliche im Islam, München 1995.

SCHMID, HANSJÖRG u.a. (Hg.), Verantwortung für das Leben. Ethik in Christentum und Islam, Regensburg 2008.

SMITH, MARGARET, Rabi'a von Basra. „Oh, mein Herr, Du genügst mir!". Heilige Frauen im Islam, Bonn 1997.

TAJI-FAROUKI, SUHA /NAFI, BESHEER M. (Hg.), Islamic Thought in the Twentieth Century, London 2004.

THAYER, ANN ELISABETH, Islam Human Rights. Tradition and Politics, Oxford 1999.

VAUTI, ANGELIKA / SULZBACHER, MARGOT (Hg.), Frauen in islamischen Welten, Frankfurt am Main 1999.

Verwendete Qur'ān-Übersetzungen

KHOURY, ADEL THEODOR, Karatschi (Pakistan) 1987.

ALI, MAULANA MUHAMMAD, Dublin 2006.

Autorenverzeichnis

Ali Dere (*1964) ist seit 1999 Professor für *Ḥadīṯ*-Wissenschaften an der Universität Ankara und der Abteilungsleiter für Außenbeziehungen des Präsidiums für religiöse Angelegenheiten in der Türkei (Diyanet). Dere promovierte 1994 an der Universität Göttingen im Fach Orientalistik. Er gehört der Gruppe der Reformtheologen an, die als Ankaraner Schule bekannt sind. Im Wintersemester 2009/10 war er Gastprofessor an der Universität Frankfurt.
Veröffentlichungen (Auswahl): Die Ḥadīṯanwendung bei Imām Mālik b. Anas (-179/795) im Spiegel der an ihn von aš-Šaibānī (-189/804) und aš-Šāfiʿī (-204/819) gerichteten Kritik, Aachen 1997; Wieviel Islam verträgt der Pluralismus? Ein Spannungsverhältnis aus muslimischer Sicht. In: Herder Korrespondenz 61 (2007) 193-196.

Enes Karić (*1958) ist Professor für Qur'ān-Studien und Geschichte der Interpretation des Qur'ān an der Universität Sarajevo. Von1994 bis 1996 war er Minister für Erziehung, Wissenschaft, Kultur und Sport der Republik Bosnien-Herzegowina. Er absolvierte ein Studium der Islamwissenschaften, Politik und Philosophie an der Universität Belgrad. Karić promovierte 1989 zum Thema „Hermeneutics and Some Problems in Translation of the Holy Texts (in particular the Qur'an) into Serbian or Croatian (i.e. some European) Languages". Im Wintersemester 08/09 war er Gastprofessor an der LMU München.
Veröffentlichungen (Auswahl): Kroatisch: Hermeneutika kurʿâna, Zagreb 1990. Bosnisch: Kurʿan u savremenom dobu, Sarajevo 1997. Englisch/Deutsch: Essays (on behalf) of Bosnia, Sarajevo 1999; Essays on our European never-never land (zus. mit Saba Risaluddin), Sarajevo 2004; Die schwarze Tulpe. Reisenotizen eines bosnischen Mekkapilgers, München 2009.

Mouhanad Khorchide (*1971) ist Professorenvertreter für Islamische Religionspädagogik am Centrum für Religiöse Studien der Universität Münster und wissenschaftlicher Begleiter des Modellprojekts „Islamischer Religionsunterricht in der Sekundarstufe I" in Rheinland-Pfalz. Er ist Mitherausgeber der „Zeitschrift für islamische Religionspädagogik und Theologie" (ZIRT) und Kolumnist in der katholischen Wochenzeitung „Die Furche".
Veröffentlichungen (Auswahl): Der islamische Religionsunterricht zwischen Integration und Parallelgesellschaft: Einstellungen der islamischen ReligionslehrerInnen an öffentlichen Schulen, Wiesbaden 2009; zusammen mit Josef Freise (Hg.), Interreligiosität und Interkulturalität – Herausforderung für soziale und seelsorgliche Praxis im christlich-muslimischen Kontext, Münster u.a. 2010.

Hamideh Mohagheghi (*1954) ist Lehrbeauftragte an der Universität Paderborn für die Religion Islam. Sie absolvierte ein Studium der Rechtswissenschaft an der Šahīd Beheštī Universität in Teheran, ein Studium der Religions- und Rechtswissenschaft in Hannover und der islamischen Theologie in Hamburg.
Veröffentlichungen (Auswahl): Zusammen mit DIETRICH STEINWEDE (Hg.), Was der Koran uns sagt. Für Kinder in einfacher Sprache, Mannheim 2010; Zusammen mit DANIELA KÄSTLE/ MARTINA KRAML (Hg.), Heilig-Tabu, Christen und Muslime wagen Begegnungen, Ostfoldern 2009; Theologie des Herzens – im Gebet Liebe und Nähe Gottes erfahren. In: HANSJÖRG SCHMID / ANDREAS RENZ / JUTTA SPERBER (Hg.), „Im Namen Gottes..." – Theologie und Praxis des Gebets in Christentum und Islam, Regensburg 2006, 54-70; Menschenrechte und Islam. In: SVEN BERNHARD GAREIS / GUNTER GEIGER (Hg.), Internationaler Schutze der Menschenrechte – Stand und Perspektive im 21. Jahrhundert, Wuppertal 2009, 161-178.

Tariq Ramadan (*1962) ist Professor für Zeitgenössische Islamische Studien an der Fakultät für Orientalische Studien der Universität Oxford. Er hat in der Schweiz und in Ägypten Islamwissenschaften studiert und ist als Publizist und Redner bekannt geworden. Er gilt als Vordenker eines europäischen Islam und als einflussreiches Vorbild für junge Muslime in der Diaspora, nicht zuletzt wegen der von ihm propagierten Partizipation der Muslime an der westlichen Gesellschaft. Er promovierte an der Universität Genf mit einer Arbeit über seinen Großvater und Begründer der Muslimbruderschaft Hasan al-Banna. Als Experte gehörte er mehreren Kommissionen des Europaparlamentes an und ist Mitglied der „Gruppe der Weisen für den Dialog der Völker und Kulturen" bei der Europäischen Kommission unter Vorsitz von Romano Prodi.
Veröffentlichungen (Auswahl): Der Islam und der Westen, Marburg 2000; Der Islam und die Muslime. Größe und Dekadenz in unserem alltäglichen Leben, Berlin 2000; Muslimsein in Europa. Untersuchungen der islamischen Quellen im europäischen Kontext, Köln 2001; Die Muslime im Westen: Aufbauen und Mitgestalten, Berlin 2003; Radikale Reform: Die Botschaft des Islam für die moderne Gesellschaft, München 2009. Muhammad: Auf den Spuren des Propheten, München 2009.
Homepage: www.tariqramadan.com

Muhammad Mojtahed Schabestari (*1936) ist Professor der Religionsphilosophie und islamischen Theologie. Er studierte Theologie und Philosophie in Qom und Teheran. Im Jahr 1970 übernahm er die Leitung des Islamischen Zentrums Hamburg und der angegliederten Imam Ali Moschee und kehrte 1979 in den Iran zurück. Für kurze Zeit war er Abgeordneter im Parlament der Islamischen Republik Iran. Von 1985 bis 2006 war er Professor für die islamische Philosophie an der Universität Teheran. Für hermeneutische Forschungsarbeiten am Wissenschaftskolleg zu Berlin hielt er sich von 2007 bis 2008 in Deutschland auf. Zur Zeit arbeitet er im „Centre of Great Islamic Encyclopaedia" an „The Great Islamic Encyclopaedia", einer umfassenden islamischen Enzyklopädie.
Veröffentlichungen (Auswahl): Persisch: Glaube und Freiheit, Teheran 1998; Kritik an der offiziellen Interpretation des Qur'ān, Teheran 2001; Überlegungen zur huma-

nistischen Lesart der Religion, Teheran 2005; Hermeneutik, Buch und Sunna, Teheran 1999. Deutsch: Die theologischen und rechtlichen Grundlagen der Freiheit, Autonomie und Souveränität des Menschen im Islam als Grundlage des ernsthaft erwünschten Weltfriedens. In: ANDREAS BSTEH (Hg.), Friede für die Menschheit. Grundlagen, Probleme und Zukunftsperspektiven aus islamischer und christlicher Sicht, Mödling 1994, 193-199; Demokratie und Religiosität. In: KATAJUN AMIRPUR (Hg.), Unterwegs zu einem anderen Islam. Texte iranischer Denker, Freiburg 2009, 25-36. Die Menschenrechte und das Verständnis der Religionen. In: ebd.; Islam und Demokratie. In: WOLFGANG BERGSDORF u.a. (Hg.), Islam und Demokratie. Mohammed M. Shabestari im Disput mit Wolfgang Bergsdorf, Jürgen Gnauck, Wolfgang Günter Lerch, Birgit Schäbler, Stefan Wild (4. Christoph-Martin-Wieland-Vorlesung), Erfurt 2003, 11-19.

Klaus von Stosch (*1971) ist Professor für Katholische Theologie (Systematische Theologie) und ihre Didaktik und Vorsitzender des Zentrums für Komparative Theologie und Kulturwissenschaften an der Universität Paderborn.
Veröffentlichungen (Auswahl): Offenbarung, Paderborn u.a. 2010; zusammen mit JÜRGEN WERBICK und MUHAMMAD SVEN KALISCH (Hg.), Verwundete Gewissheit. Strategien zum Umgang mit Verunsicherung in Islam und Christentum, Paderborn u.a. 2010 (Beiträge zur Komparativen Theologie; 1); zusammen mit REINHOLD BERNHARDT (Hg.), Komparative Theologie. Interreligiöse Vergleiche als Weg der Religionstheologie, Zürich 2009; Befruchtendes Denken. Warum sich die christliche Theologie für den Islam interessieren sollte. In: Herder Korrespondenz Spezialheft 2 (2009) 60-64; Identität durch Abgrenzung? Anmerkungen zur Lage des christlich-muslimischen Dialogs. In: Cardo 6 (2008) 5-10.
Homepage: http://kw.uni-paderborn.de/institute-einrichtungen/institut-fuer-katholische-theologie/personal/von-stosch/